师者，传道授业解惑也。

万卷诗书宜子弟

十年树木长风云

祥和

语文教育家口述实录贺 柳斌

著名教育家、教育部原总督学、原国家教委副主任柳斌题词

大國名師
功在千秋

当代中国语文教育家口述实录

戊戌仲秋月

郭振有 恭贺

教育部原副总督学、中国教育学会原常务副会长郭振有题词

丛书编委会

总顾问：

柳斌（著名教育家，教育部原总督学，原国家教委副主任）

学术顾问：

郭振有（教育部原副总督学，中国教育学会原常务副会长）

技术顾问：

范海涛（哥伦比亚大学口述历史专业硕士，口述实录畅销书作家）

编委会主任：

顾之川（浙江师范大学教授，中国教育学会中学语文教学专业委员会原理事长）

编委会成员：

王晨（民进中央出版传媒委员会原副主任，中国语文报刊协会会长）

程翔（中国教育学会中学语文教学专业委员会学术委员会主任，著名语文特级教师）

陈军（中国教育学会中学语文教学专业委员会学术委员会副主任，上海市市北中学校长，著名语文特级教师）

刘远（中国教育学会中学语文教学专业委员会语文名师教研中心副主任，语文报社党总支书记、社长）

任彦钧（中国教育学会中学语文教学专业委员会语文名师教研中心主任，语文报社总编辑）

邓静（语文报社副社长）

贾文浒（语文报社总编辑助理，《语文教学通讯》小学刊主编）

王建锋（《语文教学通讯》高中刊主编）

彭笠（《语文教学通讯》初中刊主编）

李爱东（语文报社新媒体中心主任）

师国俊（《语文教学通讯》小学刊执行主编）

余映潮口述

用奋斗定义时光

余映潮 口述　周枫琳 整理

当代中国语文教育家口述实录（第一辑）

主编　任彦钧　刘远

广西教育出版社
中国·南宁

余映潮先生

总 序

数学大师华罗庚先生有一句名言："语文天生重要。"关于语文这种天然的重要性，本丛书编委会主任顾之川教授曾从三个层面进行精准阐述。

1. 对个人来说，语文关乎个人全面发展。一个人的修养、气质、精神的形成，离不开语文，所谓"腹有诗书气自华"；其学识、思维、思想，更要靠语言文字的应用能力、文学审美能力和深厚的文化积淀。

2. 对社会来说，语文直接影响到人与人之间的交流与沟通，是个人参与社会的重要手段。无论是与别人的沟通合作，还是参与社会活动、承担社会责任，都需要较强的表达交流能力。

3. 对国家来说，语文关乎国家安全与国家尊严，也往往代表着国家形象。……基础教育中的语文教育是国家语言战略的重要内容，体现着国家的文化软实力。语文固然是中小学阶段的一门学科，是中考、高考的必考科目，但语文更是我们的民族之魂、文化之根、精神之源，是实现国家认同、国际理解的基础。①

20世纪80年代以来，随着真正具有现代意义的语文学科地位、性质、特点、功能、作用的日渐厘清，在我国，无论是在中小学语文教学第一线，还是在高等院校语文教育研究领域，抑或是在语文教材研制、语文报刊出版、语文考试改革等方面，都涌现了一批贡献非凡、令人敬仰的语文教育家。他们深悉语文教育之于个人发展、社会发展和国家发展的重要性，一直抱持着神圣的使命感、崇高的责任心、源源不断的爱和激情，并为之孜孜矻矻，上下求索，谱写教改新篇，播撒智慧火种，培育时代英才。

遗憾的是，迄今业界虽然从不同维度对这批语文教育家的业绩、学说等进行了多元研究，却几乎没有人系统地观照或发掘他们作为当代中国语文教育发展的见证者、观察者、思考者、探索者的心灵史、生活史和学术史，从而导致我们不但对他们丰富多彩的生命历程缺乏动态把握，而且对当代语文教育波澜壮阔的改革潮流缺乏深度体认。更遗憾的是近年来，他们中不少人已驾鹤西去，健在者也都进入古稀乃至耄耋之年。当此之际，以口述实录的形式，对这些生命之树常青的语文教育大家的所见所闻、所思所想进行盘点、梳理、总结，既可弥补当代中国语文教育史料的不足和缺憾，也可让当代中国语文教育研究变得更具现场感和厚重感。

基于以上认识，2018年9月，根据广西教育出版社的提议和部署，我们正式启动"当代中国语文教育家口述实录"丛书的策划和编写工作，并在北京邀请部分专家、作者代表和国家级媒体记者，隆重举行了本丛书编写研讨会。

会上，我们初步确定了入选本丛书的首批语文教育家名单，遴选标准如下：

1. 入选者在语文教育界有着卓越建树和广泛影响力。

---

① 顾之川：《顾之川语文教育新论》，陕西师范大学出版总社，2016，第4—5页。

2. 入选者以中小学名师为主体，适当兼顾高校学者、出版家、考试命题专家等。

3. 入选者年龄为70周岁以上，且目前依然保持良好的记忆力、表达力和身体状态，能配合口述实录工作，能提供较为完备的相关资料。

4. 入选者可以物色到得力人士，承担口述实录任务。

与此同时，我们也对口述实录任务承担者的资质等提出具体要求：

1. 热爱语文教育事业，熟悉当代中国语文教育发展历程。

2. 能近距离接触入选本丛书的语文教育家，并能与其愉快交流和深度沟通。

3. 具备对笔录、录音、录影等所得史料进行整理、加工、核对、增补的能力。

为确保本丛书的权威性和专业性，我们郑重邀请著名教育家、教育部原总督学、原国家教委副主任柳斌先生担任总顾问，邀请教育部原副总督学、中国教育学会原常务副会长郭振有先生担任学术顾问。他们不仅亲临本丛书研讨会，而且欣然命笔为本丛书题词。此外，我们邀请哥伦比亚大学口述历史专业硕士、口述实录畅销书作家范海涛女士担任技术顾问，并在本丛书研讨会上对首批作者进行了专业培训。在此一并表示衷心的感谢！

我们还需要真诚感谢各位入选的语文教育家、口述实录任务承担者、编委会成员以及广西出版传媒集团、广西教育出版社有关领导和工作人员，正是大家齐心协力、精益求精，才有了本丛书的高品位、高质量和成功问世。

当今，语文教育已经大踏步跨入新时代。愿入选本丛书的语文教育家的心灵史、生活史和学术史，能在当代中国语文教育界继续发挥先导和鞭策作用，果如此，本丛书的出版便有了启迪智慧、激励人心的意义，也有了登高望远、继往开来的意义。

由于本丛书的编辑出版是一项具有抢救历史、填补空白特点的浩大工程，任务重、难度大，尤其是预先遴选的语文教育家年事已高，有的不得不中途延后，有的甚至溘然长逝，因此，我们只好一再调整计划，工作中也难免存在种种疏漏和失误，敬祈读者充分谅解并不吝指正。

"当代中国语文教育家口述实录"编委会
2019 年 9 月

序言

刘远

　　余映潮先生的口述实录《用奋斗定义时光》即将付梓，先生致信约请撰写序言，我心中不禁为之一惊，颇为忐忑。多年来，虽与先生交往甚密，但我一直在仰望先生，自认为以我的身份，够不上给先生的新著撰序。余映潮先生是对语文教育影响颇深的重要人物，先生对语文教育的贡献，特别是对新世纪语文课程改革的影响，可以说是巨大的。这些年，无论是在全国性的、高级别的观摩或竞赛活动，还是在区域性的、普通的教研或展示活动，我们都能看到余映潮先生教学的身影。我称之为语文教育的"余映潮现象"，这种现象广泛地存在于大江南北，突出地显现在课堂教学实践中。"余映潮现象"的核心意义和价值就是，深入影响了一线教师的教学行为，深刻改变了一线教学的面貌，让千千万万的语文课堂更具语文魅力，更富语文特性。

　　研究"余映潮现象"、解码"余映潮现象"应该成为当下乃至将来语文教育领域的重要课题。

　　"余映潮现象"的产生不是偶然，更不是政策推动的结果，而是教师个人专业发展的自觉追随，是余映潮先生凭借一己之力创造的教育奇迹。这个奇迹的诞生，源自先生个人丰厚的学术成果、独特的精神魅力和独具风格的教学艺术。

2003年，时任全国中语会代理事长张定远先生就对余映潮先生进行了专门研究，他在发表于《语文教学通讯》的长文中用三个"一流"对余映潮先生做出评价——"一流的教研工作，一流的论文写作，一流的教学艺术"，并赞许他是"中青年教师课堂教学艺术研究的领军人物"。这样的评赞客观地反映出当时广大语文教育工作者的心声，也预示着余映潮先生的语文教育事业将有更为深美的学术远景。

从2003年到现在，十几年过去了，我们更清晰地看到，余映潮先生是国内坚持几十年潜心研究中小学语文课堂教学艺术的第一人，堪称"不离学术、不离实践"的楷模，创造了很多让人叹为观止的"第一"：

他系统地进行了大量的课例研究，耗时7年，于20世纪90年代，写出了国内第一部着眼于提炼教学技能、教学方法的《中学语文教例品评100篇》。

他专注于"课堂教学艺术"的深入钻研，在中国近代语文教育史上亮出了第一部从"教学艺术"的角度来全面阐释中学语文阅读教学的个人专著——《余映潮阅读教学艺术50讲》。

在语文课堂阅读教学的设计方面，像他那样多年来用数百篇文章连续不断地从不同角度来阐释教学细节之设计艺术的，可能难得再有第二人。

在教学论文的写作上，他第一个关注到语文学界持续性"专栏写作"的重要性。《语文教学通讯》初中刊、《语文教学通讯》小学刊、《中学语文教学》、《新作文》、《中学语文教学参考》、《中学语文》、《语文教学与研究》、《中学生阅读》等，都长期开设过他的专栏，有的专栏目前还在持续。在语文专业杂志专栏论文的写作上，还没有人能够像他这样写过种类如此丰富、数量如此巨大的文章。

余映潮先生坚持实践、务实创新与不断超越的学术精神于语文教学艺术研究有着重要意义。迄今为止他已经讲过相当于近 300 篇课文的公开课，这是本世纪让语文教学界的同人们学习的典范。他用大量的课例证明，他是能够贯通小学、初中、高中三个学段课堂阅读教学的第一人。

他的教学艺术研究的"第一"由中学"跨越"到了小学语文界——2018 年，他的洋洋 20 万言的《小学语文教学艺术 30 讲》赫然面世，这是小学语文课堂教学艺术研究方面的影响深远的一部个人专著。

最可贵的是，他在大量实践的基础上创造出来的"板块式"思路、"主问题"设计及"诗意手法"运用，大面积地影响着中小学语文的课堂教学和青年语文教师的成长。"板块式"思路、"主问题"设计的教学理念与操作形式科学地规范了日常课堂阅读教学。其精髓是：每个教学板块都是一次目标明确的训练，主问题则是学生进行课堂实践活动的抓手。它们给一线的语文课堂教学带来了巨大的效益，影响日益深广。说到一线语文教师最熟悉、最喜欢、最受欢迎的名师，余映潮定是其中之一。

余映潮先生 50 岁开始"学讲课"，第一个从语文教研员转为课堂教学专家，第一个提出"让艺术的教学设计走进千万个普通语文教师的课堂"，创造了培养训练青年语文教师"五支队伍"的日常教研工作形式，第一个坚持年年月月深入学校"面对面、手把手"地进行培训教师的艰苦工作，第一个提出课堂阅读教学的三个要素是语言学用训练、读写技能训练与知识积累训练，第一个做到每年为一线青年语文教师批改近千份培训作业……他有着恒久的敬业精神、厚实的学问背景和高超的教学艺术。他的教学理论与丰富实践，将越来越深入地促进我国中小学语文教学科学化、艺术化的进程。

在中小学语文教学界，余映潮先生是我的老朋友，我们有着近 20 年的深厚友谊。我曾几次去荆州，感受他深入、扎实、别开生面的教研工作；我曾因为刊物出版的需要，细读过他的无数内容精致的稿件；我曾和他一起，参加对一线语文教师的培训工作。现在，他的口述实录《用奋斗定义时光》即将面世，我又最先读到了这部叙事简洁生动、内容丰富饱满的书稿。

我在细细的品读与品味之中，有着深深的感慨。

余映潮先生在几十年的工作中全力以赴，将勤劳和智慧奉献给了钟爱的语文教研与教学事业，创造了让人赞叹的业绩。我以为，对余映潮先生的评价与研究，可以从"启迪"二字来进行。

余映潮先生的生活故事启迪我们，在人生遭遇艰难困苦的时候，要坦然面对，要坚忍不拔，要在强大内心力量的支撑下咬紧牙关，在坚持许多年的不懈奋斗中，朝着自己选定的方向，向着那里的光明，走一步，再走一步。

余映潮先生的治学方法启迪我们，有勤奋的精神，有学习的欲望，有成才的向往，都是很好的事。但更好的事是动笔摘抄，是形成文字，是分类积聚，是建立自己丰硕的资料仓库，在天长日久的积累之中增强增厚自己的学问背景。

余映潮先生的教研工作启迪我们，要倾情于大面积的一线语文教师专业素养与教学能力的提升；要有"抓队伍、抓活动、抓成果"的实干精神，让更多的年轻新秀脱颖而出。

余映潮先生对时间的珍视与利用启迪我们，为了自身的发展与提升，为了所从事事业的更高质量，可以做到"几乎没有休过完整的节假日"，从而"让自己具备走向成功的不可或缺的意志与时间方面的充裕条件"。

余映潮先生对事物观察与思考的深度启迪我们，"发现规律、提炼精华"很重要。他多年前提出的"思路明晰单纯，提问精粹实在，品读细腻深入，学生活动充分，课堂积累丰富"的阅读教学设计30字诀，至今仍是熠熠闪光的教学金句。

余映潮先生重视自身品格的修炼，他从容淡静，心境平和，乐观善良，默默耕耘，不喊口号，乐于帮助年轻的语文老师。这启迪着我们，在事业的发展上，在自身的成长方面，需要有"少计较外界，多要求自己"的胸襟。

余映潮先生的坚持精神与吃苦精神启迪我们，"耐力是一种智慧"。他"坚持着，坚持着，坚持着；学习，工作，创造"。他全力投入，不辞劳苦，大量讲课，大量讲座，大量写作，大量积累，大量发现。"大量"的背后，是他的律己精神、对事业的敬畏，以及坚定的理想。

…………

余映潮先生是我国中小学语文教学艺术研究中承前启后的重要人物。他的科研成果极大地丰富了语文教学研究的宝库。

我们对他的研究，还远远不够。

《用奋斗定义时光》的出版，将带领我们走进余映潮先生的生命世界，从更宽的视角去感受先生的成长经历、奋斗历程与丰硕成果，从而使我们能近距离地感知一个大写的人，一个当代语文教育家的精神力量和学术魅力！

衷心希望广大的语文教师朋友，能够从本书中得到教益，受到启迪，珍爱自己的职业，着力提升自己的专业素养和教学能力，健康地行走在语文教育事业的光明大道上。

2019 年 4 月 2 日

前言

❖❖❖

余映潮

　　当这本《用奋斗定义时光》出现在大家面前的时候，我内心其实是很不安的。在中小学语文教学界，有太多优秀的教师，他们的奋斗精神和教学业绩，让我敬仰，给我激励；对比他们，我常常自愧不如。

　　我没有上正规大学的经历，我的公办教师资格是在农村乡镇中学教学时获得的，我在那里当上语文教师时已经32岁了，而且我于35岁时做了县语文教研员，37岁时成为地区的语文教研员，可以说对课堂教学也没有多少切身的体会与着力的实践。就语文教研与教学而言，这些都是先天的不足，我几乎没有具备成为优秀语文教师的一点点好条件。

　　但我认真地在语文教研与教学的漫长道路上走了几十年，终于取得了些许成绩。因此，从教师成长的角度而言，我个人的经历倒是可以为努力奋斗着的同人们提供一点借鉴的。

　　我珍视着自己的工作。

　　我深深地知道，一个人，有一份工作，是非常幸福的。对工作的这种珍爱来源于我对人生的热爱，所以我从来都是不遗余力、不辞辛劳地完成本职工作。我追求的做事境界是：把小小的事情做得精致起来，把平凡的事情做得深刻起来，把平淡的事情做得闪亮起来，把单纯的事情做出立体的形态，让繁杂的事务性的工作透露出智慧的火花。

我抓紧了时间的利用。

我是一个许多年都没有休过完整节假日的人，似乎永远沉浸在钟爱的语文教学研究之中。我的时间用来读专业的报刊，用来写读书笔记，用来研读教材，用来撰写文章，用来备课，用来写讲稿，用来给青年教师批改作业，用来对繁杂的资料进行提炼……我的旅途没有风景，我知道耐力是一种智慧，韧性就是激情，精华只能在严谨中收获。

我很明确自己的方向。

这个永远的方向就是研究高效的、艺术的课堂教学，我的理想就是让艺术的教学设计走进千万个普通语文教师的课堂。由此而有自己的特别做法：规划自己，塑造自己；不离学术，不离实践；创意在先，细节到位；提炼规律，提取精华；振奋工作精神，提高专业水平；大量到一线上课，大量给报刊撰文；少计较外界，多要求自己；趁着年轻多做事，一定要有指标要求……

可以说，多年来我所进行的，基本上是关于课堂教学艺术，特别是"板块式""主问题""诗意手法"的细节研究。这是很耗时的研究，但我不怕消耗，将生命中的时间化为工作中、研究中无数优美的细节，而且与广大一线语文教师共享，这就是工作中的幸福。

《用奋斗定义时光》出现在大家的面前了，它就像是给大家的一次工作汇报。我的心中仍然有着美好的梦想：争取用更优质的奋斗来定义未来的时光。

目 录

第六章　五十岁过了学讲课

第七章　形成有个性的语文教学主张

第八章 六十岁之后的新天地

主要参考文献

附　录

追随余映潮老师已有多年。最初，只是喜欢他的文章，为了能第一时间读到余老师发表的新作，我常年订阅《中学语文教学参考》《语文教学通讯》《中学语文教学》等杂志，从2002年起一直坚持到现在。对于余老师的著作，我是一本不漏地全部购得，并精心阅读。在"河南教师成长学院"，我有幸于2016年和2018年两次担任"映潮班"班长；2018年，余老师在我们学校成立了工作室，从此我开始近距离感受余老师的课堂、聆听余老师的指点。就这样，我和余老师成了"熟人"。有了这份相熟，彼此间自然就多了些理解，于是便有了这段意义非凡的访谈……

余映潮先生与周枫琳（左）合影

第一章　成长中的美好与艰辛

记忆中的儿时生活镜头

周枫琳（以下简称"周"）：您说过"慢慢长大，并不容易"，这是很有意思的话。您能有这样的人生感悟，是与儿时的经历有关吧？

余映潮（以下简称"余"）：对！"慢慢长大，并不容易"，我觉得每个人似乎都是这样，我也是。

在我小时候的生活中，有几个镜头一直深深地印在脑际。

第一个明晰的镜头就是"滚下陡坡去上学"。

1954 年，我在武汉沙湖嘴小学上一年级。那年夏天，武汉市发大洪水，我们家被淹，政府把我们安置到武昌粮道街三义村的临时棚户里居住。还没有来得及从棚户里搬出，冬天又下了大暴雪，雪深过膝，天气极为严寒，滴水成冰。一天早起去上学，出门不远处一个陡坡，覆盖着的全是晶亮的厚冰，根本无法前行。情急之中我坐在地上往下滑，谁知没有坐稳，歪歪斜斜地一滚到底。在大雪之中跋涉了不知多久才到学校。父母知道这件事后，夸了我好长时间；在我的心中，也觉得这是很得意的一幕，毕竟那么小的我为了上学竟勇敢地滚下了一个大陡坡。

第二个镜头刻骨铭心，是它让我开始懂事。

那是小学二年级的事儿。有一天我向母亲要两分钱。当时家中生活拮据，她连两分钱都没有办法给我。我偏要，号啕大哭，不依不饶，母亲走到哪里我就哭到哪里。她实在没有办法，就向隔壁家的一位婆婆借了两分钱给我。

那是一张崭新的两分纸币，淡淡的蓝色，上面印着飞机的图案。

拿到这张纸币的一瞬间，我就后悔了。我深深地自责：母亲没有钱，我为什么要这样逼着要？

我将这张两分纸币夹进一本书中，一直没有用它。

过了一年，我将积攒的 5 张两分纸币全给了母亲。

周：因为理解，所以倍加珍惜。二年级您就开始反思自己的言行，我觉得这是当下的年轻人应该学习的。除了这两个镜头，您的生活中还有什么对您影响深远的镜头吗？

余：第三个是一个生活镜头，那件事让当时的我非常痛苦。

1957 年春，我是小学三年级的学生了。当时每天只上半天学，下午做作业、玩耍。一天下午，我和不少小朋友在我家附近的一堵墙旁边玩着、闹着，不知谁将靠在墙边的一架木梯子撞倒，一下子砸在我身上。当我站起来的时候，觉得右腿好像落到了一个深窟窿里面。再站一次，还是这样，我于是大哭起来。我的母亲赶来，抱起我就往附近的诊所跑。诊断的结果是右腿骨折。我当即就给打上了夹板，并被送回家中。

这件事给家里带来了巨大的经济负担，给父母惹了一个很大的麻烦，他们到处借钱为我治伤。这件事也给我带来了巨大的疼痛，让我无法上学。我在床上躺了半年才痊愈。在这半年之中，我的功课都是在家里自学完成的。所幸成绩照样优秀，秋季顺利地升到四年级。

幸好当时遇到了一个好医生，我的腿治好之后，完全正常，没有后遗症。长大后我作为知青下农村，做了许多重活，腿也没有异样。

第四个镜头是为了生活去打零工。

像当年的许多家庭一样，我幼时的家境也是很困难的。母亲因为高度近视没有工作，父亲一个人的菲薄工资要养活一家人，加上我们几个小孩病痛多，生活常常非常困窘。

我读六年级时，我的姐姐读初三。有一天，她与我商量，星期天我们两人到长江边上的大堤口码头去抬砖，将人家卸在江边的砖抬到岸上马路边，以便人家运走。抬上来100块砖人家给两毛钱。

姐姐和我去抬了一天的砖，坡岸很陡，我在前，姐姐在后面支撑。

抬砖回来的那天晚上，腿疼得我一夜都没有睡着。从来没有做过什么事的小孩，一下子干这么重的活，导致的肌肉的疼痛可谓痛心入骨。

后来，姐姐在假期里还带着我到长江边，给人家剥过芦苇的叶子——领到一捆芦苇，一根一根地将叶片去掉，留下笔直的芦苇秆，捆好交过去，这样可以得到一两毛钱。我们还在附近工厂捡过煤渣，到人家盖房的地方捡拾过木屑刨花……

跟我生长在一个时代的人，小时候一般都会经历贫穷、困苦，包括20世纪60年代初因为三年困难时期带来的饥饿，但我们毕竟都长大了，都有了自己的事业。因为长大，所以美好。

周：听了这些故事，我深刻理解了您的那句"慢慢长大，并不容易"。好在我们有父母的关爱，即使生活里有诸多磨难，也会长大。能否请您说说父母带给自己的感动？

余：我的父亲很能干，对工作尽职尽责，对家庭、对子女真可谓全心全意。

在我读初一的时候，突然很想有一台矿石收音机，有一天我把这个想法怯怯地与父亲说了。我说需要10块钱，才可以从人家手里买一台二手的矿石收音机。10块钱，在当时是多么大的一笔金额。父亲第二天就满足了我的这个愿望，还帮我在屋顶上架起了天线。到了晚上，父亲和我一起，一人拿着一边耳机，反复捕捉着那微弱的无线电波的信号，惊喜地倾听耳机里传来的细小的广播声，那真是让人陶醉的时刻。有父亲陪着我玩矿石收音机，收听中央人民广播电台，那种感觉非常奇妙。

许多年后，父亲还经常回忆与我一起在深夜听矿石收音机的快乐情景。

长大后我能说几句普通话，与那个时候听矿石收音机多少有点关系。

后来，我也给父亲买过不少收音机，从不能调频的，到能调频的，以及能够接收短波的。每当这个时候，他都会非常高兴。我喜欢看他这个时候高兴的样子。

周：常言道，严父慈母。没想到您的父亲却是一位温厚、尊重并理解孩子的人！您母亲留给您的美好往事，又有哪些呢？

余：我的母亲，老家就在武昌。她是一个温良敦厚、吃苦耐劳、勤劳有加的人。我的性格，受我母亲的影响很大。

记得上高中时，母亲有一次说起，在我儿时睡觉的时候，她给我唱过催眠曲。

我从来没有听过母亲唱歌，也从来没有想过，母亲会在我的摇篮边给我唱歌。

我请母亲唱给我听，我说我要学会唱这首歌。

母亲真的唱给我听了，大意是：

> 风啊，
>
> 你要轻轻地吹；
>
> 鸟啊，
>
> 你要微微地叫。
>
> 我家的小宝宝，
>
> 就要睡觉了。
>
> 宝宝的眼睛像爸爸，

宝宝的眉毛像妈妈，

宝宝的鼻子啊，

又像爸来又像妈。

快睡吧，亲爱的小宝宝，

醒来带你去玩耍，

玩耍到你外婆家。

…………

这么优美深情的歌曲，我不知道母亲是从哪儿学的，也没有听她给弟妹们唱过。

这首催眠曲，自从母亲唱给我听之后，我也会唱了。但我从来不敢唱，因为一唱就想流泪。

父亲母亲，在我们的成长之中，待我们恩重如山。

关于名字的故事

周：您的名字很有诗意，第一次看到这三个字，我就不由自主地想到两句诗——"映日荷花别样红""春潮带雨晚来急"。中国父母给孩子起名字时，大都非常看重名字的寓意，借名字表达他们对人生的一种理解与期望。请问您的名字是谁起的？有什么特别的含义吗？

余："余映潮"这个名字，是我的父亲取的。我的父亲余靖波于1920年出生在安徽省寿县一个泥瓦工人的家庭，读书至小学毕业。1937年带着抗日的热情应征加入国民党队伍，参加过南京保卫战，曾在黄埔军校进修，军衔至上尉，25 岁时退伍。我的母亲是武昌人，父亲就随我母亲到武汉定居。父亲一辈子酷爱古典诗词与书法，自学精神特别强，写得一手好字。

父亲曾经告诉我们，孩子的名字要有意境，要尽量不与人家重复。父亲还说过咱余家孩子的名字中，要有阳光的温煦，要有水的灵动。像我姐姐的名字"余曙冰"，就显得秀美、宁静、清新、明亮，有画面的美感，且几乎是唯一的。1947 年 4 月 16 日清晨，我出生在武昌塘角后街我的外祖母家中。父亲说在我出生之前，"映潮"这个名字就想好了，与我姐姐的名字平仄相对，如果是男孩，就用上；恰好我又是清晨出生的，像家中的小太阳，给全家带来了喜悦与美好。于是"映潮"这个名字就用到了我的身上。

父亲给孩子们取名字是极用心的。我弟弟的名字"春涛"和妹妹的名字"晓津"中都有带"日"字旁和"氵"旁的字。我们下一代的名字，也是我父亲给取的，我女儿的名字"霁月"、侄儿的名字"雪舟"、外甥女的名字"丽霜"，都显得优雅不俗，且少有重名。

有趣的是，据说父母结婚之后，父亲便将我母亲的名字改为"佳韵"，这也是极富文气的一笔。

周：这样富有美好意蕴的名字，很容易激起人的遐想和情思啊。

余：是啊，"余映潮"这个名字，在我后来的工作中，给很多朋友带来一些联想。如下面的一些妙手偶得：

> 日映书斋笔耕紧，
>
> 潮平教海舟渡忙。

蔚然群星辉映，
壮哉荆楚大潮。

金陵语文听潮声，
映日生辉会有时。

映日研妙语，
凌潮赋佳文。

余音久难绝，
魅力映心潮。

明天映照窗镜里，
英姿潮涌心目中。

立说文章多少篇，篇篇映照华夏；
教学课堂无数节，节节潮涌神州。

映照教脉路可寻，
潮涌杏坛功难估。

荆楚月华映八桂，
江汉潮汐动九州。

踏遍青山人不老，夕阳红映半边天；

已凌绝顶心尤壮，教海弄潮又一年。

集美课堂，变形板块，英桥园里余韵久；
论语说文，正本清源，澄江岸边语文潮。

中语星空，余辉依然闪烁；
火红夕阳，映透长城内外；
步履匆匆，潮涌大江南北。

"余映潮"这个美好的名字，装点着我的生活。不管是上小学的时候，还是上初中、高中的时候，或者在一些社交场合，常会有人问"余映潮"这个名字是谁起的，我每次都会自豪地回答：是我的父亲！

高中学习生活点滴

周：您有时自豪地与同人们谈到您高中的母校，可见母校在您心目中非常重要啊！

余：是的。1963 年 7 月，我从武汉市第三十八中学毕业，因为当时家境困难，中考时我填报的升学志愿是一所中专。到了 8 月中旬，同学们都陆续收到入学通知书了，唯独我的迟迟不到。终于有一天，在惶恐与焦虑之中居然意外地收到了华中师范学院第一附属中学（以下称"华师一附中"）的录取通知书。

武汉市华师一附中，从 20 世纪 60 年代至今，是多少学子梦寐以求的名牌高中啊！

我的父亲说，就是砸锅卖铁也要让我把高中读完。

我之所以会自豪地谈到我的高中母校华师一附中，是因为我没有上过正规大学，没有大学读书生活的谈资；更为重要的，是这所学校给了我思维方式、学习方法、健康体魄等方方面面的培养和训练，让我有了理想和信念，为我以后的生活旅程打下了坚实的基础。

周：能不能谈谈您当年在华师一附中读书时的感受？

余：首先，母校有全面育人的办学思想。20 世纪 60 年代的华师一附中，学子高考成绩的优异是不用说的了。学校每个学年都组织学生深入附近农村开展实践活动，甚至还组织学生排演大型歌舞剧《东方红》。除此之外，学校有众多的课外活动社团供同学们自由选择，我曾经是学校武术队的成员。暑假里学校还会安排一些极有训练意义的文体活动。1965 年暑假，我就在武昌紫阳湖上参加了为期一周的舢板训练。此外，我还参加过小口径步枪的打靶训练。平时学校常常会组织航模表演、文艺演出等让学生开眼界、长知识的活动，我甚至学会了讲"湖北评书"，还跟着擅长书法的语文老师洪楚先生学习隶书，动手篆刻。1967 年 8 月，我和班上的其他 17 位同学成功地参加了横渡长江的活动。

周：20 世纪 60 年代的华师一附中课外生活这么丰富啊！您的学习生活又是怎样的？

余：那个时候的华师一附中，特别注意培养学生的自我管理能力。团支部、班委会在班级建设中发挥着重要的作用，班主任很少到班上来，科任老师也很少到班级，但班上的日常学习活动、文体活动、思想交流活动等都能有规律地进行，丝毫不乱。黑板上的"每日一题"都会有人管。

即使是用餐，也都是排好队、唱着歌儿前往饭堂。最让人惊叹的是高考前的一个月，学校并没有刻意地组织系统严密的高考复习，但一到夜晚，偌大的操场灯火辉煌，高三的学生可以自由地找地方复习，连桌椅也可以随意搬动。

那时候，华师一附中的各科老师也都非常出色。比如语文老师张忠辅，曾经是志愿军的教官；英语老师唐启金，可以教英语和俄语；数学老师田庆三，教学时从来不看教案。日常课堂教学的效率之高，表现在很少有复习课，很少有日常考试，但高考升学率每年都在 90% 以上。当时学习的科目并不少于现在的高中，但从来没有补课活动或单独辅导活动；学生之中也有某科成绩比较弱的，全靠自己争分夺秒、努力奋进，或请成绩好的同学帮忙指点。我是从比较弱的初中学校考入华师一附中的，所以进校时成绩相对较差，但紧赶慢赶三年之后，1966 年 5 月填报高考志愿时，我已经有足够的信心报考当时最好的大学之一——上海第二外国语学院了。

周：在高中时代，您是怎样读书的呢？

余：讲两个小故事吧。一个是攻克英语难关的故事。我能进入华师一附中，据班主任说，主要是因为语文成绩好。100 分的卷子，我考了 88 分，这是很高的分数了。但读初中时基本上没有英语老师教我们，入校时我的英语成绩差。英语就像拦路虎一样立在前面，让人为难。唯一的方法就是起早床、抢时间，进行记背。平时人们所说的躲在厕所里读书的故事，就真真实实地在我身上发生过。我每天都早起一个小时到厕所里去用功，持续了整整一年。对于住校生来讲，这是违规行为，但好在早上没有人检查学生的寝室。一年以后，到高二时，我当上了英语科代表。

有了丰富的积累，就会有思想火花闪现。我向英语科的唐老师提出编写"英语常用词组与习惯短语词典"的设想，以锻炼同学们收集、分析资料的能力，唐老师大为赞赏，非常支持。这种编写活动持续了将近一年，刻印出来的资料有厚厚的一大摞。

此事让我的"工作"能力提升了一大步。设想与策划、分工与合作、收集与分析、组合与排序、核对与校正、刻印与交流，都是真正有益的实践活动。

从此以后，我的英语成绩在本届学生中名列前茅。

另一个是温习功课的故事。我家在汉阳郊区，学校离家很远。每到周末，我就会从华师一附中出发，走过千家街，走过阅马场，走过武汉长江大桥，再走郊区那弯弯曲曲的小路，两个多小时后才到家。

在这长长的回家路和第二天长长的返校路途中，我有两个特别的举动。一个是在郊区的小路上，我因为心疼鞋子，往往会脱下鞋子，将鞋子提在手中，打着赤脚走路——鞋子穿坏了，难得有钱再买一双。另一个是边走边回忆一周上过的功课：回想老师指导的某个化学题或数学题的解法；背英语单词，背英语课文；回忆老师的作文指导；进行作文构思……思绪纷飞，自得其乐。

回想起来，那时正是青春勃发的时候，理想在心中燃烧，心中憧憬着未来。我明白，自己的路，得自己着力去走。

很可惜，我的努力没有能够在当年的高考中得到检验。毕业前的一两个月，"文化大革命"就开始了，毕业的事一直延迟到1968年底，接踵而来的是"知识青年到农村去"，理想中的青春之旅，盼望中的美好大学，从此杳无踪迹。

但经过高中生活的锻炼与磨炼，我具备了坚强的毅力、独立自主的精神，形成了良好的学习习惯、"分类积聚"的思维方式，提升了多个方面的能力，这些都对我以后的工作有着重要的影响。

有时我想，如果我上的高中不是华师一附中，也许就没有今天的我。

什么样的农活都得做

周：高中毕业后，您就成了知青，是吗？

余：是啊。1968 年下半年，毛主席发出号召："知识青年到农村去，接受贫下中农的再教育，很有必要。要说服城里干部和其他人，把自己初中、高中、大学毕业的子女，送到乡下去，来一个动员。"于是，全国知青开始到农村去。在学校的安排下，当年 12 月 26 日早晨，姐姐送我到汉口，我带着简单的行李，与上千名知青一起乘坐轮船沿长江溯流而上，前往湖北省的监利县，其中不少是华师一附中的同学。出发时的情景很是动人，轮船汽笛低鸣，慢慢驶离，无数送行的亲友在岸上挥手告别。两天之后，我们到达监利城关，接着被送往乡下，我被安置到了龚场公社王家大队第三小队，住在了农民家里。

没有想到，这一去，我竟然在监利乡下及县城生活了 14 年。在很长的一段时间里，我在那窄窄的田间小路上奋力前行，走过春的泥泞，夏的炙烤，秋的风霜，冬的漫长，每跨出一步都会感觉到劳累与辛苦。

周：这是多么巨大的变化啊。远离大城市，远离亲人，初到农村，您适应那里的生活吗？

余：刚到农民家里的第一个晚上，根本不能入睡。厚重的被子沉沉地压在身上，让我喘不过气来。

我还没有做好任何思想准备，就离开了熟悉的学校、熟悉的城市，离开了自己的家，面对繁重的体力劳动和艰苦的生活。

我下放的这个地方，尽是一望无际的水田。耕田整地、灌溉施肥、播种育秧、插秧割谷、打场堆垛，没有一件事不辛苦，没有一桩活不劳累。

春天来到的时候，最让人害怕的活是给水田施肥。给水田施肥有三种方法，一是堆河泥，二是浇大粪，三是撒化肥。

生产队长给我派过浇大粪的活：到各户农家的厕所里舀出大粪，挑到水田之中，再用粪勺撒开。一天得挑 16 担。这样的活，臭与脏已经不是可怕的事，可怕的是，得挑着一担担大粪在齐膝深的水田中咬着牙一步一步地前进，到一定的地方再停下来，一勺一勺地将粪撒开。如此周而复始，完成一天的工作。

那个时候，只能咬牙坚持，努力挺住，让腰酸，让背疼，让肩膀红肿，让手上起厚茧，让腿上总是有伤痕，直到像农民一样有力。这就是适应。

周：农忙时节，您干过的最重的活是什么？您的身体能吃得消吗？

余：在农村，春天来到的时候，桃红柳绿，天蓝水清，布谷鸟放声歌唱，一切欣欣向荣，但艰苦的劳作随之而来。

王家湾的水田，有一部分由湖底的"垸子"形成，一望无际，水深过膝。弯着腰插秧的时候，如果从腿缝向后看去，一片绿水，不知尽头。对于知青而言，插秧是一件很恐怖的事情。一天到晚，要保持弯腰驼背的姿态，在水田的深水烂泥中拔腿后退，真是苦不堪言。

但我能够坚持。每年 5 月 1 日"开秧门"（开始插秧）之后，我通常能坚持 20 多天不请假。晴天，人在水田里，上晒下蒸，还要穿着厚厚的长袖衣服防晒；雨天，则要把裤腿卷得高高的，身披厚重的蓑衣，不让雨水将身上浇湿；头上的斗笠则是不论什么日子都要戴着的，那是劳动的规矩，不戴斗笠，晴天或者雨天都会与你过不去。

春天来到的时候，天上的风筝多起来了，孩子们也玩得更高兴了，在我们知青傍晚收工回家的时候，常常有农村的孩子在背后猛喊："知识青年到农村去，很有必要！"

周：冬天农闲时节，生活是否会轻松一点？

余：农村永远没有闲着的时候！冬天，天地一片苍茫，北风吹起，有时即使风不大，也会让人感到刺骨的寒冷。农民的家中开始点燃火塘，老婆婆手中常常提着取暖用的"火钵"。火钵这东西真是智慧的发明。它像一个小小的圆篮，陶制或铜制，里面是缓慢地燃烧着的糠皮。千万不要说这是农闲时候，极度艰苦的事儿正在等待着农民。

冬天里有两件事让人不敢回想。一件是兴修水利。本地兴修水利主要是开挖渠道，平地而下，用铁锹一锹一锹地把挖出的土往旁边甩出，挖七八米宽，三五米深，挖得越深，需要甩得越高、越远。而且这种活是"包干"的，分给你两米宽的地方，你就得凭一己之力去完成。有一次，人们都干完了活收工回家了，我还继续挖了两个小时才摸着黑回去。我知道此时别无他法，只有坚持。有一次，大队干部同情我，调我到大队写宣传稿搞广播，让我"躲"过了一次极度的辛劳。

另一件是上长江大堤修筑堤坝。在某个冬日里，几条木船，载着一批人，来到指定的地方，开始"上堤"的艰苦工作。几条船上的人，只借了当地农民的一两间房屋，在地上铺上稻草，展开铺盖，用以晚上睡觉。干活的人要在离长江大堤很远的地方挑上一担土，然后一步一步地挨到堤上，将土倒在堤面上，将堤加宽加厚。担子很重很重，堤坝很高很高，路程很远很远，流汗很多很多，而一到堤上，寒风猛地袭来，立刻让你浑身冰凉。

我"上堤"10多天，简直是掉了一层皮。

农村生活的艰苦，我从来没有对我的父母说过，我对他们说的永远是"不累，乡村很富裕，乡亲们待我好"。

我乐观地相信，这些痛苦的磨炼，是为了"苦其心志，劳其筋骨，饿其体肤，空乏其身，行拂乱其所为"。所以，后来我能一个人连续23年主持偌大的荆州地区的初中语文教研工作。

在艰苦的日子里认真地生活

周：艰苦的岁月里，您眼里的春天依然是"桃红柳绿"的，布谷鸟也依然是"放声歌唱"的，除了精神上保持乐观的态度，您是如何克服生活上的困难的？

余：我的学生万仁芳曾撰文《我的高中老师余映潮》，其中有这样的话：人们很少知道，这样才华横溢的书生，竟有多年下乡务农的经历。在我的家乡王家湾，武汉知青余映潮的聪明能干远近皆知，尤以养鸡水平之高让农人瞠目。

这话是真的。

我在农村生活约有五个年头。我不仅养鸡水平高，而且相当勤劳，很会生活，并懂得认真地生活。当那个地方的农妇们在烟熏火燎的烧火屋里做饭的时候，我用的是自己砌的几乎没有烟尘的"马蹄回风烟囱灶"；当农民们在寒风大雪的日子里围坐在火塘边的时候，我可以给每家送上一片老红色的新鲜南瓜；民办小学的老师因黑板年年出现裂缝而抱怨，经过我修整的黑板却可以多年不再出现缝隙……

其实，生活中有许多问题只要换个角度想，就会豁然开朗。我当时面临的现实是，作为一个一无所有的、身单力薄的知青，我得靠我自己的努力，认真地、智慧地活下去。

养鸡，就是让我能够活下去的门径之一——鸡蛋就是钱。

周： 能讲讲您养鸡的故事吗？

余： 1968年12月下放到王家湾之后，第二年的春天我就在村里观察，终于在隔着河的福清家里发现了一只高腿母鸡，据说这种鸡很能下蛋。我还在他隔壁家里发现了一只英姿勃勃的大公鸡。于是我向福清妈"订购"了一批五天之内产的新鲜鸡蛋，特别指定要那高腿母鸡生的。接着向农家借了一只处于抱窝期的老母鸡，让它为我孵小鸡。农民们都为此事感到惊讶。经常有老妇人上门指导我孵小鸡，她们却不知道我手上已经有一本《养禽学》。在老母鸡孵蛋的第六天，我就能够剔出那一窝鸡蛋中的寡蛋，而这一手，一般农妇是做不到的。

"叽叽"叫着的小鸡们快乐地成长着，有4只高腿的小鸡特别讨人喜欢，其中3只是"小姑娘"。我的小鸡们很喜欢我，它们常常伸长脖子眼馋地看着我吃饭，只要掉下一粒饭，它们就会挤成一团去抢。再长大一点，它们就会"飞"到我的腿上、手上，眼睛盯着的还是我的饭碗。于心不忍的时候，我会留下几口，让可爱的它们一抢而光，我也快乐地看着它们。

我的小鸡们有专门的食槽和水槽，还有专门的细沙让它们在里面打滚。当村民们看到我的小鸡在细沙池里"洗澡"时，都说我是"怪搞"。他们不知道，任何动物都是要"洗澡"的，"洗澡"的同时也是"保洁"与"按摩"。

它们渐渐地长大了。每只鸡都有自己的名字：大黑、小黑、大黄、二黄、大花、二花……那三只高腿小母鸡分别叫大麻、二麻、三麻。可惜小母鸡中没有长红色羽毛的，于是我的小鸡中便没有"红红"。长大后的公鸡中我只留下一只长势很可观的"小青年"，其他的公鸡便变成了佳肴。小母鸡们开始发育，鸡冠开始变红，嘴里开始唱歌。入秋的时候，大麻、二麻首先开产，它们"咯咯"地低唱着，跳进我准备好的稻草窝，安静地产蛋，然后"咯咯咯"地高歌。

母鸡下蛋后都喜欢唱歌，歌声是那样的动听，充满了生命的力量。像人一样，小鸡们也各有性格。大麻生蛋后很秀气地唱上几声就玩去了，而二麻却经常不停地大声唱歌。被它吵得不行的时候，我就吼它："生了个蛋就骄傲，想挨打！"

我开始记账了。我要记录在一个月之内，大黄产了多少枚蛋，小黄产了多少枚蛋……我要记录在中午 12 点钟以前，大麻是不是每天产一枚蛋且连续产六七天的蛋不歇窝，二麻是不是也这样……于是，我拿到生产队的小卖部去换油盐的每一枚鸡蛋上都写有日期。这成了当地的一大新闻，人们觉得我这个武汉知青有点呆里呆气——哪有正常人在鸡蛋上面写日期的？同时人们也觉得奇怪——知青也会养鸡？

又一年的春天，产蛋最多的几只母鸡被"选拔"出来了。大麻、二麻名列其中。我选中的那只雄壮的公鸡很负责任地守护着这群母鸡，不允许隔壁家拙劣的小个子公鸡偷偷摸摸"入侵"。于是它们的孩子们也都很优秀。

优选的工作连年进行着，当地的土鸡在我的手里变成了高产鸡。到了第五年的春天，乡里的农妇开始用葫芦瓢或者大手帕提着她们家的鸡蛋到我这儿来换种蛋。因为春天到了，母鸡们开始抱窝了，"小余哥"这里的鸡蛋可以孵出生蛋多的鸡。

周：虽然生活忙碌而艰辛，但您通过自力更生，已能够丰衣足食。除了养鸡，您还会其他"绝活"吗？

余：生活的艰辛逼迫着我学会了好多手艺呢。从下乡起我就忙得没有停过。一年到头，我要出工，我要下地，我要插秧割谷，我要种菜浇地，我要洗衣做饭，我还要养鸡。收工早的时候，我的鸡朋友们在门前迎候我；

收工迟的时候，它们就乖乖地从门下的小洞中钻进鸡窝。

在那举目无亲的日子里，我没有走到贫困的边缘，也不用等年终生产队结账才有零钱花。我有鸡蛋可以卖，还因为使用节柴灶而省下不少的柴草。估算柴草烧不完的时候，给村里烧窑的师傅带个口信，便有人划船到我门前的矮堤下，买走我的稻草和棉梗。

下乡后的我，在艰苦穷困的生活中锻炼出了顽强的生命力。我能够自制米酒、豆酱、干菜、泡菜，能酿辣椒、打糍粑、熬制糯米糖……我的小屋后面栽上了成排的树，屋顶上常常躺着大大的南瓜、葫芦，屋内还有红薯窖，我还开始研究沼气。

没有料到的是，1973 年 11 月，我得到了一次上学的机会，离开了王家湾，去监利县城上师范了。我的沼气研究，也成了永远的梦想。

周：您的故事让我们感受到了您的吃苦精神，感受到了您的乐观。您曾经说过："在不让人有梦的日子里，梦想的火焰不能熄灭。"您能具体说说您是如何激励自己持有乐观心态的吗？

余：磨砺自己的性情。性情，影响着一个人的生活境界。

从我个人来讲，性情，既与我的生活有关，也与我的工作有着紧密的联系。

我的"性情观"包括两个方面的内容。其中一个方面是善良。

善良，就是待人要好。

这种体会，我在给张庆海老师写的序言中这样写过：

做让人感动的人，要有善良的品性。

"善良"二字，言短意长，意境深远。关爱他人，心系弱者，在自己的群体之中尽心尽力，帮助他人不求回报，对别人给予的帮助总是心存感激，常被身边的凡人小事所感动，善解人意不作苛求，面对误解或责难一笑了之……这一切都是善良的品性，有善良品性的人是有意境的人，生活总是在他的眼中和心中微笑。

我还在《遐思是我的快乐》中这样写道：

遐思中有我的教师朋友。年轻的与年长的，本地的与外地的，常见的与久违的，只要我记得，其音容笑貌就常在我心间。很多的时候，我能在瞬间喊出见过一面而又阔别已久的教师的名字；很多的时候，我还记得别人几年前向我诉说的烦恼而在见面时给以一声轻轻的问候。

因此，石首市的马一舜老师对我有这样的诗意的评价：

要证明年龄与生命的磁性成正比，不需要找别的证据，说出余映潮的名字就够了。不是父亲，但关心和微笑起来，亲切和慈爱已够做我们的父亲了。

周： 另一方面是什么呢？

余： 另一方面是乐观。

居里夫人说："生活对于任何人都非易事，我们必须有坚忍不拔的精神。最要紧的，还是我们自己要有信心。"

《牛虻》的结尾有这样一句话："无论我活着，或者我死去，我都是一只快乐的牛虻。"

这里说的都是乐观。

可以说，我从年轻到年老，在生活中所遇到的波折、不顺之事，非一般人所能忍受。

面对这一切，我的处事方法是：轻轻地叹一口气，然后将烦恼像蛛丝一样轻轻地拂去。

我在大家面前总是一个快乐的人。

正是保持这种心境，我才能够在艰苦的环境中做好自己的事情。几十年过去了，我还是这样快乐与健康。

多年来，荆州市的中考语文命题由我一人独立进行。2006 年，就此事我写过一篇题为《我就是一支队伍》的短文，其中有这样几句话：

近年来，每到中考命题阶段，我就是一支队伍。

这支队伍孤立无援，孤军作战。

当这支队伍和别人的三人队伍、五人队伍相遇时，心中便涌出一种豪情。

这支队伍只有一个人，他是命题班子，他是毕业班的老师，他是考生，他是考生的家长。

可以连续一个星期没日没夜地工作，不惜时间与精力。

一定要做出有创新风格的精品，一定要做出让考生喜欢的语文试卷，一定要做出非常有个性的中考语文卷。

找材料，再找材料，改写材料，组合材料，品读材料。

拟题，修改，重新拟题，再修改。数十次地校对，无数次地做答案。

近年来，我是一支队伍。

这支队伍，一到中考命题阶段，便默默地走进了那条密封线内。

尽情地敞开思绪，在纸上驰骋着他的青春快车。

这其实就是我工作精神的写照。

年年岁岁，波澜起伏，生活复杂而又艰难，我们不能离开乐观的精神世界，我们需要用从容、平静、乐观、潇洒来滋润我们的生活。

周：回首往事，您如何看待那段艰苦的岁月？

余： 2008 年年末，我写了这样一首无题小诗：

> 1968 年 12 月，
> 我下乡了。
> 江轮驮着忧郁的学子，
> 在阴暗的天空下，
> 沉重地驶向渺茫的远方。
>
> 四十年过去了，
> 我举家回到了武汉。
> 当年那让人难以生存的
> 艰困日子，
> 现在已像遥远美丽的星光。

这首诗是我为纪念自己下乡 40 周年而写的。我很喜欢它的最后几句："当年那让人难以生存的／艰困日子，／现在已像遥远美丽的星光。"它表达出来的，是我对生活、对岁月的真实而诗意的感悟。

生活曾经磨炼过我们，又让我们回过头来品味这种磨炼的深长意味。

我把这种对生活的诗意感悟看作是点缀生活的温暖火光，有时候它确实是不经意的一闪，但它也确实能够长时间地滋润自己的心田。

第二章 从民办教师到市级教研员

命运的转折

周：您是怎样当上老师的？您还记得第一次上课的情形吗？

余：我当年下放的地方监利县龚场镇王家湾，也叫王家大队，那里有一所村办的"王家小学"。它像一个小小的四合院，低矮的校门和教师办公室面对公路，两侧各有三间教室，学校还有一面对着广袤的农田。

空闲的时候，知青们会到王家小学里来，与老师们说说话、打打球。而我的命运，就是在这个地方有了转折。

1971 年 5 月的一天早上，我和农民们在离村子很远的水田里插秧。早上的水田，还有着很重的凉意。随着分秧插秧溅起的细小水花，一排排嫩绿的秧苗立在了水中。不知什么时候，生产队长带着一名学生站在了田埂上。队长告诉我，王家小学的校长请我到学校去一下。

我从水田里上来，赤着脚，带着满腿的泥巴，跟着那名学生，来到了王家小学。校长姓李，年纪有点大了，他曾经是新四军战士，担任过王家大队的大队长。

他问我，能不能帮忙代几天语文课。

我说可以。

他给了我一本书，说让我给四年级的学生上一节《国际歌》，还问我要不要备课。我说不用，然后带着满腿的泥巴走进了教室。这是我人生中的第一节语文课。

我朗读课文给学生们听，一开口，学生们就偷偷地笑，过了一会儿就适应了我的"普通话"。我教他们朗读，大家都开心地读起来。接着是写字、背诵，很快这节课就结束了。

下课了，学生们像燕子一样飞向校长的办公室。校长在门口笑呵呵地问他们："这个新老师怎么样？"

孩子们竟然说："这个老师好，他说的是'广播声音'！"

我说的是武汉"普通话"，连卷舌音也没有，孩子们却说是"广播声音"。

于是我就继续代课了，学生们开始称呼我为"余老师"，而我生活的那个小队的学生一时难以改过来，见面仍然叫我"小余哥"。

周：好有意思啊。您在王家小学当代课老师还顺利吗？

余：经过王家小学与生产大队、生产小队的协商，新的学期开始，我仍旧留在小学里教书。我的姓名上报给了区教育组，按当地的规矩，我的工分仍记在我生活的小队里，粮食柴草也由小队按工分进行分配。

1971年的秋季，我正式当上了王家小学的民办教师，可以不下水田、不背几十斤的水桶给棉苗喷药、不用冲担（用笔直的小毛竹或是大一点的龙须竹做成的农具，两头削尖，常常用于担柴火、稻捆儿、麦捆儿）挑起沉重的新谷用尽力气从船头一步跨到岸上，不用去开沟挖渠，不用上堤防洪……

我努力地工作着，珍惜着这种待遇。

然而不久，由于种种原因，我不能再当民办教师了。校长舍不得让我回小队去，就想了个办法，安排我去教"跑学"。其实这也是一件极辛苦的事。

教"跑学"，就是不再在学校里教学，而是每天走遍这个大队的每一个生产小队，到农户家中，集中这个小队里没有能够上民办小学的适龄儿童，给他们上课。

这是典型的复式教学，从启蒙到小学五年级（当时小学是五年制），各个年龄段的孩子都有。

那段时间，我整天走路、教学，风里雨里，跨沟蹚河，穿林过桥。

我仍然极认真地做着这件事，迎着晨光，披着暮色，一天又一天。

我提着一把二胡，带着一只哨子，背着一个书袋，进行我的教学"旅行"。到了一个地方——小队指定的农户家中，哨子就吹起来，二胡就拉起来，孩子们就聚拢来，教学就开始了。

我的那把二胡，是花两块钱买的，我只能拉拉简单的曲子，但它也对我的教学起了增色的作用。

休息的时候，我就教孩子们唱歌，《东方红》《学习雷锋好榜样》等是一定要教唱的。我的教学，力争让学生全面发展。

农民们很欢迎我，大人小孩都叫我"余老师"。在我的"农家教室"里，常常有前来观看教学的大人，他们都笑眯眯的，安安静静的，有的干脆坐在"教室"的长凳上，抽着有长长烟管的旱烟看我上课。

区教育组的干部们有时也光临我的"教室"，听我讲课。

有意思的是，在一次区里组织的小学五年级的语文考试中，我教的学生中竟然有一个得了第一名。

于是我的名声大振。在暑假教师学习班上，区教育组组长居然让我给全体民办教师上了一节示范课。

至今还记得，我无意之中点张李大队一位年老的教师起来回答问题的情景。当着许多同行的面回答问题，他有点战战兢兢。事后我还给他道了一个歉。

这样的教学，一直坚持到1973年11月。

后来我想，下放到王家大队的武汉知青还有七八个，为什么人家偏偏让我去当民办教师呢？或许是我在小队里干活非常能够吃苦，又或许是我还会唱几支歌——除了时兴的歌曲，我唱《小路》《三套车》《深深的海洋》等歌曲，也是得到过农民们的掌声的。

生活告诉我，在一步一挪的苦挨之中，也许会有援助之手在不经意中扶你一把，也许会有稍微宽阔一点、平坦一点的道路出现在你的面前，在这之前，要心怀希望。

打起背包上师范

周：1970 年大学重新开始招生，您没有机会成为"工农兵大学生"吗？

余：下放的知青，绝大多数在几年之后就被招工回城了，但我可能因为家庭出身的原因，一直没有机会，只能在乡村民办教师这个岗位上辛勤地工作着，盼望着，等待着。

1972 年春夏之交，区教育组通知我到本县的新沟公社去考试，说是某外语学校要招生，我下放的"工龄"符合推荐上学的条件。

我走了大概 15 公里的旱路到新沟中学时，已经有不少人了。接待我的是一位中年英语老师，瘦瘦的，个子有点高，说一口四川话，知道我是华师一附中六六届高中毕业生后，他有了一些微笑。

他与我进行了一些简单的英语对话，然后我流畅地用英语背诵了很长的一篇文章——《卖火柴的小女孩》。

听完后他一脸沉思，用很平静的语气说道："这里没有你的对手，但这里能上学的可能不是你。"

然后我清清楚楚地看到，他在我的那张表格上有力地写下一行字："该同志英语水平很高，可作书面翻译培养。"

离开新沟中学的时候，他起身送了我；我问他贵姓，他说姓张。

我不知道他的这份成绩鉴定是不是在我后来被区教育组送到监利师范读书时起了作用，我只知道他的真诚和对我的肯定让我感恩了很久很久。

周：命运常常喜欢捉弄人。"艰难困苦，玉汝于成"，每一个想变成珍珠的人都要有面对困难与挫折的勇气和执着。您后来还有其他上学的机会吗？

余：时间又流逝了一年。

1973 年 10 月的一个中午，很突然的，一位叫易贤清的年轻人骑着自行车找到了正在教"跑学"的我，要我赶快到区教育组去一趟，说区里考虑到我出色的表现，要送我到监利师范去读书，这样我就可以成为公办教师。

我请他先行一步，但他非常热情地说："我带你去，就坐我的自行车！"

我坐在他的自行车后面。他骑行了近 8 公里路，一路颠簸，带我到了区教育组，填写了监利师范的招生表格。

此事让我非常感动。一位年轻的公务员，居然主动提出用自行车带我，一路上不辞辛苦。

很巧的是，10 年后我有了一次回报的机会——给当年关照过我的易贤清同志以及和他一起报考市委党校的朋友们讲几次备考辅导课。他后来干到了副处级，调到了荆州市水利局，在那里工作至退休。

周：这一次的考试顺利吗？

余：还好，这次命运没有捉弄我，不久我就收到了监利师范的入学通知。于是，体检、卖粮食（当时规定，招工、上学的人必须向国家卖 50 公斤谷子）、转户口、与生产小队结账、打点行装，一系列准备工作下来，我就去监利师范报到了。

26 岁的我，武汉市华师一附中的六六届高中毕业生，把同在一处下放的弟弟留在了王家大队的知青小屋，扛着被子，提着行李，于 1973 年 12 月，去监利师范报到了。我要在那里待一年半，与比我小好几岁的同学一起，学习初中阶段的学科知识。

从此以后，王家小学再也没有人去教"跑学"。

到了监利师范，开始了稳定的学生生活，我才将此事写信告诉了当时还在单位放牛的父亲。他后来回信说，接到我的信之后，他泪流不止：他的宝贝儿子，终于可以在将来有一份正式的工作了。

老师是高中校友

周： 监利师范的生活和您理想中的师范生活一样吗？

余： 现实和理想总是有差距的。

这一届一共有 7 个班，我报到后被分到了 737 班，这个班叫作"文艺班"。我是来"补缺"的——七三级的监利师范的学生，早就于 9 月份报到上课了。

这 7 个班的学生，都有"知青下放"的背景，其中还有不少武汉知青，我在的这个班就有 18 位。

正是因为来校的大部分是知青，所以学校管得很紧，特别是不准谈恋爱。

据说在晴朗的晚上，学校的罗书记有时会坐上高大的拖拉机，让司机开着大灯上街，在灯光中观察，看见一男一女两位师范生一起逛街的，第二天一定找来训话。

班上的团支部、班委会也很得力，同学之间有一点恋爱的蛛丝马迹，马上会汇报到管德育的万主任那里。

那时我已经26岁多了，同学们都叫我"老余"。我总是坐在教室最后一排，不多说话，生怕有什么闪失。如果学校将我退回农村，那我就真的无路可走了。因此，"谈恋爱"之类的话题，暂时还不会涉及我。

但也有不可思议的事出现在我的面前。

文艺班的学生，是要学习唱歌、乐器的。

我们的音乐老师是建老师。

建老师是我的华师一附中的校友，六六届的同届同学。在华师一附中读书时，我在高三（4）班，他在高三（1）班。下乡后同在监利县的一个区里。

他出身书香门第，是华中师范学院（现为华中师范大学，以下简称"华师"）一位教授的儿子，拉得一手好提琴，书法也很棒。

因为提琴拉得好，当我还在辛苦地耕田插秧的时候，当我还在忙碌地行走于我的"跑学"之路时，他就被抽到监利县文工团去了，后来又被调到监利师范当了音乐老师。

现在我进了监利师范，我的在监利师范当老师的校友就自然而然地成了我的老师。

而且他真真地进了我的课堂，还真真地教我音乐。他神气地站在讲台上，我则坐在教室最后一排。

周：昔日的同学现在成了您的老师，你们之间有没有发生过什么"糗事"呢?

余: 建老师教我们很简单的音乐知识,从教我们识简谱起。他的嗓音很一般,但教学的时候还是很认真的。

完全没有想到的是,有一次他竟然点我站起来唱一段简谱,因为他是老师,所以我认真而又准确地唱了一段。他高兴起来,大声对同学们说:"你们看,余映潮同学这么大年龄了,还这样用心,你们应该向他学习。"

是的,我那时已经 26 岁了,26 岁的我还没有工作。

我的同届高中校友,以老师表扬学生的口气表扬我。

我表面很平静,但心里"骂"着:"这个呆子!我岂止会唱简谱!"

是的,从说话表情看,建老师没有嘲笑我的意思,我想他可能只是不懂人情世故的"呆子";但我仍然感谢他对我的那一句肯定,他表扬我的话我至今都记得。

又过了一些年,我在武汉遇到过建老师一次,他说恢复高考招生后,1979 年他考上了大学。他还说,他有了自己的企业,已经不当老师了。

周: 记得别人的好,我们会发现站在人生的十字路口,往往会有一个智者或者师长、朋友在帮助我们前行。在监利师范有哪些事情对您影响较大呢?

余: 因为已经是重点中学的高中毕业生,在 737 班没有待多久,我就被学校罗书记"相中",在学校当代课教师。我生活补助加了 8 元,可以在教工食堂进餐,还有了一间 6 平方米的小屋居住。

颇有味道的是,让我带的居然是下一届学生——七四级的文艺班。我与建老师"平起平坐"了。有一次他很得意地对我说:还是我们华师一附中的人厉害!

我带七四级的文艺班比建老师辛苦。他只教音乐课,而我还要创作文艺节目。

1975 年夏季，我从监利师范毕业，回到了乡镇中学。

…………

生活中的往事，不管是痛苦的还是甜蜜的，不管是悲伤的还是幸福的，若干年后回味起来，都能给人的心灵以美好的滋润。当进师范读书的故事重现眼前的时候，我不仅仅感受到了往事如烟、岁月有痕，还有这样一缕思绪飘过我的脑际：在艰难的生活之中，我们要为周围人们的那些大大小小的善意而感动，这样，在我们平静的坚守与盼望之中，就多了一些陪伴我们心灵的辉光。

在大学之外读大学

周：从监利师范毕业以后，您到哪里工作了？

余：从监利师范毕业后，按照"哪里来哪里去"的分配政策，我回到下放地的龚场中学当了一名教师。离开城关时，监利师范的罗书记说，余映潮，我是很想让你留校的啊……

初到龚场中学，我还没有当语文老师的资格。我教英语，教唱歌，教物理，因为教学要求低，我又只教初中学段，凭着原来高中的一点基础，也都还过得去。特别值得一提的是，到了 20 世纪 80 年代，我独创了"每周一歌"，唱歌时全校学生集合起来，这也由我教。

"每周一歌"的场面很是壮观。周三下午的最后一节课，如果不下雨，全校学生在操场上集合，分班按序坐好，由我来教大家唱歌。没有扩音设备，没有歌单，就是我教唱，学生学唱，我口授，学生心记，很像沈从文《记忆中的云南跑马节》中写到的歌师傅传歌。如《打靶归来》《石油工人之歌》《我爱祖国的蓝天》《牡丹之歌》之类的歌曲一唱响，气势宏大，如浪如涛，雄浑壮阔。可以说，现在基本上没有音乐老师能享受到我当年的那种"待遇"。

周：没有想到，您竟然还有这样奇妙的经历啊！后来您又是怎样当上语文老师的？

余：1978 年年底，学校的江校长突然找到还在任初中物理教师的我，说华中师范学院中文系在监利县招函授本科生，语文教研组的教师没有一个人愿意报名，建议我去考一下，如果考上了，也能为学校争一点光。

江校长了解到，我在 1978 年秋季知道学科专业杂志即将复刊的消息后，就到邮局订了将在 1979 年发行的出版地在北京的《中学语文教学》和出版地在上海的《语文学习》两种杂志。他为此在会上表达过自己的赞叹：一个非语文学科的教师，有那么敏锐的眼光，订了两家语文杂志，将来一定有出息。

现在江校长通知我去报考中文函授，估计跟我订杂志的事有关吧。

于是我到区教育组报了

《中学语文教学》和《语文学习》两种杂志

名。一个月之后，通知我参加考试。

怀揣一支笔，步行 15 公里，挎着一个旧书包，我来到监利新沟中学，参加华师中文函授的笔试。

监考的女教师就是后来教我汉语语法课的燕老师，胖胖的，身高大约在 1.6 米，很和气。我们做卷子的时候，她就在教室里走动一下。那时考风极好，大家都不知道什么叫"夹带"。

她在我的身边停了一会儿，看了看我正在写的作文。

交卷时她对我笑了笑，说："你的文章写得很好啊。"

这一句笑着说的肯定的话让我回去时走了 15 公里的旱路都不觉得累。

又一个月后，来通知了，通知上说我已经被华师函授部录取，我的成绩是全县第二名。

这件事在这所偏远的乡村中学激起了涟漪，我的"身价"马上提升。1979 年秋，我成了一名语文老师。江校长说，这是应该的，因为我考上了华师中文系。我教初中语文，甚至教了两年高中语文，而它最重要的意义在于让我从此真正走上了语文教学之路。

周：您订的《中学语文教学》等专业杂志，对您的工作有帮助吗？

余：当然有了，它们对我的帮助极大！1979 年 8 月，当上语文老师的前一个月，我收到了订阅的 1979 年第 1 期（总第 1 期）《中学语文教学》杂志，它从北京来，出现在我破旧的办公桌上。

打开这份杂志，我读到了"编者的话"：为了适应四个现代化的需要，广大语文工作者积极探讨语文教学的规律，努力提高教学质量。在这样的大好形势下，《中学语文教学》和大家见面了……

打开这份杂志，我读到了吕叔湘先生的《语文刊物漫忆》、张志公先生的《向〈中学语文教学〉提点希望》、周振甫先生的《谈〈药〉的对话和线索〉、刘彬荣先生的《读〈荷塘月色〉手记》、茅以升先生的《关于〈中国石拱桥〉的三封信》、胡絜青先生的《老舍与〈骆驼祥子〉》、张寿康先生的《说明文略说》……

我如饥似渴地阅读着、咀嚼着、回味着、思考着，不忍放手，眼前似乎一下子敞亮起来，语文教学知识的清泉在我的面前汩汩流淌……

那时我已经 32 岁多了。

周：函授学习除了让您当上语文老师，还有什么特别的意义吗？

余：参加了本科函授学习，才知道什么是知识的天地。我就像接受启蒙教育的孩子一样，感到知识的世界如此绚烂。

我的函授学习也如同我的人生之路，总是有一些横生的枝节挡在前面。华师为了确保函授质量，在 1980 年又对我们重新进行了一次招考。一直到 1984 年，我被调到荆州地区教育局教研室之后，才拿到毕业文凭，所以我读函授的时间也比别人长——前后一共 6 年。这期间，我从农村中学调到了监利县教研室，最后到了荆州地区教研室。

这是我人生中最重要的一次系统学习的经历，它的特别意义就是让我在工作之时读了大学本科的课程，让我知道了语文教学知识有着无穷无尽的广阔天地。我努力坚持，每门学科的考试成绩都名列前茅，终于用 16 张学科结业证"换"到了华师汉语言文学系的本科毕业证。这段经历使我受益无穷。

有时我想，人生的苦痛之处在于，命运之神大多数时候是不尊重生命主人的意愿的，它往往固执地给你安排你从来不去向往的世界，而且没有商量的余地。在这种时候，你只有将同命运抗争与遵从命运的安排合二为一，才有可能真正地由自强到自觉再到自由。

谜一样的调动

周：您工作这么努力，成绩又这么突出，继续当老师，应该会有大好前程的。您又是怎么当上教研员的呢？

余：1982 年 7 月底，华师暑期函授完毕，我从荆州教育学院回家。

下了车，走在龚场镇的街上，有熟人说，余老师，你要调到县里去了；走进龚场中学的校门，遇到王双武主任，他说，赶快到区教育组去拿调令，你要去县教育局了；回到家中，孩子的妈说，前两天学校已经通知这件事了。

这真如"晴天霹雳"，让我万分惊讶而又心潮澎湃。

我从来没有向任何人提起或说过想调动的事。别说是到教育局，调到县里学校的念头都没有动过。

我真的要到县里去了吗？

从 1968 年下放，14 年过去了，我从武汉知青到农民、乡村民办教师、师范的学生，最后到乡镇中学的教师，我从来没有踏出过这一方小小的土地。我真的要到县教育局去工作了吗？

是不是因为我们一家多年来一直住的是学校 15 平方米的低矮宿舍，每天夜晚，都听得到屋梁上鼠群隆隆的奔跑声和吱吱的恐吓声？

是不是因为我的女儿已经快 5 岁了还没有上过幼儿园，每天早晨只能骑着小小的儿童三轮车跟在晨跑的我和学生们的后面？

是不是因为我身兼班主任、语文教师、教务处副主任、学校文艺宣传队领队等职务且每天起早贪黑地努力工作？

是不是因为身处偏远乡下中学的我，订阅了《中学语文教学》和《语文学习》并开始了如饥似渴的研读？

是不是因为我多年前在王家小学教过的几个孩子长大后又在龚场中学成为我的学生，他们最后都考上了中等师范学校？

是不是因为我发明了一种"听读课"，让我的复读班的学生在高考中取得了令人欣慰的好成绩？

是不是因为我这几年业余时间坚持学习，每次函授结业考试的成绩都名列前茅、受到各级教育部门表扬？

是不是因为我刻意回避一切耽误时间的应酬活动，每天早上和晚上都到学生宿舍巡查一番？

总之，毫无征兆的，我要离开龚场中学，调到县教育局去工作了。

周：您以全县第二名的好成绩考上了华师函授本科，对于偏远的乡村中学来说，是极好的成绩。现在，您要离开您的学校，学校领导会同意吗？

余：按照人员调动的程序，当地学校应派车送我到县里报到。可是，原来最喜欢我的江校长调到了另外的学校，现任校长震怒于我的调动，连续四天不安排、不理睬。我找到一位语文老师，这位老师同时也是校长的老乡，给他带了一个口信去——校长，余映潮不是调到别的地方去的。

此话果然有效。第五天，校长来了，满脸都是笑容，半晌，车也来了。下午，装得满满的一辆大卡车，将我们全家送到了监利县教育局。好多同人前来送别，感慨着余映潮只身来到龚场镇，现在是一家子、一车子。

……………

周：这是命运又一次奇妙的转折。您就这样开启了您的教研员之旅吗？

余：有些事情真的是好奇妙啊！我接到的调令是让我到监利县教育局普教科报到，奇怪的是，到了县教育局之后，办公室却通知我到教研室报到。这又无异于巨石入水，激起我心中的波澜。

后来才知道，当时任县教研室主任的李国佐老师，曾经到过龚场中学，知道我的工作水平、教学能力。他对局长说，把余映潮放到普教科可惜了，让他到教研室来吧。

于是我欢快地开始了我的语文教研员的工作，迅速地进入了角色。

时任局长匡继洪先生非常喜欢我，常常赞叹说小余对工作太负责了。

我就住在教育局的院子中，有一次上班之前，匡局长到我家问有没有搽手的"香香"，我说只有几分钱一盒的蛤蜊油，他又看了我家的简陋家具，感慨道：余映潮啊余映潮，看到了你，我就看到了希望。

1983年，我入了党，介绍人是匡局长和后来调到组织部的我的监利师范的老师张友华。

至于是谁提议调我到县教育局的，其中的过程如何，始终没有人说给我听。

这些，都像小说的情节一样迷人。

"你到我那里去吧"

周：在县里当教研员，您是如何具体开展工作的？

余：1982年8月到1984年7月，我在监利县教研室工作了两个年头。记忆最深的是两项工作。

一项是下校下乡。当时的学校数量庞大，镇以下的每个公社都有初中，全县共有初中百余所。两年之中，我把这百余所初中"跑"得差不多了。

另一项是编写资料。

那是一个教学资料匮乏的年代，一线的语文教师几乎没有参考资料可用，连练习册也没有。在商人眼中，这应该是一个巨大的商机；可在我眼中，这是一个极好的锻炼自己的机会。

我开始聚精会神地编写资料了。

六册初中语文教材共 48 个单元，我要编写出 48 个单元的练习题。

我用的是"四遍成文"法：第一遍，草稿；第二遍，修改；第三遍，刻写；第四遍，油印。

在不下乡的日子里，每天都有书页来回翻动的声音伴随着我；每天都有一页一页的练习题的草稿出现在我的笔下；每天的生产工具是钢板与蜡纸；每天都有"钢"笔在钢板上刻写蜡纸的"吱吱"声音响在我的耳边；每天都有刻满了习题的蜡纸在我的笔下诞生；每天我都会打开那遍身油墨的油印机盒，用蘸了油墨的滚筒一张一张地推印出那些练习题，滚筒起落，纸页翻飞；每天我都在练我的"推油印"的技术，那速度，那精准度，简直后无来者；每天我也是装订工，将油印出来的练习题装订成 120 份，折叠并将它们分装在 106 个信封里。

县教育局的油印室就好像是我的家，那里有纸香，有墨香，有劳累之中的我心底里快乐的歌唱。

我那装有单元练习题的信封，也带着墨香，每周一次地飞向了全县的每一个初中。

我用一年多的时光编写的 48 套单元练习题，让全县每所学校的语文教师都欣喜异常。也只有在这种情境中，才能真正感受到什么是"好评如潮"。

当时教育局匡局长和教研室李主任常常情不自禁地说：像余映潮这样的人多培养几个就好了。

周："苦心人，天不负"，您这样勤奋的工作态度，一定会有"无心插柳柳成荫"的收获。

余：1984年的春天来临，气候温润，春色美好，屋后的大树上，有喜鹊在喳喳地叫。4月份，荆州地区教研室主任沈兴邦先生带着一批教研员来监利县进行教学视导。

临别时，我送给他6册装订好了的带有封面的单元练习册，他打开，细细地翻看，惊讶地问道："这是谁编的？"

我说："是我。"

他有点激动地说："前两年我组织全地区的语文教研员编写单元练习，一直都没有编出来。"

接着他突然很认真地看着我："你到我那里去吧！"

…………

一个月后的一天，我在县教育局阅览室看书，管理员舒老师悄悄对我说，小余，你要走了；地区教育局朱局长来过了，专门谈你调动的事。

接着，县教育局郑局长找我谈话，说要我做好思想准备，服从组织安排，到县教师进修学校当校长。

我知道这是县里在采取措施，不放我走。

接着匡局长找我谈话，点明了地区教育局调我的事，说监利的教育事业需要我这样的人，希望我能留下来。

我对匡局长说，我去荆州地区教育局，能掌握更多的信息，说不定对监利县有帮助。

匡局长叹了一口气，说："好吧，我支持你。"

1984 年 8 月上旬，我办好了手续。监利县教育局派了车，送我们一家到了荆州。

安定下来后，我给父亲写了一封很长的信。

这封信的结尾一句是：

我现在住的地方是荆州地区电大（原名荆州市广播电视大学，现改为荆州信息科技学校），地区给我安排了一套三室一厅的房子。

…………

那年，我 37 岁。

从知青下放到调到县教研室，我度过了 14 年光阴；从当上乡镇中学语文教师到任地区教育局教研室语文教研员，我只用了不到 5 年的时间。

1985 年，荆州地区的中考语文命题由我主持；我的命题能力也开始进入公众视野。

我后来回想，通过编写单元练习题，我得到了调到市级教研室工作的机会，这其中有两个原因，一是我填补了语文教学中的重要空白，有益于广大一线教师的教学；二是我练就了出色的、过硬的本领，一旦到了重要的岗位便立刻能够担纲。

许多年后，我写过这样一句话——

磨炼的深度决定你的高度。

第三章 积累，是一种生活方式

积累是事业之根

周：从当教师起，您就订了《中学语文教学》和《语文学习》这两种专业杂志。是偶然为之，还是有特别的想法？

余：自从当上了教师，我就特别重视自己的专业化成长，而阅读专业杂志、注重积累是专业化成长的最佳路径之一。我视积累为生命发展的阶梯，为我的事业之根。

我的积累习惯，青少年时代就养成了。我在小学时代，集过种类、色彩甚多的树叶；在初中时代，喜欢上了集邮；在武汉华师一附中读高中的时候，尝试组织同学们编写《英语常用词组与习惯短语词典》；在"文化大革命"期间，对"剪报"着迷，积累了大量的剪报材料；作为知青下乡务农期间，我向农民借过《康熙字典》，用长达半年的时间，专门抄写其中的篆字并练习篆刻。20世纪80年代初的《荆州晚报》还发表过我的一篇"豆腐块"文章，内容是关于"微雕"的珍闻。在生活的变迁与时间的流逝中，很多东西不复存在了，但"积累"的爱好、习惯与思维方式，乃至那种执着的坚持，却是根深蒂固、影响长远的。

周："积累"对您的教学、教研工作有什么特殊的意义呢？

余：从教师、教研工作者的职业、事业角度讲，我之所以能够坚持几十年的资料积累，是因为我有"根基薄弱"的自知之明。不达到"学问背景厚实"，无论多么努力，美好的愿望可能都难以实现。因此，积累厚实、与时俱进才是根本，根深才能叶茂，有了坚实的基础，才能确保工作质量。

也许，我坚持多年而毫不懈怠的语文教学研究与实践工作，沉淀到一个点上，就是"积累"。我有非常好的"积累"意识与习惯，会把工作的许多方面与"积累"紧密地联系起来。

比如，在使用电脑写作之前的 10 年里，我积累了将近 1 米高的论文手稿，它们全是复印之后保留下来的。

再比如，从 1997 年开始学习讲课到现在，我讲的每个课的次序、首讲地、次数，以及教案变化的情况，在我的电脑中都有详细的记载；我每到一个地方讲课，都会用一个 PPT 记录"活动纪要"，避免以后重复。

周：厚重的积累，成就了您工作的辉煌。第四届"河南教师成长学院"研修班，您应学员们的要求专门讲"记叙文的章法之美"。一个小时的备课时间，您做了 52 张 PPT，列举了 20 个例子。您所举的例子，有课内的，有课外的；有小学的，有初中的。学员们惊叹您是"高铁速度"，请问，您是如何做到的？

余：哪里有什么"高铁速度"啊！这都是缘于我平日的积累。多年来，我通过做读书卡片，用最笨拙而又最科学的方法读书，用最辛苦而又最有用的方法读书，用最麻烦而又最精细的方法读书。

自 1979 年起，我所订阅的每一期刊物的封面上，都写有一个大大的"卡"字，这说明我已经读过而且做过读书卡片了。

国内数种语文刊物的历年精美文章的目录，都被我分门别类地收进各个专题研究的目录卡片中。现在我手上有数以万计的资料目录索引和资料卡片，这是覆盖面极大且内容丰美的教研资料。

这些卡片的类别划分细密。如阅读教学类，就分为综论、记叙、说明、议论、小说、散文、诗歌、戏剧、文言文、语言、词语、句义、段意、讲读、自读、语感、教例、课型等小类，每一小类都囊括大量资料目录。

这又读又记的读书生活，是我"四季的耕耘"。

我对"积累"二字情有独钟。积累是我的一种思维方式、工作方式、生活方式，所以多年来我的勤奋积累是自觉地抓紧时间进行的，从来没有厌烦，从来不敢倦怠。

周： 曾经见您展示20世纪70年代末的读书卡片，但是在当时，尤其是在偏远的农村，要买到规格一致的读书卡片是极不容易的，您是怎样解决这一问题的？

余： 我非常希望有漂漂亮亮的读书卡片让我开心地使用，可是没有。1979年的乡下，哪里会有什么读书卡片。

于是我想到自己来印制。

我自己手工印制的读书卡片幅面不大，相当于一张16开白纸的四分之一，即一张16开白纸可以印出四张读书卡片。

但这么小的读书卡片是不可能在老式的油印机上用手工推油的方式印出来的。老式的油印机只能进行8开纸的印刷。我也不想在8开的白纸上印出读书卡片之后再将其裁开，那样绝对不可能张张都是一样的形状、规格。

我曾经请年轻的老师们猜我的规格统一的读书卡片是如何印制出来的，但没有一位老师猜得出来。

当时我大开脑洞，进行了别出心裁的创造。制作的流程是：

将若干张8开的纸裁为16开，再将16开的纸裁两次，于是便有了一摞整整齐齐的卡片大小的白纸。接着将蜡纸裁开，裁成卡片的两倍大，在钢板上将蜡纸刻写出读书卡片的表格。然后在蜡纸横边压上一条一厘米宽的硬壳纸，将它们用图钉钉在旧书桌上。蜡纸下面可以放上20张左右卡片大小的白纸。用图钉将一条黑色的硬橡胶片钉在一块木板上，这就是最重要的工具——刷子。在硬橡胶片的边沿蘸上油墨，刷在蜡纸上，揭起蜡纸，取出蜡纸下面印好的读书卡片。

如此连续不断地进行下去，就有了批量的读书卡片。它们的规格都是一样的，整齐、美观。

一张书桌，一张刻印了表格的蜡纸，若干白纸，一个特制的"刷子"，加上我的双手，就是印制读书卡片的"设备"。这样的"设备"，这样的方式，完全摆脱了对油印机的依赖。

这样的"设备"，一次印出 100 张读书卡片完全没有问题。

从此以后，我自己印出来的读书卡片就成了伴我读书的伙伴。

一直到 1984 年调入荆州地区教育局，我才用上印刷精致、厚实、洋气的读书卡片。其实它们与我的自制卡片没有区别——上面都有我的笔迹，都是手抄笔录的资料。

周：无论何时何地何事，您总能克服困难，创造性地生活和工作，真是让人敬佩啊。您统计过曾经做过多少张读书卡片吗？这些读书卡片，您现在还保留着吗？

余：我所做的读书卡片，少说也有几千张。这些读书卡片，大部分我还保留着，有时候，它们能够起到索引的作用。有的读书卡片，上面记录的资料特别珍贵，可以阅读欣赏，可以用作教学参考资料，也可以对自己的教学有所启迪……

比如下面这张读书卡片：

《春》中的节令纵线

首段，形象地展现大寒之后、立春将至的情景，盼春之状现于章首。

二段，写万物。绘立春、雨水之间的时令景色，迎春之意跃然纸上。

三段，赞草。写雨水、惊蛰时刚萌发的小草，游春之悦溢于言表。

四段，咏花。春分时节，闹春之乐力透纸背。

五段，赋风。是清明前后播种、育秧时田间恬静景象。

六、七段，颂雨。典型地写出了谷雨、立夏间暮春景象，惜春之情，洋溢于卷间。

结尾三段，颂春之情，升华于峰巅。

（摘自徐宏声《〈春〉的节令纵线》，《语文教学与研究》1987 年 1 期14 页）

这张卡片从制作完成到现在已经有 30 多年了，但它所记载的内容却依然新鲜有味。你怎么也想不到，作者居然用超常思维从如此精致的角度去赏读美文《春》；反复咀嚼，你还会品味到作者的行文技巧和语言功夫。

如果没有当时的读书摘记，就算有再丰富的想象力，这些奇妙美好的内容也不会清晰地出现在你的面前。

在我使用电脑写作之前，做读书卡片就是生活的一部分。一张卡片一张卡片地做，需要好多年才能"蔚成风景"。

非常有趣的是，我的老伴退休后，有了时间去钻研家常菜，她有不少学做菜的笔记，这些笔记用的就是我没有用过的空白卡片。

有了电脑以后，就方便多了。我开始在我的电脑中构建庞大的"积累仓库"。至今，我的电脑中已经有 1500 多个"仓库"了。

周： 1500 多个"仓库"，真是不可思议啊。您能从您宝贵的"仓库"中，拿出一些"宝贝"给大家看看吗？

余： 下面是我的"余映潮专题研究"中的若干文件夹：

备课　背诵　把事业的阳光洒向自己　板块式　主问题　诗意手法

成语和四字短语　教材研读　教学资源　教学创意　长文短教　短文细教　学会用段　读课文学作文　读写结合　选点突破　高效课堂阅读教学的设计理念与实践　好课的设计　教材精致利用　积累之妙　语文核心素养　教材处理　教学结构　教学手法　记叙文阅读教学　说明文阅读教学　散文阅读教学　童话教学　寓言教学　小说教学　文学作品阅读教学　文言诗文阅读教学　现代诗歌教学　朗读　名著阅读　课堂实践活动　趣教　语言品味　语言学用教学　教材中的写作资源　教读、自读、课外阅读　什么叫作懂得语文教学　诗歌鉴赏　审美教育　提炼

着力更新语文课堂阅读教学的理念与方法　语感　专项研究　章法课型　语文知识　整本书阅读　主题阅读　中学教师教学艺术的修炼与打造　中学语文教师常用研究技法　余映潮课堂教学艺术的基本特点修辞手法　学法研究　思维训练　学习科学　名师工作室　名师研究选修课　理念、基本功、教学能力　教研工作漫谈　……

它们从专题的角度表现出学术的强大力量，让我对语文教学研究各个方面的细节都能有一些深入的观察、探究与实践，从而使我在工作的时候能有"行舟绿水前""潮平两岸阔"之感。

周："成功的花，人们只惊羡她现时的明艳！然而当初她的芽儿，浸透了奋斗的泪泉，洒遍了牺牲的血雨。"您今天在教育教学工作中取得的丰硕成果，原来是这样一点一滴累积起来的啊！您曾说过，您还坚持读报，这也是一项特别的积累吗？

余：是啊，除了上述专业方面的积累，我还注意适当地拓宽自己的知识面。

读报是我的一类非常有趣的积累，我每天起床后的第一件事就是在网上读报。

我读报积累的资料由众多的文件夹构成，它们是：

余映潮读报评点　警句标题　经典阅读　新知　学校特色文化　作文　百城赋　出题资料　传统文化　大学教育　读书　儿童文学　地方风情　高考研究　古代文学　光明讲坛　光明学人　国外教育　国学公开课　健康　教材　教参　课文配读　教改与教学实验　教师培训　教学知识　教学前沿　节日节气　国学　考试与评价　科技生活　科普小博士　课堂教学　美术　美育　美文　人才　人物　散文、诗歌、文学　诗词、楹联、赋　诗词教育、朗读　书法书评、影评　思维、励志　苏轼　随笔　图片　文化　文物　现代诗　小说、名著　新事物　新闻随笔　修养　学校建设　素质教育　雅趣　音乐　杂文　语言文字　国家大事　治学知识　专项研究　写作训练资源　字、成语　红楼梦　最新重要文件　……

每个文件夹中都有我多年来网上读报所积累的资料。

它们就像百科全书，新鲜而灵动，时时向我展现外界各种各样的清新与美好；它们每天都是新的，不断地拓宽我的知识面。

其中最有文化底蕴、最具文学性的是"百城赋"这个文件夹。文件夹中的第一篇文章是《西安赋》，最后一篇文章是《沅澧赋》，覆盖170余个城市，每一篇赋都用文言写成，内容之美，无法言喻。我用了将近10年时间积累的"百城赋"，现在只要轻点鼠标，就可随意查阅。

周：读报除了可以拓宽视野，对教学教研工作有什么特别的意义吗？

余：有啊！比如"人物"这个文件夹中，有古今中外400多位名人的事迹或故事，它们有的就是课文阅读教学中极好的背景资料。

还有一个重要的文件夹是"余映潮读报评点"。我坚持每周对一篇时文进行评点，以锻炼自己的精读能力与鉴赏能力。从 2014 年到现在，我已经评点了近 260 篇文章。下面就是我对《光明日报》2017 年 1 月 26 日第 16 版殷燕召的《书桌何处安放》的评点。

这是一篇写文人雅趣的美文。

角度是让人想象不到的精致。

要有多么广阔的阅历，

才能收获这样的写作素材。

有了这样的写作素材，

又要花多少心思才能写成文章。

起笔精致，

夹叙夹议，展开文路。

由古而今，从北向南，

层次灵动井然。

美妙的收笔，

让人回味：

无论书桌安放何处，主人能在书桌边露出一张笑脸来，则得其所矣。

余映潮 2017-01-26 腊月二十九 9：40

阳光临窗，和煦温暖。

元月份的每个日子，都在动笔之中，都在克服困难之中。

正是因为这样广泛的积累，我的教学研究与教学实践才能创新。我从来不用喊口号的方法来定义自己的教学特色。

周：这样的好习惯如果能落实到课堂教学实践中，那学生将终身受用啊！

余：是啊，我在坚持自身积累的同时，也非常关注对学生的积累教育。

我曾经概括地指出了语文课堂教学中的积累教育所应关注的重要内容：

1. 知识性积累。包括字词知识、修辞知识、语法知识、文学常识、文化常识、写作知识等。这些是最直接、最基础的积累。

2. 语言性积累。包括字、词、短语、句式、成块成篇的语言材料的读背识记。这些是语言运用的"物质基础"和借鉴模式。

3. 技能性积累。可切分为两个方面，一个方面是阅读技能积累，要求对学生进行圈点勾画、点评的训练，以及分层划段、归纳文意、品味文情、赏析文采的训练；另一个方面是写作技能积累，要求对学生进行拟出提纲、构思布局、手法运用、修改润色等内容的训练。

4. 情感性积累。让学生在雅、美、真、纯的语文环境中接受思想情操的多方面的熏陶、感染与教育。

5. 思维性积累。即对学生进行思维方式的训练，使学生能够去粗取精，能够划分归类，能够联想，能够从纷繁的语言材料中提炼规律等。

这也是在中语界（中学语文教育界）首创性的提法。

正如我曾指出的——"积累，是课堂教学之'魂'"。

周：请您举几个具体的课例，说说课堂教学实践中您是如何扎实有效地落实学生的"积累教育"的。

余：我强调课堂教学中的"积累"，早已是一种深入自己灵魂的理念。

20世纪90年代，我在进行"教例品评100篇"的研究中，就指出课堂阅读教学的三要素——"诵读、品析、积累"。

2002年6月，湖北教育出版社出版了我的《怎样学语文》，此书的第一章就是《学会积累》。

2005年5月25日，我在《光明日报》上发表短文《语言教学的创新设计》，以课文《紫藤萝瀑布》为例，介绍了一种全新的课中积累教学设计艺术——课文集美，即通过学生们创造性的劳动，将课文中美的内容"浓缩""聚合"，使学生在品评体味的同时，学习、积累语言的精华。

2006 年 7 月 28 日，在沈阳市举办的第六届"语文报杯"全国中青年教师课堂教学大赛上，我执教了全国第一例"读报公开课"，一个课时的时间，覆盖 4 个版面的《语文报》，且成功地组织起"想一想，学一学，做一做，品一品"的课中积累活动，还向同学们渗透了"抄一抄，剪一剪，练一练，画一画，读一读，写一写"的读报方法。

…………

我设计或执教的课例，基本上都有"课中积累"的"基因"，如——

《背影》教学创意：选点精读，趣味读写。

《从百草园到三味书屋》教学创意：整体理解，故事体味，精段品析，课中练习。

《故宫博物院》教学创意：语言积累，读懂课文；段式品析，读写训练。

《中国石拱桥》教学创意：结构层次欣赏，学习方法实践，段式摹写训练。

《爸爸的花儿落了》教学创意："日记一则""短文一篇""知识一点"。

《威尼斯之夜》教学创意：用词写句，用句写段，微文创写。

《乡愁》教学创意：运用穿插手法，丰厚教学内容。

《记承天寺夜游》教学创意：一次自读练习，一次背读练习，一次欣赏练习。

《夸父逐日》教学创意：精细地认读，精致地译说，精美地改写。

《邹忌讽齐王纳谏》教学创意：熟读，巧练，深思。

《壶口瀑布》教学创意：理解一篇，精读一段，背诵一节。

…………

近年来，在我的课堂教学中更出现了全新的阅读课型——语言学用课。如经典课文《大自然的语言》第一段的"语言学用"教学：活动一，积累雅词；活动二，品析短语；活动三，美段读背；活动四，语段仿写。

实用的积累方法

周：学语言、用语言，是语文教学的根本任务；如果每一个语文教师的每节课都能体现这样丰厚的积累，学生一定能熟练地掌握语文知识，形成终身受用的语文素养。积累这么重要，您能介绍一些实用的、大家都可操作的积累方法吗？

余：语文教师的资料积累过程，就是"自建仓库"的过程。可以说，一切教学资料的积累，其实都是专项材料的积累；一切教学资料的积累，最重要的思维方式就是"分类"。

我的阅读方法比较科学。第一，关注前沿信息；第二，坚持做读书笔记。应该说，这是最有"覆盖力"的读书方法了。一切的积累都离不开动笔。

在积累方面，我常用的方法有联想积累、顺势积累、定向积累、跟踪积累、思想火花式积累，以及很重要的目录索引式积累。

周：什么叫联想积累？

余：所谓联想积累，是在遇到某种语文现象时即时展开联想，联想其"同类"的语文现象并进行集聚，形成"滚雪球式"的积累。

如对"两岸青山相对出，孤帆一片日边来"这一联诗，我们可以从这样的角度来品析它——

动静之美，"两岸青山相对出，孤帆一片日边来"。

同时，我们可以展开联想，从更多的角度联想其他的诗联——

速度之美，如"两岸猿声啼不住，轻舟已过万重山"。

色彩之美，如"日出江花红胜火，春来江水绿如蓝"。

声色之美，如"绿遍山原白满川，子规声里雨如烟"。

层次之美，如"三山半落青天外，一水中分白鹭洲"。

呼应之美，如"几处早莺争暖树，谁家新燕啄春泥"。

映衬之美，如"两个黄鹂鸣翠柳，一行白鹭上青天"。

构图之美，如"春潮带雨晚来急，野渡无人舟自横"。

宏微之美，如"西塞山前白鹭飞，桃花流水鳜鱼肥"。

情味之美，如"天阶夜色凉如水，卧看牵牛织女星"。

虚实之美，如"飞流直下三千尺，疑是银河落九天"。

意境之美，如"月落乌啼霜满天，江枫渔火对愁眠"。

…………

还可以感受作品画面中的修辞之美、语言之美等，更重要的，是能感受到画面中渗透的情感、情意和情趣。

联想之旅一旦开启，思想的清泉便滔滔汩汩，不可遏止。

周：请您接着说说顺势积累吧！

余：所谓顺势积累，就是不着意消耗时间去进行专门的积累，而是在阅读中，在备课中，在观看影视节目中，在闲谈中顺势将有关资料记录、积累下来。

或者说，顺势积累，就是在做一件事、完成某项研究的过程中趁机积聚与此有关的大量资料。

它的思维方式是连类而及，归并，提炼，重组。

其智慧在于抓住时机，趁热打铁，旁逸斜出，收放自如。

比如，我多年来坚持每天网上读报，读报时遇到好的文章就复制下来，这就是顺势积累。再比如，看到好的文章标题，顺手记下来，这也是顺势积累。

下面是我在几年的读报之中顺手记录的非常好的一些文章标题：

爱心让青春闪光　把科研论文写在祖国大地上　帮学生升起心中的太阳　开眼界才能开思路　历史由每一个今天写成　莫让美好愿景沦为空谈　该做且能做的事一刻也不能等　帮助别人让我内心充满力量　奇迹不只是别人的故事　将精神的种子埋入时间　为学，苦事也，亦乐事也　梦想能到达的地方，总有一天脚步也会到达　让梦想顽强生长　热爱让人生一往无前　心无边界，永不言弃　让孩子拥抱高雅艺术　生根的，才有绿色　目光长远才能行稳致远　文学是用来点亮生活的　图画是儿童文学的世界语　时代总在激荡着我们　向着未来开始新的出发　可以十年不鸣，争取一鸣惊人　岁月沉淀的全是美　唯有好故事经久不衰　忙碌是最美好的药　创新之途无捷径　情报信息：一种直接的战斗力　让美裹住人性的内核　艺术竞技场上，作品最具说服力　有一种科学精神叫一生做好一件事　在追忆中告别过去，在憧憬中拥抱未来　做品牌要耐得住寂寞　最是书香能致远，最是情怀能动人　做学问就是打一口深井　致敬冷板凳上那颗火热的心　不担当，半点忠诚都没有　健康是幸福的根儿　保持定力和耐力　英雄是一束纯净的阳光　……

这些文章标题充满美感，充满正能量，充满意趣，可以有多种用途，包括教学。

顺势积累渗透在教学与生活中的方方面面，比如：

在备课杜甫《春望》的时候，顺势搜集一批关于《春望》的文献资料；

在研读《跨越百年的美丽》的时候，顺势搜集一批梁衡先生的精美作品；

在欣赏《记承天寺夜游》的时候，顺势品味林语堂的《苏东坡传》；

在品味《咏雪》的时候，顺势搜寻关于《世说新语》的评说文章；

在准备《听听那冷雨》教案的时候，顺势到孙绍振先生的博客上一游；

在教学《〈论语〉十二章》的时候，顺势下载《论语》中的成语，然后"牵连"到《孟子》中的成语、《庄子》中的成语……

在设计初中版《老王》教学的时候，顺势获得高中版《老王》的教学资料；

在研究《孔乙己》教例的时候，顺势收集全国各位名师的《孔乙己》教例；

在教学《岳阳楼记》的时候，顺势整理全套教材中的写景四字短语；

在教学《孤独之旅》的时候，顺势积累评价曹文轩先生小说创作的学术论文；

在教学《故都的秋》的时候，顺势积累有关文章章法的研究资料……

"雪球"就是这样滚出来的，但它再也不会融化。

这种顺势积累，久久为功，表现一个人做事的习惯与定力。有定力的人，心地清净，如净水无波；痴迷于学习，能够给自己带来大智慧。

周：如果说顺势积累是"无意而为之"的，那定向积累就是"有意而为之"的吧？

余：对。所谓定向积累，就是集中视点，将自己感兴趣的、于教学有用的某项内容顺着这个"视点"的方向坚持下去。

如"记叙文开门见山式开头 8 法"，就是定向的积累。

1. 直接入题。如："盼望着，盼望着，东风来了，春天的脚步近了。"

2. 直接说事。如："我冒了严寒，回到相隔二千余里，别了二十余年的故乡去。"

3. 直接写人。如："我与父亲不相见已二年余了，我最不能忘记的是他的背影。"

4. 直接绘景。如："山，好大的山啊！起伏的青山一座挨一座，延伸到远方，消失在迷茫的暮色中。"

5. 直接抒情。如："得到母亲去世的消息，我很悲痛。我爱我母亲，特别是她勤劳的一生，很多事情是值得我永远回忆的。"

6. 直接写物。如："父亲的朋友送给我们两缸莲花，一缸是红的，一缸是白的，都摆在院子里。"

7. 直接入论。如："天时不如地利，地利不如人和。"

8. 直接设境。如："太行、王屋二山，方七百里，高万仞，本在冀州之南，河阳之北。"

…………

再如"记叙文留有余味式结尾6法"，也是定向的积累。

这样的提炼，从横向联系的角度，运用"辐集"的方法，将精致的写作现象多角度地展现在我们的面前，于教学指导有足够的影响力度。不观察大量的文章，不花大量的时间，难以有这样的收获。随意的指点说教，永远不能像它们一样具有美感和示范力量。

周：请您再谈谈跟踪积累吧。

余：所谓跟踪积累，就是对一时难以收集到位的资料进行跟踪观察，在时日长久的等待中进行一次又一次的"捡拾"与整合。

我曾经坚持好多年，跟踪研究过全国语文高考Ⅰ卷中的一个题型——语用型概括题。这只是一个小题，但命题艺术非同寻常。从2003

年到 2012 年，在漫长的等待与偶尔的失望之中，我一共收集到 6 道题。

2003 年的第 24 题："提取下列材料的要点，整合成一个单句，为'遗传'下定义。"该题从十分美妙的角度创造性地考查了学生的读写能力。我教学《神奇的极光》《生物入侵者》，都进行了"下定义"的能力训练。

2005 年的第 18 题："提取下面一段话的主要信息，在方框内写出四个关键词。"这道题具有综合考查的力度，明考提取主要信息的能力，暗考分层概括的能力，也是极好的考查学生读写能力的手段。我在教学《赫耳墨斯和雕像者》时，就运用了这种方法。

2006 年的第 19 题："下面的材料从四个方面对二胡作了介绍，请筛选信息，保留各方面的主要内容，压缩成一段文字，不超过 60 个字。"这道题考查学生"概述"的读写能力，这种能力也建立在"分层概括"的基础之上。我教学《记承天寺夜游》《大自然的语言》时就运用过这种设计角度。

2008 年的第 19 题："请根据所给材料，把下列两个语句补充完整。要求对材料内容分别进行概括。"这道题考查学生"总分概括""对应概括"的能力，命题的角度精巧细腻。我在研究"段式"现象时就吸纳了这份材料。

2010 年的第 19 题："根据下面的文字，补写后面总括性的句子，每句补写部分不超过 15 个字。"这道题的命题思维方式类同于 2008 年的一道题，但它增大了阅读的难度，增强了干扰力，可以说难到了极致，是我们研究、反思高考命题科学性的好材料。

2012 年的第 19 题："请在下面画线处补写一句恰当的话，使它与后面部分构成一个完整的文段。不得超过 20 个字。"这是典型的考查"提炼中心句"的能力检测题，同时也考查学生的概括能力、推理能力和表达能力，特别适用于初中语文说明文教学中的细节设计。

在做这一跟踪积累的时候，我还顺势收集了全国语文高考Ⅱ卷和其他省份高考试卷中的这一类题。

像这样有坚持力的等待与收集，得到的收获是全面的、立体的，是一种"充分占有"，于是就能在"大数据"的背景下进行准确的客观分析。这次跟踪积累，让我实践了"提炼与整合"的研究技巧，就这种题型写出了6000余字的研究论文《全国卷高考语文"语用型概括题"赏析与答题指导》，它让我有了学术讲座生动精美的材料，也让我得到了设计高考阅读复习课中精美教学细节的有益启迪。

周：您还用这一方法做过其他一些特别有意义的研究吗？

余：跟踪积累的方法有着重要的教研意义，我还用这种方法研究过一大批名师。

从事语文教学工作之初，我就关注"前沿研究"。对上海市的一批著名特级教师，如于漪、钱梦龙老师的跟踪研究，我从1980年就开始了。

我的文章中有过这样的记载：

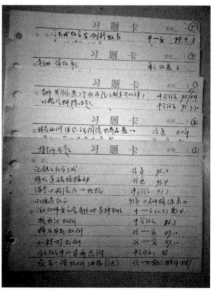

研究胡明道老师"专人资料卡片"

很多年前，我不仅有研究武汉市胡明道老师的专题目录卡片，还有于漪、钱梦龙、魏书生、宁鸿彬的专题目录卡片，以及对张建华、章熊、黎见明、洪镇涛、徐振维、陈钟樑、蔡澄清、陆继椿、鲁宝元等名师的研究记录。特别是 20 世纪 80 年代上海的一批名师，可以说是被我"尽收眼底"，即使是上海本地的老师也没有像我这样研究过他们。在我的读书卡片上至今还有他们的名字——沈蘅仲、何以聪、鲍志伸、周其敏、陈亚仁、戴德英、卢元、钱蓉芬、俞达珍、何念慈、潘鸿新、方仁工、吴侃、陆军、火观民、梁康华、金志浩、杨墨秋、邵愈强、朱乾坤、过传忠、冯志贤、董金明、居志良……在我的心目中，这是何等雄奇壮丽、才华横溢的队伍！

在阅读中，对认为需要着力研究的特级教师的论文作品及课例，我都进行了记载，建立了有关的资料索引卡片，也就是所谓的"专人资料卡片"。它们记载着我对一些名师所进行的长时间的跟踪研究，以及多角度地提炼其教育思想和教学特色的内容。如对著名特级教师胡明道老师，我进行了长达 10 年的跟踪研究，积累了她的 40 多篇学术论文。于是就有了下面的故事。

1997 年春，武汉市教研室在武汉第十四中学召开著名特级教师胡明道的教学艺术研讨会，我在会上有一个近两万字的长达两小时的发言，主题是"胡明道老师教学生动的艺术"。我从"宏观""中观""微观"三个方面具体阐释、评价了胡老师课堂活动的设计艺术。胡老师很认真地听、记我的发言并在发言结束后立即问我："余映潮，你发言的这些资料是从哪来的呀？"我说："我有专门研究您的卡片呢！"事后，我给胡老师开了一张长长的"书单"，上面有她 40 多篇文章的目录及出处——这份目录，连胡老师自己都没有。而这份资料，我已经积累了整整 10 年。我已经透彻地研究、提炼了胡老师的阅读教学艺术。她的教学思路的设计艺术、提问的设计艺术、品读教学的艺术、学法点拨的艺术、课堂调动的艺术等，都被我尽收"囊"中了。

周：思想火花式的积累就是随时随地记录自己思想灵感的方法吧？

余：是的。思想火花式的积累，是最灵动有趣的积累。但凡喜欢思考的人，脑海中常常有思想火花的闪现，在走路的时候，在进餐的时候，在刷牙的时候，在吃零食的时候……它会从不经意中"跳"出来，让人眼前一亮。把它们立刻记下来，就是积累的好习惯之一。

思想火花就是灵感，它们往往是思想的精华，在带动实践与研究方面有特别的效果。

深入地思考语文教学能让我们的脑海里迸发、闪现理性很强的想法，这就是思想火花。

勤于思考的人，专注思索的人，常常有思想的火花闪现。抓住这些瞬间闪现的思想火花展开研究，往往能让我们获得生动、真切、实在的研究成果。

思想火花式研究，是将长期思考所激发出来的思想火花深化成研究成果的一种研究方式。

思想火花式积累的好方法之一，就是随时把自己的思想所得变成文字。

有时候，一个关键的词语，一个简短的句子，就是一个好的研究话题。

我随记的内容多种多样。尤为珍贵的是"教学创意""讲稿创意""余映潮思想火花""今天我在做什么""讲课记录""讲课火花备忘""课文研读提示""我的工作之最"等。

周：最后，请您简略地说说目录索引式积累吧。

余：目录索引式积累是重要的治学方法。它以专题资料的形式出现，也是一种跟踪积累的方法。通过卡片来记录，记录的是文章的目录或主要内容。卡片上文章出处写得很清楚：什么杂志，哪一期，甚至哪一面，都记下了。当需要查询的时候，利用这些卡片，就能立即找到所需要的文章。这就是索引的功劳。几十年前的杂志，我现在有时还能用得上，就是因为有了它们。

下面这张目录索引卡片，是我最早的读书卡片之一。

分类：语文教学　散文教学

刊名	期号	文章标题
《中学语文》	1979 年第 2 期 43 页	散文教学漫谈
《语文学习》	1979 年第 4 期 10 页	写真情实感
《语文学习》	1980 年第 1 期 32 页	散文的意境及其他
《语文学习》	1980 年第 1 期 33 页	谈谈杨朔散文的结尾
《中学语文教学》	1981 年第 1 期 22 页	漫谈散文的教学
《中学语文教学》	1981 年第 12 期 01 页	讲好散文的艺术结构
《语文学习》	1982 年第 2 期 15 页	入境始与亲

…………

以上的各种积累都需要心有所系，勤于动笔。由此我们可以想到，就一件事情或几项任务有目标地长期坚持着做下去，在繁忙的工作中安安静静地坚持积累 5 年、10 年、15 年……每一位语文教师都可能获得厚实的综合素养，都可以做到既懂教学又懂教研，成为某个方面或多个方面的行家里手。

提炼是积累之魂

周： 听一些教师，尤其是年轻教师讲，读了不少书，做了不少读书笔记，但总感到对课堂教学帮助不大。您怎样看待这个问题？

余： 开卷总是有益的。喜欢读书也喜欢做笔记的人，其阅读所得对自己的课堂教学多少是会有帮助的。如果想获得更大的帮助，就我个人的体会来说，可能需要注意两个方面，一是要有坚持力，积累越丰富越好；二是要有目的性，积累越"对路"越好。

周： 什么叫"越'对路'越好"？

余： 这是指读书特别需要关注提取精华、提炼规律。

比如，华东师范大学出版社出版的《写作艺术示例》一书，我读过很多遍。还有《唐诗鉴赏辞典》《宋词鉴赏辞典》，也是我坚持阅读的工具书。读得多了，教学语言就有了变化，更加简洁、雅致、有文气；读得多了，自然会发现一些古诗鉴赏的角度或规律。

周： "提取精华、提炼规律"，有具体的可以操作的方法吗？

余： "提炼"的基本过程大致包括以下几步：第一步，积聚材料；第二步，划分归类；第三步，精细提取。如果还有第四步的话，那就是点示规律。

下面是我读《唐诗鉴赏辞典》"提炼"出来的一则非常有用的材料。

1. 总的来看，诗歌欣赏的着眼点是：诗情画意。

2. 从人们的欣赏规律来看，诗歌欣赏的着眼点是：语言之美，意象之美，音韵之美，画面之美，手法之美，构思之美，意境之美，情感之美。

3. 从语言表达来看，诗歌欣赏与表达的着眼点是：全诗概说，字词品味，诗联赏读，景物描述，手法揣摩，情感体味，主旨探求，风格评论。

4. 从细部的欣赏品味来看，诗歌赏析的着眼点有：人物，时空，动静，声色，上下，远近，宏微，刚柔，景情，视听，离合，声韵。

5. 从对全诗的赏析文字来看，有这样几种表达风格：整体概说式，整体叙说式，整体评说式，整体赏析式。这四式的基本模式为总分总，中间分联评说。

6. 理解、品味文言诗词，人们有很多高雅的方法：用译诗来解说内容，用描述来表现诗境，用抒情来表达感受，用阐释来点示深意，用吟诵来传情达意，用评说来赏析美点。

…………

上面三四百字的内容，点示的就是赏析古典诗词的基本要领。不占有大量材料，不消耗众多的时日，就提炼不出上述内容。知晓了上述内容，我们品析古诗，就中规中矩，就切中肯綮，就确有质量。

由此可见，训练我们的"提炼"能力，实际上也是在培养我们"经受磨炼"（积聚材料，类别划分，提取精华，寻求规律，梳理线条……）的能力。

提炼，能让人的思考不停息。

从生活的角度看，善于提炼的人，也善于观察生活、观察社会，善于对人、事物、生活进行感悟与提炼，从而有利于自己的成长，有利于自己的发展。

周：看来，只有积累是远远不够的。只有经过提炼才能把拥有的材料变成"活"的、有价值的。

余：提炼，是积累之魂。仅仅有积累而不进行提取、优选与归类，则材料仍然是散乱的，认识仍然是粗浅的。

之所以说提炼是积累之魂，主要有两个方面的原因，一是提炼是在事物中进行提取，含有筛选提纯、聚集精华的意味；二是提炼是对事物、现象进行归纳，含有小结经验、发现规律的意味。

提炼，主要是一种对大量事物、现象进行观察，或者在拥有大量资料的基础上，抽象出规律的研究方法。

提炼是积极的思维方式。它要求我们从纷繁芜杂的材料中发现规律，能根据自己的需要进行吸纳，能表现自己独到的提取角度。

提炼是科学的操作技法。它要求我们有识别的眼光，有划分归类的标准，在语文教学中寻找、发现、提取出某个方面的技巧与规律并艺术地运用于教与学。

提炼是一种高层次的发现能力。它要求我们善于划分，善于归纳，善于概括，善于结论，在筛选、组合、思考、验证的具体实践之中理性地发现一些客观存在的规律，用于指导教学和提高自身。

将提炼用于思考，用于观察，用于教学研究，其含义就是去粗取精，变隐为显，化繁为简，发现规律；这就让积累有了"精致"的质量，这就是"魂"。

周：有了精华的提取，教学的目标就更显豁；有了规律的呈现，教学的效率就更高。能否再给我们说说提炼促进高效教学的好例子？

余：好的，下面谈谈我对记叙文"五笔技法"——一种写作规律的发现。

中学生作文训练，需要重点关注写作思维训练和写作技法训练。此二者相辅相成，是科学而扎实地进行作文训练的良方。而最能表现思维规律、示例写作技法的，就是经过精心挑选的"范文"，特别是名家的精美短文。

2007 年，我在《中学生阅读》上发表"读美文、学作文"系列文章，第一篇文章介绍的就是莫怀戚先生的经典散文《散步》。

我在文章中进行了详细的阐释，最终总结：

从学写作文的角度看，《散步》在记叙文的构思上给我们这样的启迪：

轻点一笔——概说事件

交代一笔——介绍原委

穿插一笔——烘托点染

简叙一笔——略写事件

巧折一笔——写出波澜

深化一笔——抒情议论

这就是记叙文的一种规范的表达形式，如果再简化一下，可以暂时不要求学生实践其中的"穿插一笔"，于是下面的"五笔"就是一种极能表现记叙文表达规律的美妙笔法：

轻点一笔——概说事件

交代一笔——介绍原委

简叙一笔——略写事件

详写一笔——写出波澜

深化一笔——抒情议论

要注意的是，这里所说的"五笔"，在绝大多数情况下并不是"五段"。

为了证明这种"笔法"在写作中的有效性，我将"记叙文的'五笔技法'训练"设计成作文教学方案，组合多篇"五笔"美文，进行了反复的教学尝试，其中不乏中考作文的技法指导，都受到了师生的欢迎。

周：请您再举一些运用"五笔技法"的经典例子吧。

余：如，在经典的散文作品——朱自清的《背影》中就表现了"五笔"的思维规律：

第一段，轻点一笔；第二段，解说家境；后续几段，略写送"我"到南京；第六段，详写"父亲"买橘；最后一段，抒发心中的深情。

杨绛的《老王》也表现了"五笔"的思维规律：

第一段，轻点一笔；第二段，解说"老王"；后续几段，略写"我家"与"老王"的交往；接着几段，详写"老王"送香油、送鸡蛋；最后一段，"我"深表"愧怍"。

王蒙先生于2015年7月10日在《光明日报》上发表《怀人二章》署名文章，下面一篇就表现出规范的"五笔"思维形式。

庆炳千古

童庆炳先生去世的噩耗传来时，我的第一个反应是：他是在学生当中去世的吧？（轻点一笔）

我听他在公众场合讲过，他的愿景是，某一天，在课堂上，他倒下了，他走了。这是大美，这是大善，这是他的期待。因为，他热爱教学工作，他爱学生，爱讲台，爱教室。（解说一笔）

他永远老老实实，尊重文学，尊重教育，尊重同行，尊重学子。他没有文人惯有的那种夸张与自恋。他从来没有过自吹自擂、张牙舞爪、轻薄为文哂未休的表现。他从来不搞什么酷评，什么骂倒一切，什么自我作古，什么爆破恐吓，什么装腔作势，什么迎合与投其所好。近几十年，

那样的文艺评论"家"早就不罕见了。（略写一笔）

但是老童亦有"牛"态：他曾经表示，所有中文系课程，他都教过，他都能开课。我在中国海洋大学旁听过他的"文心雕龙"课程，获益匪浅。

我还多次听到过童老师的倡议，他希望小学语文课本的第一课改为《论语》上的话："己所不欲，勿施于人。"他说起这个话题，有一种如今少有的诚笃与认真。在我们的交往中，我体会到他的君子风范，诚恳、善意、克己复礼。包括在家中，他与妻子曾恬也是恩爱有加，令人感动。（详写一笔）

他走了，不是在课堂上，如同在课堂上，听说是与学生们一起登山之时。他会有一种满足，与学子们一起，与青年人一起，与攀登的愿望一起。

孔子的伟大离不开他的弟子七十二贤人，童老师的学生阵容也令人赞叹。而他本人是黄牛一样地耕耘着，坚持着，谦虚着与进展着。他的去世引起了很大的响动，当然不是偶然。（深化一笔）

这又是具有实证力量的美妙的一例，让我们觉得赏心悦目。

从我收集的短文资料来看，新闻报道、人物简讯、科学说明文、咏物抒情文章等，都可以运用"五笔"思维与技法来进行写作。

这些名作中的"五笔"现象，都不能说是巧合，只能说是思维规律的具体表现。而且，如果不从思维规律的角度去提炼，我们也许并不会有这样微妙动人的发现。

正是因为合乎规律，所以这种美妙的行文笔法一经"点破"，学生就能够学习与运用；语文教师的作文教学，也就有了"训练"的色彩。

周：关于教师的读书与成长、读书与积累，请您再介绍一点更实用的方法吧。比如，哪些书是一定要读的，哪些读书方法更高效。

余：我读书比较关注思维方式，最朴素的思维方式就是促进与提升自己。所以在读书方面，也有自己比较特别的视点与方法。

一是提升理念。我曾特别用心地阅读过江苏教育出版社1996年出版的刘国正、张定远主编的《中国著名特级教师教学思想录》(中学语文卷)，这部巨著介绍了于漪、宁鸿彬等13位特级教师的个人经历与教学思想。这些名师的事迹，让人常读常新，特别是教学思想与教学经验，似乎总是处于语文学界的前沿。如20世纪90年代初徐振维老师说过，"我要求自己上课前必须反复读课文，朗读，默读，读全文，读重点句段"。于漪老师说过，"教学设计时选的'点'要恰当……所选的知识点或训练点应是在培养学生语文能力、陶冶情操、提高文化素质方面闪光的，或辐射，或折射，使课堂教学充满明亮"。宁鸿彬老师说过，"注重教学艺术也是使学生变苦学为乐学的一个重要方面"。钱梦龙老师说过，"只有把学生组织到一个以'训练'为'主线'的教学结构中去，才能完全实现学生主体地位和教师主导作用的和谐统一"……这些都深深地影响着我，提升了我的教学理念。

二是启迪写作。我特别喜欢阅读华东师范大学出版社的《写作艺术示例》。这本书使我在写作知识的积累上有非常丰富的收获。读的次数多了，也发现了书中的一些空白，觉得有些内容我还可以继续写作。从2014年起，我开始写作"艺术谈片"，至今也有百十来篇，如《雨后的月亮》《一篇美文，八种手法》《为什么恰巧与老虎狭路相逢》《梦境是现实生活的折光》《"层递"手法欣赏》《诗文也能有旋律感》《有趣的"十二月歌"》《〈论语〉中的小小美文》《说明文中的侧面描写》《节日里的苦难》《"儿童视角"的三种作用》等。

三是阅读欣赏。我阅读名著和小说，喜欢用两种方法，一是"纵向阅读"，二是"选点细读"。所谓"纵向阅读"，就是对整部作品的叙事线条进行梳理，从而发现其精心构思，提升自己的阅读审美能力。比如阅读沈从文的《边城》，我进行了如下的内容提炼与赏析。

《边城》中对翠翠父母的描写

翠翠父母的故事，好像一条极淡的线索，断续在《边城》之中。

很少很少的文字，却是十分精心的安排，分别出现在故事的开头、发展、高潮和结尾。全是虚写，或者出自作者的叙述，或者出自故事中人物的讲述或者回忆。

在第一节，小说刚刚开始就介绍了翠翠父母的悲剧，一个"心想一同去生既无法聚首，一同去死当无人可以阻拦，首先服了毒"，一个"待到腹中小孩生下后，却到溪边吃了许多冷水死去了"。

这里的一笔有如下妙处：

极简洁地虚化了翠翠父母这两个人物，让小说减少了许多叙述的笔墨，同时形成了"祖孙的故事"的叙事模式。

小说的最后一节，老船夫死去之后，杨马兵受顺顺之托陪护着翠翠，并给翠翠讲故事，"……又说到翠翠的父亲，那个又要爱情又惜名誉的军人，在当时按照绿营军勇的装束，如何使女孩子动心。又说到翠翠的母亲，如何善于唱歌，而且所唱的那些歌在当时如何流行"，且"杨马兵想起自己年青作马夫时，牵了马匹到碧溪岨来对翠翠母亲唱歌，翠翠母亲不理会，到如今这自己却成为这孤雏的唯一靠山唯一信托人，不由得不苦笑"。

这里的一笔也是意味深长：

虽同是一个关于翠翠父母的故事，但讲故事的角色变了，翠翠又从新的角度了解了自己的父母。

杨马兵的回忆引出了他自己埋藏在心中的情爱故事，小说直到结尾还在掠起微微的波澜，同时又烘托着翠翠母亲坚贞的爱情。

四是积累知识。我在阅读中对自己的特别要求是要"动笔"，或摘抄，或批注，或积累一点精致语料，或写一点微型评说，或笔记一点写作启迪。特别是阅读与语文教学有关的专著，如李泽厚的《美的历程》、孙绍振的《孙绍振如是解读作品》、曾祥芹主编的《文章学与语文教育》、凌焕新的《微型小说美学》……都是需要有读书笔记落实的。在阅读之中留下自己的文字，是最好的阅读习惯之一。

积累与苦做

周：您有那么多的事儿要做，有那么多的文章要写，又要长期坚持积累，您会觉得累吗？

余：多少年来，我只觉得很忙很忙，倒没有觉得很累。

我忙到什么程度呢？毫不夸张地说，自从有了工作以后我基本上没有休过一个完整的节假日。

2008年，我曾经在《生命的历练》这篇文章中这样描述自己：

我用我的耐力，塑造着自己的生活和工作。

十几年的农村生活，二十几年的教研工作；荆州市初中语文五支教研队伍数百弟子的培养，连续十六年的荆州市初中语文课堂教学艺术研讨会的召开；千余节的听课记录，上百节课的教学演示；坚持数十年的资料性阅读，无法计算的资料目录索引的积累；几尺高的写作手稿，一千多篇论文的发表；《中学语文教例品评100篇》的问世，《余映潮阅读教学艺术50讲》的出版；成百张粘贴在书柜和墙壁上的"任务"纸条，四五双因冬天打字而破损的手套；十几部书稿的编撰，几十个专题讲座的准备；二十三年的荆州市中考语文命题，上百套各类语文试题的编拟；几乎没有休过完整的节假日，从来没有请过假……这一切都显示了我生命之力的坚韧。

坚持着，坚持着，坚持着；学习，工作，创造。这就是"智慧"。

这种"智慧"，就是让自己保持追求人生目标的持久性和忍耐性，具备走向成功的不可或缺的意志与时间方面的充裕条件。

现在，10年过去了，这种描述仍然管用，因为退休之后的10余年，我同样没有休过一个完整的节假日。

周：说到这里，我想到一个好奇而又有趣的话题，您能不能大致说一下您在积累方面的几项丰硕成果呢？

余：我试着粗略地说一下截至2018年年底的积累吧。

文章写作的积累。我在刊物上公开发表的各类文章已经超过1800篇，其中大量是专栏文章。《学习报》《语文周报》《中学生阅读》《中学语文》《语文教学与研究》《基础教育研究》《中学语文教学参考》《中学语文教学》都曾经开设过我的专栏；《语文教学通讯》初中刊、《语文教学通讯》小学刊、《新作文》等，现在仍然有我的专栏。我在《语文教学通讯》初中刊上的专栏已经坚持写作了15年；我在《语文教学通讯》小学刊上连载的学术论文，后来结集为《小学语文教学艺术30讲》，居然得到了出版界从"积累"与"提炼"角度作出的评价——

余老师研究与实践小学语文教学艺术的方法主要有两种。第一种方法是大量实践，即大量创造新的课例，大量上课。第二种方法是细致提炼，即在收集资料、研读课文、认真备课、课堂教学、回望反思的过程中随时关注不同教学内容的资料积累，关注其中的"精华"与"规律"，随时将有关的发现变成文字，或再进行教学可行性的研究，或用以指导日常的教学，或提升为重要的教学理念。运用这两种研究方法，历经十多年的实践，便有了本书。

课堂教学的积累。也就是参与实践、大量上课。我是 50 岁以后才开始讲公开课的，但我每年都推出相当数量的新课。迄今为止，我所教学的小学、初中、高中语文公开课的课例，已经接近 300 个。从"课文"的角度来说，相当于上了近 300 篇"课文"的课。其中有阅读训练课，有作文指导课，有备考指导课，有读报课，有课外阅读指导课，等等。这个数量应该说是空前的。换个角度看，在目前的中小学语文界，能够按体裁出版教学实录专著，如《散文教学实录》《文言文教学实录》《古典诗歌教学实录》等，恐怕只有我一人。从 2013 年到现在，我每年上公开课的数量都在 170 节左右，在退休教师之中，也可能是一个全国之"最"。

工作收获的积累，即我的教学与培训工作的"产品"积累。迄今为止，我拥有自己的课堂教学录音、讲座录音、评课录音约 4000 个，这些都是在教学活动中顺手录制下来的。这是一个海量的数据。我现在拥有课文教学及学术讲座的 PPT 约 3000 个，它们有着覆盖面广、内容集中、接地气的特点，适用于从小学到高中的课文教学及专题教学知识的培训。特别是关于教师教材研读能力训练的讲座，还细分为人教版、苏教版、语文版、沪教版等。有时关于某个话题的讲座，会有多种不同角度的讲法。这也是一个海量的数据。我现在拥有的"评课"书面文件约 1500 个，我听课时能够利用电脑进行及时的记录，产生的全是书面文件，即席评课时让讲课教师看得见、听得着。我现在还拥有约 5000 份作业评改的材料。各地工作室成员的作业，我都要一一地评改，并及时反馈。这些，都可以说是海量的数据。

文献资料的积累。我的电脑中，所积累的供教学之用的文献资料也是海量的，说有上万篇也不为过。它们主要有三种类型，一种是"分析研究"型资料，如多年来全国高考语文试题与中考语文试题，它们能够让我们进行试题的分析与研究；一种是"教学例证"型资料，如小学、初中、高中的课文文档，大量的作文范文，大量的课文朗读音频文件等，它们能够被我们经常地运用到教学之中；最后一种是"阐释指导"型资料，如"教师教学用书"中的文档，大量的课文赏析文献等，它们主要用于帮助我们深读、美读教材，知晓课文的利用价值。这三类资料，是语文教师日常教学中实用、好用、需要用的资料。

周：这真是不可想象的丰硕成果啊！积累这样庞大的数据，看起来几乎是不可能的，是什么让您如此坚持不懈呢？

余：我想，这里面有三个精神方面的要素：敬业，奋斗，吃苦。

最重要的，我可能天生就是一个能够吃苦的人。

我觉得，从职业的角度来讲，人是需要"苦做"的。没有"苦做"，可能就没有"创业"。作为一个非常能够吃苦的人，我已经"苦做"了几十年，到目前为止仍旧如此，似乎总在设想、计划、构思、安排，似乎永远没有享受过八小时以外的安逸生活。在无数个深夜里离开书桌时我想的是"还有明天"，在无数个需要休息的中午我在旅途中行色匆匆。暑假中极热的下午工作时，我会想到"吴牛喘月时，拖船一何苦"的情境；寒假中极冷的晚上工作着，我会感到"孤舟蓑笠翁，独钓寒江雪"的寂寞。但是，这些都不会影响我的工作状态——平静地努力工作，是我的工作常态。

2010年的暑假，用50天的时间，我创造了自己的"完成"之"最"。苦做之后，我用文字记录下了这一段历程。

2012年的暑假，也有这样的记载：

我的暑期，比一般的老师来得早，从6月初就开始了，这是因为我没有教学任务。

我的暑期，差不多与一线的教师同时结束；老师们开始上班的时候，我也就准备开始自己的讲学工作了。

每年的暑期我都比较安静，6月份到9月初，基本上不外出，婉拒一切活动邀请，安心地待在家中，读教材，写文章，备课，准备讲稿。

每天都起得早，每天都睡得晚。

做这些事需要时间，需要耐性，需要精细，需要每天都做，需要慢速地进行。

2011年的暑期，在家狂写90天，准备了一系列的新课，写了二十几篇文章，整理了两本书稿——《余映潮的中学语文教学主张》和《这样教语文——余映潮创新教学设计40篇》（已经于2012年正式出版）。

2012年的暑期好像复杂了一些，有了一些不可不去的活动，如国培，如人教社的活动，如语文出版社的活动。

但仍然把大量的时间留给了自己，同样也有约80天的时间待在家中。

每天都有工作，早上起来的第一件事就是打开手提电脑。

一天的工作结束，最后一件事是关电脑。

隔一段时间去看我的老爸，也装模作样地把电脑带上。

忙碌的日子里每天的生活各有不同，但良好的工作习惯永远不会改变：每天做一点，韧性就是激情。

2012 年的暑期，在家中的时候，同样做了很多事：

1.写出了 10 个地方的秋季培训书面计划。

2.为明年刊物上的专栏撰写了大约 30 篇或长或短的文章。

3.用做读书笔记的方式研读了中小学课文 50 篇。

4.备了 5 个新课。

5.写了两篇全新的讲座稿。

6.一口气写了 10 篇解读新课标的文章。

7.用了足够的时间准备曹文轩《孤独之旅》的公开课。

8.整理出了一本近 15 万字的书稿《语文教师的智慧》(出版社取名《致语文教师》)。

这是空前的"量"。

在非常难受的酷热里，成天地写作其实是一种折磨。

笔下流淌出来的好像都是文字，其实是一分一秒消逝的时间。

不敢去计算每天的消耗。

2012 年，我有近 90 天的"暑假"，我读了许多书，写了许多文，做了许多事。

我没有完整地休息过半天以上；即使是在路上，在车上，我也在工作。

…………

同样，2016 年的一份寒假工作清单也表现出我的"苦做"：

1.写出 20 家"余映潮工作室"2016 年春的各自的培训计划。

2.完成"余映潮 2015 年著作、论文、示范课、讲座目录"的整理。

3.完成新的书稿《余映潮中学语文文学作品精品课教学实录》的组稿工作。

4. 为《语文教学通讯》（小学）继续写长篇论文。完成《语文教学通讯》（初中）6篇文章。

5. 完成如下内容的讲座稿：《语文教师的学法之四：短论写作法》《浅说"五要素高效阅读教学"》《例说课型创新——"双课型"的运用》《五"教"——阅读教学设计的高层技法》《说说"议论"之妙》。

6. 完成下面内容的备课——

小学。四年级下《火烧云》，四年级下《桂林山水》，语文S版四年级《编一则动物寓言故事》作文指导，语文S版五年级《写一篇读后感》作文指导，人教版六年级下《学写微型咏物抒情的文章》。

初中。七年级下《共工怒触不周山》，八年级下《生于忧患　死于安乐》，八年级下《海燕》（一节课），八年级下《海燕》（两个课时，双课型），八年级一节议论性作文课。

高中。高中必修四李清照的《声声慢》。

7. 其他杂事。如评点、批改学员作业之类。

这样繁重的任务，在一般情况下人们觉得难以完成，我后来全都完成了。

…………

这样几十年的苦做，几十年的积累，让我的心中充满阳光。

苦自己是一种生活境界，是一种工作境界，是一种人生境界。

苦自己有利于自己的发展，有利于自己的成长，有利于自己的积累。

周： 在苦做之中积累，您不觉得累，也不觉得单调，我想，您会有很多的故事让我们感动。

余： 说来惭愧，除了"苦做""实做"，我是一个基本上没有什么故事的人。我的生活线条多少年来都很简单，简单到连自己的生日也不曾过过，什么四十岁、五十岁、六十岁的生日，对我来说都是工作日。在别人看来的一些家中比较重要的事，如老伴的生日，女儿结婚，外孙女出生等，我也从来没有想到去请客吃饭。甚至可以说，我从来不去串亲访友，高中同学、师范同学的朋友圈中也没有我的名字；退休后我回到武汉十多年了，如果在家一两个月，我的活动范围基本上也就是家中。在我单纯单调的生活中，有的只是丰富多彩的语文教学研究的话题。做好教研工作，写好教学论文，能够讲出几节好课，在帮助青年语文教师练好教学技能方面多做一点事儿，就是我的故事。我的故事基本上就是围绕教学进行研究。我沉浸在自己的"故事"中，只觉得时间飞逝，语文教学研究的美好风景就这样伴着我平静地度过一天又一天。

可爱的积累之"花"

周：在您积累的精致的资料中，一定有广大语文教师喜欢且能给人启迪的，是吗？

余：是。它们是可爱的积累之"花"，每一朵都需要耗费我大量的时间与精力，但每一朵都有用、有效。现罗列几例，与同人们共享。

第一例，与教师精致深入地研读教材有关内容。如下面从统编语文新教材中提取出来的有关教学的"指导语"：

1.精读　通览　略读　简要分析　涵泳品味　扫视文段　提取信息

把握关键词句　揣摩品味含义　体味表达的妙处　体会语言的表现力
找出评价性词语　说说其表达效果　体会作品情境　感受作者情怀
感受文章的意蕴　把握严谨的思路　说说语言风格的不同　体会词句蕴
含的情感　……

2.细节描写　故事情节　直接抒情　间接抒情　借景抒情　托物言
志　写景状物　铺陈排比　烘托　称谓语　文章起笔　叙事诗　传记文
学　传奇　科幻小说　第一人称口吻　画面感　韵律美　制造悬念　埋
下伏笔　误会　一波三折　象征　暗写　……

3.简洁精练　铿锵有力　直抒胸臆　精致凝练　富有诗意　别具一
格　经典作品　刚健质朴　民歌特色　神奇色彩　生动传神　简洁风格
弦外之音　诗中有画　清新流畅　耐人寻味　抑扬错落　饶有趣味
含义丰富　寄寓情思　真情洋溢　想象奇特　构思巧妙　感人至深　意
境悲凉　议论精警　幽默诙谐　意趣横生　饱含着感慨　哲理的光彩
寄托着深意　出乎意料又在情理之中　……

上述内容表现了新的统编教材的变化。第1类材料告诉我们，要关
注阅读训练的角度与高度；第2类材料告诉我们，要适当运用文学的术语，
注意点示文学知识；第3类材料告诉我们，教学的评价语要表现语文学科
的特点，要雅致、有文气、有韵味。

周：一般情况下，大家备课都是一课一课地备，而您用"专项提炼"
的办法，让备课有了高度，有了深度，从宏观上把握住了教材编写者的
意图。这种备课的方法太实用了，您还能再举一些例子吗？

余：当然可以了。教材是个宝啊。下面用于诗文赏析的四字短语，与
提高教师课堂教学语言的质量有关，是可以自然恰切地运用于教学之中
的。

与"语言品析"有关的：

明白如话 语言平易 用语活泼 措辞精当 平易通俗 明白晓畅
朴素自然 掷地有声 深挚强烈 深入浅出 含而不露 情味隽永
文笔轻快 生动含蓄 溢于言表 朴素无华 清新朴素 语言质朴 耐
人回味 一气呵成 慷慨雄健 用笔曲折 基调激昂 弦外之音 妙趣
横生 清新活泼 自然流畅 精练生动 雅俗共赏 ……

与"内容评说"有关的：

寄情山水 壮丽美好 烟雾迷蒙 繁花似锦 惜别深情 广阔胸怀
离愁别恨 登高望远 胸襟抱负 昂扬向上 云海苍茫 山色空蒙
云遮雾绕 画面壮丽 气势宏大 苍凉景象 压卷之作 气象雄浑 情
意隽永 境界开阔 旷达豪迈 精巧细致 苍凉慷慨 意境幽深 有韵
之画 诗情浓郁 景致幽雅 恬淡胸怀 抚今追昔 感时伤世 真情洋
溢 想象奇特 选材精致 要点分明 形象鲜明 寓意深刻 ……

与"手法评价"有关的：

构思巧妙 反复歌咏 状物抒情 比兴手法 极力渲染 触景生情
托景抒情 互文见义 白描手法 化动为静 音律铿锵 诗中有画
大处着笔 构思奇特 有声有色 统摄全篇 移情于物 物我交融 情
景相生 互相映衬 渲染气氛 着色明丽 借古讽今 情景交融 谐音
双关 以小见大 章法谨严 相互对比 前后映衬 铺垫烘托 即兴绘
景 咏物言志 移步换形 借古讽今 先虚后实 一语双关 用字精妙

用典手法　以声衬静　以虚写实　以景衬人　抑扬有致　……

与"赏析意境"有关的：

浑然天成　情趣盎然　千姿万态　色彩鲜明　色调明朗　寓意深刻
意味隽永　开阔寥远　韵味无穷　诗意清新　情调淳朴　惟妙惟肖
绚丽壮美　空灵活泼　神奇色彩　水乳交融　意境浑成　尺幅千里　耐
人咀嚼　豪放风格　绚丽多彩　幽美平和　百读不厌　深沉含蓄　洗练
明快　余味无穷　余音袅袅　情意绵绵　清丽自然　雄浑开阔　明快节
奏　轻捷明快　有色有声　含蓄巧妙　清静安详　幽静闲远　……

这些内容，主要靠日常备课与教学之中的顺势积累。这种积累的方
法，人人可用，对于优化课堂教学内容极有好处。

周：您的写作课常常能拿出一些"别样"而典范的文章来做例文，也
和您的日常积累有关吧？

余：我积累的许多好文章都可以拿来指导学生写作。如下面写"家"
的若干微型美文，表达优美，富有情趣，韵味悠长。

鞋

一双双鞋，就像大船和小船。你看，爸爸的鞋是大轮船，妈妈的鞋
是小轮船，我的鞋像小帆船，颜色最好看。

天亮了，船儿出航了。天黑了，船儿回来了。

这里诗意地描述了家中的一件物品，让我们想到了勤劳的一家人，
想到了这一家人的辛苦、快乐与和谐。作者运用精巧的侧面描写手法，

微妙地表现了"家"的韵味。

看　书

　　爸爸在看书，妈妈在看书，我也在看书。一人手捧一本书，像捧着一只大蝴蝶。爸爸看厚厚的书，妈妈看大大的书，我看花花绿绿的书。我的书最好看：小狗叫，小猫跳，小猴树上打又闹。

　　这里诗意地描述了家中的一幅甜美画面，一个瞬间的美好情景。一家人都看书，幸福而宁静，文中用"我"的快乐幸福之感表现了家庭的温馨。

轻轻地

　　妈妈起床了，很轻很轻。轻轻地穿衣，轻轻地走路，轻轻地开门，轻轻地说话……

　　啊，我知道了，爸爸昨晚上夜班，工作到天亮才回家。呼噜，呼噜，睡得正香。

　　我起床了，很轻很轻。轻轻地穿衣，轻轻地走路，轻轻地开门，轻轻地说话……

　　妈妈看着我，我看着妈妈，轻轻地笑了。

　　这篇微文像一首小诗，运用反复的手法，诗意地描述了家中的一个特别动作；文中对家人之间发自内心的关爱进行了多角度的细致描述，表现了家的和美。

天气预报

自从爸爸出差去了，全家人天天看天气预报。

那天预报哈尔滨有寒潮，奶奶直念叨爸爸没带棉袄。第二天那里气温回升，全家人露出舒心的微笑。

今天妈妈特别关心南方天气，爸爸明天将飞往海南岛。当听到海南岛是个大晴天，又担心爸爸忘了买凉帽。

我说天热有什么可怕，只要爸爸多吃雪糕。我只希望天气晴朗，千万别下大雨，别下冰雹。

自从爸爸出差去了，我们天天在屏幕上追踪、寻找，全家人都随着天气预报，一会儿高兴，一会儿心焦。

这篇短文就像在讲故事，全文起、承、转、合，虚实相映，诗意地描述了家人的挂念之情，用几个人的同一种遥思来表现家庭成员之间的关爱，用爱意的传递来表现家庭的温馨。

借生日

早晨，小云醒来一看，枕头边放着一只可爱的布熊。

妈妈走过来，祝小云生日快乐。小云问妈妈："您怎么从来不过生日？"妈妈笑着说："我忘了。"

吃过早饭，妈妈要去上班，拿起包一看，里面装着一只布熊。

她正要往外拿，小云跑过来按住妈妈的手，说："妈妈，这个布熊是我送您的生日礼物。您总是忘了自己的生日，今天我把生日借给您！"

这篇微文以生日为线索，围绕着"布熊"的故事写了母女之爱，一个"放"字，一个"借"字，分外有情，非常动人。

…………

于是我们知道了：诗意地描述家中的一幅甜美画面，诗意地描述家中的一个特别动作，诗意地描述家人的一个动人瞬间，诗意地描述家人的一种挂念心情，诗意地描述家人的一次由衷赞叹，诗意地描述家中的一天幸福时光……都可以表现出"家"的美好韵味。

以上微文，是专项积累的美好收获。它给我们的启迪是：每一次作文训练课，教师都应该有一次相应的专项积累，才能确保优美精致的范例对学生的示例与引导作用。

周:"书到用时方恨少"，这么美的文章，实在是"可遇而不可求"啊！许多老师不会教作文，很大程度上和日常写作素材、写作方法积累少有关。请您再举一些例子说说教师如何通过积累提高自身的专业素养吧。

余:下面这些精致的专项资料的积聚就与教师训练自己的联想能力、发现能力、专项研究的能力和阐释能力有关。

酒与歌

古代诗文中，"酒"必不可少，是用以渲染情景、表现人物、传达心绪、抒发感情乃至表现风土人情的重要意象。

而且，"酒"与"歌"在抒发情感上往往是紧密相连的。如——

曹操的《短歌行》："对酒当歌，人生几何！譬如朝露，去日苦多。慨当以慷，忧思难忘。何以解忧？惟有杜康。"

王羲之《兰亭集序》："此地有崇山峻岭，茂林修竹，又有清流激湍，映带左右，引以为流觞曲水，列坐其次。虽无丝竹管弦之盛，一觞一咏，亦足以畅叙幽情。"

杜甫的《闻官军收河南河北》："剑外忽传收蓟北，初闻涕泪满衣裳。却看妻子愁何在，漫卷诗书喜欲狂。白日放歌须纵酒，青春作伴好还乡。

即从巴峡穿巫峡，便下襄阳向洛阳。”

白居易的《琵琶行》：“移船相近邀相见，添酒回灯重开宴。千呼万唤始出来，犹抱琵琶半遮面。转轴拨弦三两声，未成曲调先有情。”

……………

但上述作品中“歌”是如何唱的，歌词是什么，我们不得而知。

在我们回顾典籍的优美篇章之时，能够发现浩瀚的诗文大海中“既有酒又有歌”的雪泥鸿爪。

比如《史记·项羽本纪》中的《垓下悲歌》。

> 项王军壁垓下，兵少食尽，汉军及诸侯兵围之数重。夜闻汉军四面皆楚歌，项王乃大惊曰：“汉皆已得楚乎？是何楚人之多也！”项王则夜起，饮帐中。有美人名虞，常幸从；骏马名骓，常骑之。于是项王乃悲歌慷慨，自为诗曰：“力拔山兮气盖世，时不利兮骓不逝。骓不逝兮可奈何，虞兮虞兮奈若何！”歌数阕，美人和之。项王泣数行下，左右皆泣，莫能仰视。

这是公元前202年，项羽战败之后的场景描写。第一层写项王被围垓下，四面皆楚歌，渲染了情势的危急。第二层写霸王诀别虞姬，氛围悲壮凄凉。项王夜起饮帐中，料到失败命运的到来，于是饮酒之时慷慨悲歌；歌的内容既不失项王的英雄气概，又表现出英雄末路、多情而无可奈何的悲怆。文中正面描写和侧面烘托的手法运用得特别精彩，细节生动，勾画了了，扣人心弦，加上人们“泣”的细节，写尽了霸王的悲惨处境。

又比如《汉书·高帝纪》。

> 上还，过沛，留，置酒沛宫，悉召故人父老子弟佐酒。发沛中儿得百二十人，教之歌。酒酣，上击筑自歌曰：“大风起兮云飞扬，威加海内兮归故乡，安得猛士兮守四方！”令儿皆和

习之。上乃起舞，沉慨伤怀，泣数行下。

公元前 195 年，汉高祖刘邦击败了起兵反汉的淮南王英布，返回途中经过故乡江苏沛县，邀集父老乡亲饮酒。酒酣之时，刘邦击筑高歌，唱出了这首仅有三个诗句的《大风歌》；不仅高歌，还"起舞"，还"泣数行下"。这流传千古的悲壮歌曲，既显示出他的王霸之气，又表达了他维护天下统一的豪情壮志。人们说"大风起兮云飞扬"是令人拍案叫绝的诗句，它用艺术的手法表现了恢宏战场上惊心动魄的战争画面。

如果我们继续回顾文学典籍，还可以发现李白《将进酒》中的"酒中之歌"。

岑夫子，丹丘生，将进酒，杯莫停。与君歌一曲，请君为我倾耳听。钟鼓馔玉不足贵，但愿长醉不复醒。古来圣贤皆寂寞，惟有饮者留其名。陈王昔时宴平乐，斗酒十千恣欢谑。主人何为言少钱，径须沽取对君酌。五花马、千金裘，呼儿将出换美酒，与尔同销万古愁。

还可以知晓苏轼《前赤壁赋》中的"酒中之歌"。

于是饮酒乐甚，扣舷而歌之。歌曰："桂棹兮兰桨，击空明兮溯流光。渺渺兮予怀，望美人兮天一方。"客有吹洞箫者，倚歌而和之。其声呜呜然，如怨如慕，如泣如诉，余音袅袅，不绝如缕。舞幽壑之潜蛟，泣孤舟之嫠妇。

这其中的表达作用与表达效果，可以继续牵动着我们阅读欣赏。

这则材料点示我们进行专项研究并积累优美资料的秘诀：一是要有精微的发现，二是要有横向的联想，三是要有广泛的涉猎，由此才有充满文气与雅气的精美积累。

周：积累是提炼的基础，提炼让积累变得更加有意义；善于从积累中发现规律是做学问的不二法门。那么多的材料，如何做到"杂而不乱"呢？

余：建好专项资料的"目录索引"非常重要啊。仅看下面的标题就能够让人跃跃欲试，意图先睹为快；自己什么时候想用其中的资料，根据它们的提示，上网查询即可。

《课本里的江西》《光明日报》2018 年 9 月 2 日 10 版

《课本里的安徽》《光明日报》2018 年 9 月 9 日 10 版

《课本里的云南》《光明日报》2018 年 9 月 16 日 10 版

《课本里的黑龙江》《光明日报》2018 年 10 月 14 日 10 版

《课本里的山西》《光明日报》2018 年 10 月 21 日 10 版

《课本里的湖南》《光明日报》2018 年 10 月 28 日 10 版

《课本里的江苏》《光明日报》2018 年 11 月 4 日 10 版

《课本里的河北》《光明日报》2018 年 11 月 11 日 10 版

《课本里的内蒙古》《光明日报》2018 年 12 月 2 日 10 版

《课本里的四川》《光明日报》2018 年 12 月 9 日 10 版

《课本里的山东》《光明日报》2019 年 1 月 6 日 10 版

《课本里的新疆》《光明日报》2019 年 1 月 13 日 10 版

…………

上述每一项材料都是美丽的积累之"花"，有"人见人爱"之美。对于教师的教学而言，这种高质量的积累能够让我们有真正的收获，让我们的教学背景更硬实，让我们的教学资源更丰富，让我们的教学更显智慧。

第四章　展开中学语文教研工作的壮美画卷

教研之"最"

周：您在荆州市教科院（教育科学研究院）中学语文教研员的岗位上一干就是 23 年，您能不能简单说一下这 23 年的工作中最让您有成就感的地方？

余：1984 年，我被调到了荆州地区教研室（后来更名为荆州市教育科学研究院）。我的中学语文教研员工作从此展开，我在这里一直工作到 2007 年。

23 年，似乎弹指一挥间，但无数生动的工作细节，难以尽言。

我的几十年的教研、教学工作，专注于四件事。一是培养优秀语文教师；二是进行教学科研并亲自实践；三是撰写大量的以指导教师教学技能为主要内容的教学论文；四是训练自己、磨炼自己，使自己表现出立体的、综合性的教研、教学素养。

下面我用"工作之'最'"来简说一下让我有成就感的地方。

最欣慰的是 20 余年我将一个以农村为主的地区的初中语文教学研究工作做得有声有色，手把手带出来的优秀教师就有 500 多人，改变了许多农村中学语文教师的命运。在我带领的队伍中，陆续诞生了 14 名特级教师，3 名湖北名师，4 名正高级教师。

最有特色的是我坚持多年抓好五支教研队伍的工作策略。所谓五支教研队伍，就是荆州市参与"课堂教学艺术研究""课题研究""教学论文写作研究""中学生文学社团工作研究""中学语文试题研究"的教研队伍。这五支队伍的研究立体地覆盖了最重要、最有影响力的教研内容。大量优秀青年语文教师脱颖而出。

最美妙的教学科研发现就是"板块式"教学思路、"主问题"教学方式和"诗意手法"教学运用。我于 1993 年提出的"板块式"教学思路、"主问题"教学方式已经在全国范围内大面积地影响着语文课堂教学。

周：这 23 年里，无论是您个人，还是整个荆州地区的教研工作都取得了令人瞩目的成绩。您个人认为最突出的贡献是什么？

余：注重教学艺术的研究，大幅提高课堂教学效率。这 23 年里我最明确、最倾心、最投入的研究是中小学语文课堂教学艺术的研究，几十年如一日，坚定不移。从 30 多岁任教研员起，我就立志让艺术的教学设计走进千万个普通语文教师的课堂，并一直为此而勤奋努力。

我的教学实践的最本质的目的是科研，最实在的贡献是用我自己的大量课例生动地诠释了中学语文教学大纲和课程标准的教学理念。我在中小学语文课堂教学实践方面最大的突破是公开课的数量巨大，我是中小学语文界唯一一个不用"提问"的方法推进课堂教学的人。

我最讲究的是科研成果的原创性。我运用的最费时间的研究方式是在占有大量资料前提下的专项研究，即对教学内容或教学规律进行精致的提炼，提取精华，发现规律。我提炼出的高效阅读教学设计的 30 字诀"思路明晰单纯，提问精粹实在，品读细腻深入，学生活动充分，课堂积累丰富"能够非常有效地提升一线语文教师课堂阅读教学的理念。

我用超前的意识、系列的创新、主题推进式的工作策略及细节到位的工作实践，生动地诠释了教研员工作的内涵，丰富了教研员工作的创新角度，充实了教研员工作的具体内容。我所提炼的工作经验同样适用于目前"名师工作室""名师工作坊"的建设与实施。

周：这 23 年里，最令您感到自豪的事有哪些？

余：一是 50 岁以后学讲课。任教研员期间，我的教学实践经验是不足的，我牺牲了无数的业余时间、研究了无数个教例之后才对语文课堂教学有了深切的体会，并勇敢地走上了讲台。我"送教下乡"的足迹遍布荆州市的各个市、县，好评如潮，更显教研特色。

二是吃苦精神。不论是在本职工作方面，还是在自身发展方面，都立足于艰苦奋斗、自强不息。所谓享受工作中的快乐，其实就是享受工作中的艰苦。我极珍惜宝贵的时间。我的时间主要有"十用"：用于日常工作；用于思考、策划、冥思苦索；用于研读专业杂志和读书读报；用于"每天做一点"的资料积累；用于精心研读教材、提取教学资源，以及"详写教案"式的备课；用于一篇又一篇文章的写作；用于一个又一个的专项研究；用于对课堂教学设计艺术的一个又一个细节的钻研与实践；用于听课、评课、讲课、讲座；用于对青年语文教师的教学指导。

还有很多事都让我感到自豪，让我有不断前进的力量。

我最乐于探究的是教研、教学中的新鲜事物；我最喜欢夸赞自己的话是"心里总是有着'无穷无尽的稀奇的事'"；在工作状态方面我最满意自己的乐观、平静与细心；我最长于运用的读书方法是读书笔记法；我用于磨炼自己的最艰苦的方法就是撰写论文；最能表现我的事业心与坚持力的是海量资料的积累；最能突显我的教学能力的是小学、初中、高中课堂阅读教学的"全线贯通"；我最高兴的是 1997 年底终于评上了特级教师并开创了我的课堂教学之旅；我最欣慰的是由于荆州市中学生文联的优异表现，2002 年 10 月中国作家协会在荆州市召开了全国校园文学工作研讨会；最能表现我的定力的是我能在高铁、飞机上写作……甚至我的稿件也能获得一个"最"字——张水鱼老师有一次告诉我，编辑们在编辑室里议论，"余映潮老师最'坏'，他的那么多稿件，一个错字也没有"。

许多年来，最受鼓舞的是张定远先生对我的评价——他在三个方面堪称一流，即一流的教研工作，一流的论文写作，一流的教学艺术。它们让我不忘初心，不敢懈怠，不坐享其成，不故步自封，安安静静、踏踏实实地进行着我的接地气的研究与实践。

周：我也读过张定远先生对您的精到评价，真的很感人。您认为您的教研工作有何突出的特点呢？

余：当了 23 年的语文教研员，我的教研工作表现出如下特点。

立意高远。重点突出对大面积优秀青年语文教师特别是农村中学优秀青年语文教师的培养。

视点集中。将大众化的课堂教学艺术研究作为教学研究工作的重中之重。

覆盖全面。建立了课堂教学艺术研究、课题研究、教学论文写作研究、中学生文学社团工作研究、中学语文试题研究五支教学研究队伍。

长期坚持有规律地开展活动。每年 4 月份的课堂教学艺术研讨会是荆州市初中语文教师的"节日盛会"。

主题鲜明。只要是聚会，不管是哪一支队伍的，都必须事先策划，确定明确的研究主题。

要求严格。如每年都要求课堂教学艺术研究小组成员写 3 万字左右的读书笔记；不提交论文的，不能参加我主持的学术会议。

密度超常。两天或者一天半的专题研究活动，少则六节现场课，多则八节现场课，还另有评课、评论文、专题讲座。

注重实践。特别强调教师的论文写作。在我主持工作期间，荆州市初中语文学段的教师中有大量的个体素质比较高的写手。

痕迹深刻。每次活动都要整理大会论文的合订本，参会者人手一册；都要进行全过程摄影，与会者都能得到照片；都要写出活动纪要；都要打印通信录。

讲求品位。逢大型学术会议，一定有高品位的学术报告；在我主持的几十次大型会议上，我所有的大会总结都是紧扣大会主题的长篇学术报告。不讲套话，开门见山，力求为整个活动掀起高潮。

以身示范，坚持送教下乡。凡荆州市各市、县、区和市直初、高中，都留有我讲课讲座的足迹。

周：请您重点谈谈对青年教师的培养吧。

余：我自豪的是，我是和青年语文教师们一起成长的。

我用非常特别的艺术手法——主题推进培养着青年教师。课堂教学艺术研究小组方面的活动，每年突出一个训练主题，20余年坚持不懈。在近20年的时间内，我亲手培养的优秀弟子就有500多人。

他们之中有许多人，后来飞向了全国各地，特别是南方，尤以深圳居多。现在荆州市各县区的语文教研员，基本上都"出身"于我的课堂教学艺术研究小组。

很少有人能够像我这样努力地培养青年语文教师并成果丰硕的。2003年湖北省评选特级教师，我的弟子中就有五人评上。2006年，又有一位弟子被评为特级教师。我有两位弟子先后被评为"全国十佳教改新星"，成为《语文教学通讯》的封面人物。2017年和2018年，我昔日队伍中的成员，还有四位评上了正高和特级教师。

我工作的地方，只是一个小城市，我所面对的，基本上是农村学校，但我培养出了众多优秀弟子。

我的工作感动过不少人。

2006年，王君老师说道：

知道余映潮老师，是从他的一个个杰出弟子开始的。不知从什么时候起，默默无闻的荆州突然成了产生青年新秀的基地。诧异之后，慢慢知道，荆州语文的这条船上，有一个高人在掌舵。

2010 年，海南省语文教研员王琴玉老师写道：

他（余映潮老师）是一位拥有无数骇人数据的人，他每天都在不断用数据证明着自己高贵的存在。他是一位用细节美化人生的人，一道题，一张试卷，一次教研活动，都能滴水不漏。他是一位将专业做到了极致的人，纵横大江南北，笑傲小学、初中、高中语文课堂。他是一位不知老之将至的人，他每天都用付出告诉世界：我很年轻。

…………

教学研究工作中的超前意识

周：前面您谈到，您在教研工作中有超前的意识、系列的创新和主题推进式的工作思维。您能具体说说在工作中您有着怎样的超前意识吗？

余：超前意识，是一种工作策略，一种管理谋略，也是一种科学素养。

我体味到的工作中的超前意识，从创新的意义上来说，是争取尽可能地抢占先机、走在前面；从工作的效果来说，则表现出富于创意、确有实效的优势。

在超前思维方面，很有意思的是前面我讲到的一个故事。20 世纪 70

年代末，我还不是语文教师的时候，已经预感到专业知识的重要，订阅了于 1979 年刚刚复刊的两家专业杂志《中学语文教学》和《语文学习》，对学术资料的研读与积累早于许多语文老师。

在超前意识方面，给我启迪最大的是我前面讲到的一件事——20 世纪 80 年代在监利县教研室工作时，我因为编写出了全套初中语文单元练习而受到关注，继而得到了调到荆州地区教研室的机会。

将"超前意识"或"超前思维"用于对新生事物的关注，确实可以产生意想不到的工作效果。1993 年，我花费近 3000 元购置了我的第一台电脑，一个月之后就开始了用电脑写作。不仅如此，我还建议，甚至要求我的弟子们"换笔"，克服困难购置电脑并学习用电脑写作。此事极有意义，后来我主编的一系列书籍，都是荆州弟子们用电脑写出来的。2002 年，张吉武先生专门与我商谈开设"新理念·新教材·教学设计 ABC"大型栏目之事。我们一起精心挑选了荆州市几十位优秀的能用电脑写作的"余氏弟子"，用了两年的时间，完成了人教版全套初中语文教材的单元教学设计，共百万余字，并在《中学语文教学参考》上连载。这在当时也是让人叹为观止的一件事情。

周： 1993 年就购置了第一台电脑，真是不可思议啊！超前意识对您有什么特别的意义呢？

余： 超前意识于我自身的发展有巨大的意义。我曾在《一直向前走》一文中说道，我发现几十年内竟没有人写教例品评、教材研读以及课堂教学艺术研究等方面的系列文章。这是不是留给我来尝试的？所以，《中学语文教例品评 100 篇》绝对是一项带有超前意识的教研成果——当人们开始研究案例时，我已经进入创造优秀案例的教学实践中了。

将超前意识用于管理工作，则可叫作"管理在前"。2006年，我全面主持荆州市的中考命题工作，开始命题之前我就给每一位命题人员发了一份由我拟定的《荆州市2006年中考命题、审读与校对的要求》，要求照章行事，连需要校对10遍，最后一遍一定要进行"朗读校对"都规定了。于是当年荆州市中考各个学科的试卷字体、字号、序号、标点、行距等全部统一，清清爽爽，中规中矩。这就是管理在前的省时高效之处。

将超前意识用于教研员的工作，则是一种有战略意味的构想与落实。我的教研工作之所以在业内有比较大的影响，就是因为构想超前而又落实到位。我的建设五支队伍的教研活动至今仍是国内中学语文教研员工作中唯一的一例。这是我的整个教研员工作生涯最出奇制胜的超前意识。

即使我从教研员的位置上退下来，我仍然在教学研究中运用超前意识思考、策划并实践对教师培训有意义、有影响的工作方法、活动形式。2008年3月12日，全国首个"余映潮工作室"在广东省东莞市塘厦镇举行隆重的挂牌仪式，从此开启了我的富有创意的教师培训工作。过了七八年，即2015年左右，教育界开始普遍地重视"名师工作室"的建设，而此时，我已经摸索出了比较丰富的工作经验。2016年1月，《湖北教育》杂志一位姓姜的编辑打电话给我，说他无意之中在网上发现我对"名师工作室"工作内容的阐释非常到位，是他手中所有的来稿所不及的。于是，我给他发去了一篇题为《浅说"名师工作室"》的2600余字的文章。

周：请您具体介绍一下您带的五支队伍吧。

余：教研活动的组织，教师队伍的建设，要讲究水平、层次、质量、效益，它表现着一个教研员的谋略和胆识。五支队伍的阵容如下。

1. 荆州市初中语文课堂教学艺术研究组。

这支队伍的任务，是进行初中语文课堂教学艺术的研究，培养初中语文课堂教学能手。其成员是各县（市、区）年轻的教学骨干，必须能讲会写，思想素质好。每次人数80~100人，这些人选定之后，三年不变；每年聚会一次，每次突显一个专题研究。

2. 荆州市初中语文优秀青年教师教学改革研究组，也称"课题研究组"。

这支队伍的主要任务是进行教学改革中的专题研究，其成员是各县（市、区）和市直中学的教学骨干、教研组长以及已"毕业"的课堂教学艺术研究组成员，每两年聚会一次，每次研究一个专题。

3. 荆州市初中语文教学论文写作研究组。

其主要任务是培养教学论文写作能手，创造书面成果。参加的教师必须要有公开发表的论文。小组的成员每两年聚会一次，每次研究、探讨一个问题。

4. 荆州市中学生文联。

这支队伍尤为可爱，隶属荆州市文联和市教育学会。当时荆州市活跃着50个以上的初中生文学社团。中学生文联的任务是开展活动，培养优秀文学少年，办好社刊，多出成果。社团的辅导教师每一年或两年聚会一次，每次研究一个专题，评一次奖——或评社刊奖，或评学生习作发表成果奖，或评教师写作成果奖。

5. 荆州市中学语文试题研究组。

其任务是进行各类试题的研究和评价，培养各县（市、区）的拟题能手，并担负教研室、出版社的有关编写任务。参加活动的教师不定期地聚会，每次探讨一个方面的内容。

教研活动的组织与落实

周：听了您对工作中"超前意识"的介绍，发现您展开的教研工作的画卷确实壮美，是我们原来没有见过的。您究竟是怎样安排这些队伍的活动的呢？

余：好，给您一份五年规划材料。我的工作理念还有一条，就是创意在先，细节到位，通过这份材料也可以看出。

荆州市初中语文"九五"科研工作规划

一、科研课题、目标和活动安排

（一）科研课题

初中语文单篇课文整体阅读教学

（二）奋斗目标

1."九五"期间，力争使该课题成为省内有影响的教学科研类课题之一，其成果在省内外有较大的影响。

2."九五"期间，本人就"初中语文单篇课文整体阅读教学"这个课题，就"设计艺术"这个角度，力争撰写科研论文30～40篇。

3."九五"期间，在"初中语文单篇课文整体阅读教学"方面，培养1个有国家级水平的、有特色的课堂教学能手，培养4个有省级水平的教学能手，培养15个全市一流的课堂教学能手。以上共20人。

（三）科研活动安排

1. 1996 年 10 月　初中语文单篇课文整体阅读教学的科学性研究。

2. 1997 年 10 月　初中语文教读课文的单篇整体阅读教学设计研究。

3. 1998 年 10 月　初中语文自读课文的单篇整体阅读教学设计研究。

4. 1999 年 10 月　初中语文单篇课文整体阅读教学的设计艺术。

5. 2000 年 10 月　初中语文单篇课文整体阅读教学的评价与推广。

二、人才培养目标和科研活动安排

（一）人才培养目标

人才培养目标由以下五个方面的目标构成：

1. 初中语文单篇课文整体阅读教学能手的培养。

目标：见上述"奋斗目标"第三点。

2. 初中语文课堂教学艺术研究小组成员的培养。

目标：培养 30 名左右的具有较高水平的市级初中语文课堂教学能手，为培养更高层次的教学能手提供后备力量。

3. 初中语文教学论文写作能手的培养。

目标：全市初中语文界在"九五"期间，有论文发表的教师超过 150 人；有百篇论文发表的超级论文写作能手 5 ~ 10 人，这 5 ~ 10 人将在教学论文写作方面达到国家级或省级水平；全市初中语文界发表的教学论文超过 400 篇。

4. 中学生文联队伍的发展。

目标："九五"期间，全市中学生文联团体会员达到 80 个，在国内社刊评比中获一等奖的社刊达到 10 家，有发表习作 20 篇以上经历的中学生达到 20 个，指导学生发表习作 60 篇以上的优秀辅导教师达到 10 人，各团体会员发表的习作达到 2000 篇。

5.试题研究能手的培养。

目标：培养市一流水平的初中语文拟题能手 40 人，培养在国内、省内有影响的拟题能手 5 人。

（二）科研活动安排

1.初中语文课堂教学艺术研究组：

① 1996 年 4 月　教材处理的艺术。

② 1997 年 4 月　教学生动的艺术。

③ 1998 年 4 月　朗读教学的艺术。

④ 1999 年 4 月　学法指导的艺术。

⑤ 2000 年 4 月　高效教学的艺术。

2.初中语文教学论文写作研究组：

① 1996 年 10 月　初中语文教材赏析千字论文的写作。

② 1998 年 10 月　初中语文读写指导教学论文的写作。

③ 2000 年 10 月　初中语文课堂教学艺术论文的写作。

3.中学生文联：

① 1997 年 10 月　文学社刊质量研究。

② 1999 年 10 月　文学社活动质量研究。

4.初中语文试题研究组：

① 1996 年　九义教材与中考命题研究。

② 1997 年　九义教材单元测试题研究。

③ 1998 年　九义教材的单课练习设计研究。

④ 1999 年　题式题型研究。

⑤ 2000 年　总复习练习设计研究。

这个科研规划中那些标准很高的要求，在五年之内，基本上都变成了现实。

从这份科研工作规划可以看出我们在 20 世纪 90 年代研究与实践过的内容，现在很多地方想都没有想到过。

周：有规划就有了奋斗的目标，您又是怎样具体落实的呢？

余：请看另一份材料。

荆州市初中语文课堂教学艺术研究活动 16 年之"历程"

	时间	地点	主题
第一届	1990.4.4—4.6	江陵县	成立　交流
第二届	1991.4.8—4.10	荆州地区	课型　课堂教学结构
第三届	1992.3.31—4.3	仙桃市	单篇课文的整体阅读教学设计
第四届	1993.3.29—4.2	钟祥市	提问设计的艺术
第五届	1994.3.29—4.2	潜江苏港	切入　深化　强化
第六届	1996.4.1—4.3	公安县	教材处理的艺术
第七届	1997.4.1—4.4	松滋市	教学生动的艺术
第八届	1998.4.1—4.4	洪湖市	朗读教学的艺术
第九届	1999.3.31—4.3	石首市	课中活动的艺术
第十届	2000.4.3—4.6	监利县	语言教学的艺术
第十一届	2001.4.2—4.5	松滋市	课型创新的艺术
第十二届	2002.4.2—4.5	公安县	文学作品的教学艺术
第十三届	2003.4.2—4.5	荆州城区	文言诗文的教学艺术
第十四届	2004.4.2—4.5	荆州城区	教学细节的设计艺术
第十五届	2005.3.30—4.1	荆州城区	走进新课堂，走进新设计
第十六届	2006.4.2—4.5	荆州城区	新课标背景下的创新教学设计

形成上面这则材料，我花了 16 年的功夫。它展现了我在任荆州市教研员期间主持的初中语文课堂教学艺术研究组的活动轨迹。16 次会议，16 个点，体现了工作中具体细致的落实。

周：时隔多年，提起往事，您如数家珍。您为什么能记得这么清楚呢？

余：每次活动，我都要写详细的工作纪要，这也是我的工作习惯之一。我的工作纪要，也处处讲究细节。

我曾就工作细节说过自己的感受。我说，细节不大能够决定成败，但细节可以显示深度。把工作中的细节经营好了，工作的深度其实就已经显现出来了。

从工作纪要中，同样可以看到我的富有前瞻性的工作内容，以及具体到位的工作细节；也可以看到我的工作创意，以及对教研活动的严格管理。

让人回味的小故事

周：23 年间，您组织教研活动，深入教学一线，和老师们在一起，一定会有一些难忘的事情让人回味。能给我们讲讲这些故事吗？

余：漫长的教研生活中，确实有很多令人难忘的小故事。

20 世纪 90 年代，在一次教学巡视中，我到了当时的洪湖市大沙湖农场中学，与学生们有了一次开心的接触。回来后，学校寄来了学生的一篇作文，结尾的句子是：余老师离我们而去了，我们非常想念他。我在作文后面批了一句话：此话不吉利呢。然后寄了回去。此事后来传为笑谈。

2001年年底，荆州市教育局用"名师一条街"的形式宣传当地名师，在一条长街的每根电线杆上悬挂一位名师的大幅照片，照片上还写有"个人格言"。我的照片高高地挂在路口处的第一根电线杆上。我常常想，风里雨里，白天黑夜，"他"挂在电线杆上，是多么难受啊。

周：没想到您还是这么幽默的一个人啊！

余：我的大弟子章登享，原是农村中学的一位校长。1990年左右，他模拟我的中考语文命题风格，编拟了一套中考语文模拟试题寄给我，我做了详细批改并寄回，落款处写了两个大字：神似。许多年后，章登享说，正是这两个字，激起他钻研教学、撰写文章的热情，拼搏10余年，最终成为特级教师。

1994年，荆州市初中语文第五届课堂教学艺术研讨会的会址选在一所农村中学——潜江市浩口镇苏港初级中学。活动之前的半年，我到这所学校去了一趟，请学校用"声音大、站得直"的要求训练学生，即朗读、回答问题时声音要大，起来回答问题时要站得直。半年之后活动进行，学生的整体表现真是让人刮目相看。这件事，给不少的农村学校启示：学生的气质，是需要在课堂上养成的。

1998年11月6日，我到荆州市一所边远的农村学校——公安县黄山头初级中学去送教。据介绍，这个地方新中国成立以来就没有市级干部下去过，所以我的到来受到了当地的热烈欢迎。学校门前有长达几十米的学生锣鼓队夹道欢迎，进校时学校还燃放了鞭炮。有意思的是，山的那一边，毗邻的湖南省也有一所黄山头初级中学，这所中学的语文老师们都翻过山来参加了活动。讲课的地方是学校的餐厅，我在那儿讲了两节课，一节是《生命的意义》，一节是《口技》。印象很深的是，一位老太太自己带来了小椅子，坐在离黑板很近的地方听我讲课。

周：这样的场景很感人啊！教学工作之余，您和老师们在生活中也经常交流沟通吗？

余：是的，了解老师们的喜怒哀乐，也是我教研员工作的一项重要内容。2001 年 5 月，我收到了一位不认识的外地语文老师的来信，这位老师在信中倾诉了自己生活中的不幸以及工作中的不顺。我反复思考怎样回复这位教师。一个月之后，我给这位教师寄去了一首诗：

你是那山崖上的树

——寄远方的教师朋友

你是那山崖上的树，

用纯美的绿色，

点染着一方小小的天地。

山风有时是那样的冷峻，

但你傲然挺立，

你说太阳每一天都会升起。

你是那山崖上的树，

将高洁的倩影，

铺展在自己寂寞的心灵。

岩石有时是那样的坚硬，

但你枝叶婆娑，

你说白云下有着温暖的露滴。

周：爱人者，人恒爱之。您关爱关心青年教师的成长，大家也一定会格外敬重您的。请您接着讲"令人回味的小故事"吧。

余：我曾经有一次非常巧妙的工作策划：2004 年年底，我针对《中学语文教学》的栏目组织了荆州市中学语文第二届说课竞赛活动。说课稿修改之后我全部发给了编辑部。2005 年，《中学语文教学》几乎每一期上都有我弟子的说课稿件。史有为主编打电话给我，说："全国只有你想出了这样的好点子！"

2004 年 10 月 25 日，荆州市中学语文第二届说课会于荆州市聚珍园宾馆举行。这一天我听了 18 位语文教师的说课，他们说一个，我评点一个，工作强度之大，评点角度之美，创造了我教研工作中的一个"最"。

张慧莲的《马》：一文两读，创意精妙；

毛以斌的《邓稼先》：诗意盎然，细节精美；

谭蜀娥的《春酒》：层次美洁，角度新颖；

黄发莲的《给巴特勒上尉的信》：别出心裁，手法独到；

汤友良的《给巴特勒上尉的信》：思路开阔，情感浓郁；

徐燕的《风筝》：创设情境，美读美写；

胡芳的《珍珠鸟》：以读为线，层层递进；

范春霞的《芦花荡》：情景生动，活动生动；

李国强的《诗二首》：一课多篇，教、学相融；

王天才的《孤独之旅》：彼此共振，重在体验；

周李平的《再塑生命》：线索单纯，多角感受；

唐莉的《羚羊木雕》：手法生动，富有情趣；

葛江海的《背影》：巧设比喻，板块丰厚；

梁吴芬的《背影》：穿插有致，凸现感悟；

黄纯刚的《生物入侵者》：探究合作，手法开放；

李勇的《春》：点面结合，读写诵唱；

吴春晖的《皇帝的新装》：多次假设，读演创编；

徐世玉的《雨说》：一词经纬，活动丰富。

周：经过这么扎实有效的、长期的、有计划性的培养，青年教师一定成长很快吧？

余：2005 年 1 月 30 日，受广州市教育局教研室石真平教研员的邀请，我到广州市参加教师培训活动。石老师有点神秘地告诉我，第二天上午将派出广州市最优秀的青年语文教师陪我上课。晚上，我在广州的弟子马君慧来看我，说到第二天上午要上课。我恍然大悟——他就是石老师所说的广州市最优秀的青年语文教师。1997 年我曾带着马君慧参加湖北省中学语文青年教师教学竞赛，他获得了一等奖的第一名，后来调到了广州。此事后来也是让大家感慨了好久。

我的弟子——特级教师梁吴芬曾经写过一篇工作回忆，记载了我工作的用心和对优秀青年教师的关爱。

2000 年，我去新疆哈密市进行为期三年的支教。作为一个在教研上刚刚取得了一点儿成绩的人，离开了荆州这片语文教学的热土，真有点儿失魂落魄的感觉。余老师来信指点我——正好可以乘着这个时机多读书，静下心来写写文章。他建议我给《中学语文教学参考》的新栏目《教学创意》投稿。于是，我由无所适从一下子变得目标明确，那一年就有两篇文章发表。到了春节时，余老师给我寄来贺卡，上书"马思边草拳毛动，雕盼青云睡眼开"两行遒劲有力的大字。这十四个字给了我莫大的鼓舞，每每产生漂泊孤独之感时，它们就会在脑海中不自觉地浮现出来。后来教师节时，余老师还给我寄过"长风破浪会有时，直挂云帆济沧海"的明信片。

　　这期间，最令我感动的还是余老师寄给我的"会议通知"。每年 4 月，荆州市会召开课堂教学艺术的年会，青年教师们在这个年会上既可以看到同龄人的精彩教艺展示，又可以聆听余老师内容丰厚的讲座，以及他对青年教师专业成长的谆谆教诲。身处外地的我当然是无缘这样的盛会了，余老师也知道我不可能千里迢迢地赶回荆州。这特殊的"会议通知"，不但让我感受到了课堂教学艺术研究的氛围，告诉我不要停止追求的脚步，而且把一份浓浓的关爱和鼓励传递给了我。

　　周：专业的引领，贴心的鼓励都是青年教师前行的动力。是不是也可以这样说：您既是教研员，也是青年教师们的"家长"？

　　余：还真是。有这样一件趣事：2005 年 9 月 15 日我到东方红中学进行教学视导，恰逢语文组一位女教师的婚礼。这位女教师恰好是荆州市初中语文课堂教学艺术研究组的成员，人们说她是语文教师，我是语文教师的"家长"，非得致辞不可。

　　于是，草成了下面的诗：

牵　手

爱情，就是牵手；

家庭，就是牵手。

你们用心地牵着手，

结晶了一辈子的美好！

牵着手，

走进了婚礼的殿堂；

牵着手，

走进了温馨与浪漫。

祝愿你们：
紧紧地、紧紧地牵着手，
快乐地走过春花秋月，
稳步地走过高山峻岭。

祝愿你们：
紧紧地、紧紧地牵着手，
走过桃花盛开的红艳，
走过夏日大海的蔚蓝，
走过稻谷芬芳的金黄，
走过皑皑冰雪的洁白。
走向新的生活，
走向幸福的永远……

在荆州的弟子中，还曾经流传过这样一个故事：

2006 年春节。

清晨，荆州区青年语文教师王天才心怀忐忑地坐在车上。

因为今天他有一个计划：他要去拜访敬慕已久的余老师。

可是今天是大年初一，余老师在吗？会接待自己吗？据说，余老师大年三十都在写稿，那么，今天他理所当然也在写稿，一定在的。

果然！余老师在家！天才的到来，把他从电脑前拉到了客厅里。天才有些紧张。这大过年的，打扰老师写稿不说，还要劳烦他给自己改稿，这是不是太不近人情了?

"来,天才请坐。看看都给余老师带了什么礼物?"余老师亲切地招呼天才坐下,顺手接过了他手中的说课稿。

天才悬着的心渐渐平复,甚至开始有丝丝自豪从心底升起来:嘿,在教学研究中度过大年初一,这等雅事美得就像一首诗!趁着余老师认真读稿,天才细细端详着这位令人敬慕的长者:他声名赫赫,却如此温厚和蔼;他的生活淡泊宁静,却又通体激情飞扬;他对待自己惜时如金,却对前来求教的青年慷慨无私。刹那间,天才的心被一种圣洁的感情充盈了。

这个特别的大年初一,天才过得幸福极了,坐在回程的车上,还在心头默默地回味着余老师刚才的话:

走向成功的基本前提,就是占有时间,勤奋积累。

周:这些小故事都很动人,从不同的角度表现了您对教研员工作的热爱和富有创意的工作,以及对青年教师的关爱。究竟是一种什么样的力量支持着您几十年如一日地工作呢?

余:这种力量来自对教研工作的热爱,对青年教师的关爱;来自真诚和责任感。

我曾经这样阐释教研员的工作——

教研员的工作,是非常需要人气的工作;人气主要靠人格赢得。

总是自然、和善地面对你所接触的所有语文教师。

更多地记住你所能够接触到的教师,包括最普通的教师的名字。

在重要的日子到来之前提前问候与你保持交往的教师。

善待每一位教师的讲课,细心批改每一位教师请你过目的教学设计。

在接触中或者活动中给教师们带来快乐的氛围。

让教师们感受到你恒久的细心，让你的工作细节常常被教师们赞叹。

常常给教师们讲一讲你关于语文教学的新思考。

将你收集到的常用资料发给教师们共享。

在坚持进行的系列活动中让教师们感受到你的工作精神。

在所有的大小活动中都保持公平。

在青年教师遇到困难时或需要扶持时我们教研员要努力而为。

优秀教师的成长，需要学科教研员的真诚支持与指导。

比如，我带过不少弟子参加各级教学大赛，在比赛之前都是尽最大努力陪着他们去准备。

大家都知道的熊芳芳现在是很有名气的名师了，她原来就是荆州市初中语文教学艺术研究组的成员。

2000 年，熊芳芳参加"语文报杯"课堂教学大赛。当时会务组公布了 18 篇参赛课文目录，她认真详细地备课，先后备了两遍，写了厚厚的两大本教学方案，我都一一做了详细批改。到了昆明，她抽到此次活动的最后一节课《七根火柴》。我说，休息吧，别担心，不需要再做任何准备了。果然，大赛结束后，她获得了一等奖的第一名。

2002 年，我还评价和推介过熊芳芳老师的文章。

助力成长与发展的人和事

周：您艰苦地写了几十年的文章，又讲了 20 余年的公开课，这期间，

学术界的导师和朋友们的支持也是很重要的吧？

余：是啊。20 世纪 90 年代，在做了几年的教研员之后，我慢慢有了一些感悟：要想把教研工作做得更有质量，必须做到 8 个字：不离学术，不离实践。

我将自己奋斗的目标简化，就是发展两种重要的教研能力——写文章和上公开课。这个简化的目标，其实是思想上一次极其重要的升华，它决定了我未来的教研之路上有个性的奋斗方向。拥有这两种能力，并且"不离学术，不离实践"，应该是一位教研人员最有实力的表现。经过20 多年的艰苦努力，我基本上实现了自己的奋斗目标。

在写文章方面，我曾经得到很多双慧眼的关注。

1992 年秋，湖北大学《中学语文》杂志社时任主编邹贤敏先生主持杂志社工作后出访的第一站，就是荆州市。邹先生是来征求继续办好《中学语文》杂志的意见的。他与我谈道，《中学语文》杂志要拿出更多的篇幅，刊载更实用的文章，既为一线的中学语文教师的教学服务，又为中学语文教学科研服务。这位从中国人民大学首届研究生班毕业的、从事美学教育的资深教授，言谈之中非常希望在《中学语文》杂志创办上能有创新与突破。

我很小心地向先生提出，自《中学语文》复刊以来，我搜集了不少精美的教例，我想从评析欣赏的角度，写一些理论与实际密切结合的短文。如"教例品评"之类的文章，目前中语界的刊物上还没有出现过，而我是可以写的。

邹先生说："好啊，你写吧，写多少我要多少。"

"写多少我要多少"，这是我从来没有听到过的话，让我非常惊讶又极受鼓舞，甚至觉得不可思议。

1993 年 3 月，《中学语文》鲜明地亮出了《教例评析》这个栏目，于是我的教例评析短文开始一篇又一篇地寄到武昌《中学语文》编辑部邹先生的手中，《中学语文》开始不断地刊登我的文章。

在邹先生的支持下，《教例评析》栏目从 1993 年一直坚持到 1999 年。这可能是新中国成立以来中学语文专业报刊专栏中由同一位作者写出来的作品数量最大的一个专栏。

至今都还有人在赞叹，《中学语文》杂志在邹先生的主持下，从 1993 年就开始领先于全国中语界，进行深入扎实的案例研究了。很多人对一个以广大农村的语文教学为教研工作对象的人，在案例研究上写出了这么多的走在前沿的文章感到惊讶。

2000 年年底，我的专栏文章《中学语文教例品评 100 篇》出版，邹先生热情地为它作序。

周：有了邹先生的鼓励，您从此就"一发而不可收拾"了呀！

余：这其中虽然有我个人的努力，但也少不了编辑朋友们对我的厚爱。《中学语文教学参考》原主编张吉武先生在学术上是我的挚友。20 世纪 90 年代以来，他不远千里，多次来荆州参加我们的教学研讨会，听课、评课，指导教师进行论文写作。他曾带着编辑部里的年轻人来到我的家中，畅叙友谊，讨论如何办好《中学语文教学参考》。

2000 年 11 月，吉武先生前来荆州观摩湖北省教研室主办的中学语文课堂教学大赛，住在荆州中学的宾馆里。就在那一次，我们促膝长谈，论语说文，商谈创办一个经得住时间考验的大型栏目，于是就有了《阅读教学艺术 50 讲》。用吉武先生的话来说，就是"大概在 2001 年 1 月，草成了栏目计划，名为《阅读教学艺术 50 讲》"。此事于我而言，是人生中一件极为重要的大事。

从 2002 年到 2009 年，我给《中学语文教学参考》写了八年的专栏文章，包括三个系列：余映潮阅读教学艺术 50 讲，语文教师实用研究技法 20 讲，映潮说课 29 篇。我还为《中学语文教学参考》主编、审订了人教版初中语文 36 个单元的《教学设计 ABC》。可以说，我的 50 余万字的论文作品，每一个字都是艰难的一步。就是在这样艰苦的一步一步的迈进中，我得到了真正的磨炼，积蓄了力量。

《余映潮阅读教学艺术 50 讲》的问世，最要感谢的是吉武先生。"50 讲"原来准备用五年时间完成，因为读者们的急切要求，吉武先生让我 3 年写完，并由陕西师范大学出版社于 2005 年结集出版。这部著作受到很多青年语文教师的欢迎。2007 年 3 月 15 日，《中国教育报》发表了同理先生（笔名，至今不知道这位作者真名）的长篇书评。书评中这样写道：

《余映潮阅读教学艺术 50 讲》把余映潮二十多年教学、研究的经验，全盘托出与全国的语文教师共享。文辞美、提炼美、讲解美，归纳演绎逻辑美。读罢满口余香，绕颊不绝。这绝非溢美，而是深切感受。把精彩之处讲得精彩，那是正常，把枯燥之处讲得生动、把生动之处讲得魅力诱人才是过人之处。不靠老师的严厉训斥和无尽的指责，而是靠教学的艺术和教师个人的魅力把学生吸引到自己周围，才是过人的本领，余映潮在阅读教学中就显示出许多过人之处。

从事中学语文教研工作以来，余映潮的理想就是让教学艺术的设计走进普通语文教师的课堂。经过五年的写作与修改，《余映潮阅读教学艺术 50 讲》面世了。我以为，这是一部教学理念先进、创意鲜明、实例丰富的全面介绍中学语文阅读教学艺术的作品。可能是国内第一部从"教学艺术"的角度来全面阐释中学语文阅读教学的个人专著。

这种评价给了我莫大的殊荣。我深深地知道，没有吉武先生给我连续发表的机会，没有他的敏锐的眼光和深沉的思考，没有他为创办一流杂志的创造性的工作，就没有这部作品的问世。

《余映潮阅读教学艺术 50 讲》出版之时，张吉武先生写了长篇序言。

周：持续地在一个点上做深入细致的研究，既有理论高度，又有实践指导意义，这样的文章编辑们喜欢，老师们也喜欢。

余：2005 年，我创造了在《光明日报》上连载 10 篇教学艺术短论的纪录。

2008 年，广西教育学会主办的《基础教育研究》为我开设了《名师论教》专栏，请我从"历练生命"的角度进行写作。

2010 年，《中学语文教学》杂志张蕾主编、王希文老师专门为我开设《课堂阅读教学技能微型讲座》专栏，到 2018 年年底，我成功地完成 80 篇，也将结集出版。

2014 年，张水鱼老师请我在她主编的《新作文》上给《写作艺术谈片》专栏作文，目前正在继续写作之中。

就这样，许多报刊的总编、主编和编辑们，都成了我的朋友。

周：您在《语文报》《语文教学通讯》上发的文章最多，它们的编辑一定把"特别的爱"给了"特别的您"吧。

余：《语文报》的朋友们对我的教研工作、教学实践的关注与支持始终如一。

我在《语文教学通讯》上发表的第一篇教学设计是 1990 年第 5-6 期的《〈窗〉教学设计》。这也是我最早的一篇教学设计，约 4000 字。我为此课设计了两个课时的教学方案。时隔 18 年，于 2008 年 5 月 5 日在山东潍坊市举办的"特级教师余映潮'走进文本　走进语言'课堂教学培训会"上，我讲了这篇课文的现场演示课。

1997 年 2 月，我成为《语文教学通讯》的封面人物。该期还刊载了我的长篇工作经验介绍《形成特色——谈谈我的语文教研员工作》。此后，我的教研工作受到了张定远先生的关注。

这期间与我联系最频繁、给我鼓励和指导最多的是桑建中先生。后来见面时才知道建中先生比我年轻。他风度翩翩，英俊豪爽，曾三次来荆州指导工作，与我的荆州弟子见面，深得大家赞许。

《语文教学通讯》1998 年第 8—9 期和第 10 期分别刊载了我的《"板块式思路"教学设计例谈（上）》和《"板块式思路"教学设计例谈（下）》。对我而言，这是极为重要的发表机会。我从 1993 年开始研究"板块式思路"教学设计，5 年之后，终于第一次得到全国一流中学语文学术刊物的关注。论文的发表给了我极大的鼓励，从此，"板块式""主问题""诗意手法"教学设计艺术的综合研究全面展开。

我走上讲台进行教学实践的第一篇报道《〈口技〉示范课访谈实录》发表于《语文教学通讯》1998 年第 12 期。《口技》一文的教学于我有着里程碑式的意义。它是我参评特级教师时讲的一节课，也是我初学讲课时的公开课之一，它与《天上的街市》一起，构成了我走向课堂教学艺术殿堂的第一级台阶。

2002 年秋天，张定远先生不远千里，独自到荆州采访我。他在荆州住了两天，详细地询问了我的工作。

2003 年 3 月，张定远先生在《语文教学通讯》初中刊上发表了《余映潮——善于创新的中学语文教研员》一文。文中这样评价道：

作为一名中学语文教研员，能够那样有声有色地开展工作，能够写那么多优秀论文，可以说是贡献很大了，但映潮同志不止于此，他坚持课堂教学艺术的研究，坚持进行课堂示范，长期送教下乡，在课堂教学上同样地闪现出自己智慧的光彩。

映潮同志的教学风格同样极具个性，已逐渐自成体系，在湖北省被称为"余氏风格"。

…………

张定远先生作为全国中语会领导，亲自采访并评价一位基层教研员的工作，这事也可算是独一无二的了。

2003 年是非常美好的一年。这一年的 4 月，我主持召开了荆州市初中语文课堂教学艺术研讨会第 13 届年会。这次年会的主题是"中学文言诗文的教学艺术"。《语文教学通讯》张水鱼老师、《语文报·中考版》王海燕老师、《语文报》赵志刚老师一齐亲临大会进行学术指导。

2004 年，在桑建中先生、刘远先生和张水鱼老师的支持下，我的《名师讲坛》专栏在《语文教学通讯》开设。这个栏目专门刊载"教学细节设计的艺术"方面的文章，在一线教师中拥有大量读者。从 2004 年起到 2012 年止，我一共为这个专栏写了 80 篇文章，后来结集为《余映潮语文教学设计技法 80 讲》，这是我用连载文章的方式形成的第三部作品。

2004 年 4 月，《语文教学通讯》初中刊时任主编刘远先生亲自率队参加我主持的荆州市初中语文课堂教学艺术研讨会第 14 届年会，这次年会的主题是"中学语文阅读教学细节的设计艺术"。与刘远先生一起来到荆州的还有王华林先生、张勇耀先生、李文忠先生以及太原市的优秀青年教师。他们的到来，给荆州市初中语文教学研究活动增色添彩。

当时的刘远先生很年轻，个子比我高，胖胖的，才思敏捷，出口成章，策划能力特别强，记忆力惊人。时隔几年他还记得荆州市不少县区语文教研员和语文教师的名字。在他的提携下，荆州市有两位教学新秀成为《语文教学通讯》的封面人物，有多位年轻教师被评为"教改新星"，荆州市的初中语文教师在《语文教学通讯》和《语文报》上发表的文章，恐怕早已超过百篇了。

2006 年 7 月 28 日，第六届"语文报杯"全国中青年语文教师课堂教学大赛在沈阳举行。我讲读报课，课后反响热烈，《语文报》时任副总编辑任彦钧先生夸赞这是一节精彩纷呈的读报课，还特地告诉我"蔡总编和其他同人回来后，对您的读报示范课交口称道，大家一致认为有很好的启迪意义和推广价值"，同时安排《语文报·初中版》2006 年第 38 期用三个版面对此做了深度报道。这对我来说，也是极好的鼓励。

2007 年 4 月，我退休的日子近在咫尺。荆州市召开了"余映潮语文教育研究"研讨会，语文报社时任社长兼总编辑蔡智敏先生写来了热情洋溢的长长的贺信，刘远先生亲临会场祝贺。大会上刘远先生的演讲获得了经久不息的掌声。

《语文教学通讯》初中刊 2007 年第 7-8 期合刊面世了。为祝贺我年满六十岁及退休，友人们又一次让我成为封面人物。封面制作精美，我的肖像背景是高山流水。我想，这不只是一种衬托，更象征了我和语文报社同人们的情谊似山高，如水长。

2013 年，刘远先生请我继续为专栏写作品，这次专栏由彭笑老师主持，主题围绕"语文教师综合素养的自我训练"，到 2018 年年底，我已经写到了第 70 篇。

让人感动的是，2013 年，语文报社时任副社长裴海安先生邀请我为他主编的《语文教学通讯》小学刊《问道》专栏写作，2014 年 1 月，专栏正式启动，裴先生在"编者按"中写道：

语文教师的阅读教学素养，重点表现在两个方面，一是钻研和运用教材的能力，二是设计和组织教学活动的能力。2011 年版的"新课标"中，也着重强调了这两种关键能力。为帮助一线语文教师更快速、更优质地提升阅读教学素养，我们特请著名特级教师余映潮开设"小学语文教师教学技能培训"的专题讲座，设定目标、传授技能。余老师的讲座从教材研究、课文细读、教材处理、活动组织等多个角度进行了生动扎实的讲述，本刊将进行连载，希望广大语文教师予以关注。

于是我连续三年共围绕 30 个话题进行写作。

2018 年 8 月，这 30 个话题的论文结集出版，书名为《小学语文教学艺术 30 讲》。

目前，我仍然在为《语文教学通讯》小学刊《说课》专栏写作，每年写 20 篇小学课文的教学设计。

可以说，在专栏论文的写作上，还没有人像我这样写过时间跨度如此大、种类如此丰富、数量如此多的文章。

它们全是与教师专业素养、教学技艺、课堂教学设计有关的实用文。

每篇专栏文章的写作，都是极为艰苦的历程，要经过一番极为严酷的磨炼。

艰苦的写作又让我时时感恩：一个人，如果得到了关注，而自己又勤于学习，乐于积累，善于思考，精于提炼，坚持不懈，万难不屈，那将会有何等丰硕的收获啊！

周：您经常在一些大型学术研讨会上讲课，也结识了不少朋友吧？

余：是的，像写文章一样，讲课方面，专家、朋友们的支持与关爱同样让我深深感恩。

大家知道，我是 50 岁以后才开始通过教研活动走上一线课堂讲台的。

1999 年 10 月，在"迈向 21 世纪语文教改实验演示报告会"上，53 岁的我第一次以教研员的身份连上两课：《天上的街市》和《论求知》。这两个课得到了参会的东北师范大学著名教授朱绍禹先生的赞许，他在大会评课时说："什么是研究？余映潮的工作就是研究，就是优秀的研究。

他让你们如痴如醉。"

2004 年 3 月 19 日，苏鲁豫皖四省教学研讨会在安徽砀山举办。上海市极具影响力的三大名师钱梦龙、陈钟樑、陈军也参加了此次研讨会。我以"多讲课、讲新课"为策略，连讲《马说》《七颗钻石》两个课，立即赢得与会者的交口称赞。陈钟樑先生晚饭后找到我，就我讲课的成功之处——进行点评，予以赞赏与鼓励。

陈钟樑先生是我心中的学术导师，但凡见面，我必称他为"师父"。

2007 年 1 月 14 日，陈钟樑先生邀请我陪他到吉林师范大学附属中学讲学，就在那一次，我创纪录地一天之内讲了四个课。

上午，我讲了《雪》《罗布泊消逝的仙湖》和《云南的歌会》三个课；下午，我讲了《感悟深刻——中考作文复习指导》，四个课都上得很成功。钟樑先生进行了详细的讲评，并说，"这就是实力派的课，余老师是极有实力的优秀教师"。

事后钟樑先生还给我打来电话，说以后他忙得无法分身的时候，我可以代表他去讲课。

周：能够结交这么多挚友，都是源自您"不离学术，不离实践"的专业规划啊！

余：现在，70 多岁的我仍然在继续自己"不离学术，不离实践"的初衷，并对此有了更加深刻的理解。

不离学术——无论多忙，都要坚持本学科的理论学习与学术研究，都要做专题、写文章、做讲座，以提升自己的水平，优化自己的工作质量。

不离实践——无论多累，都要在本学科学术理论的指导下组织好教学研究活动，组织好青年教师的业务培训活动，坚持要求自己进课堂、做示范。

将"不离学术，不离实践"这 8 个字与教研员工作的基本要求联系起来，那就是——发展自我，带动大家。

坚持"不离学术，不离实践"，就能让自己的教研工作形成特色，就能创新自己的工作。

真正的学科带头人应当做到的，就是"不离学术，不离实践"。

在教学研究活动中完美收官

周：您曾经说过，即使是在您即将退休，告别教研员这个工作岗位时的活动，也是在教学研究中完成的。您能说说当时的盛况吗？

余：2007 年，我年满 60 岁，到了退休的年龄。

4 月 5 日至 6 日，在我退休前夕，荆州市教育局、荆州市教科院在沙市第五中学隆重举办"余映潮语文教育研究"研讨会，以这种形式来肯定我几十年来的富有成效的工作。荆州市人大、政协的有关领导出席了会议。

这样的活动，在荆州市的教育史上是唯一的，一直到现在，也没有第二次。

当时省内外专家学者、市县区中学语文教师和我在各地的弟子近 500 名代表参加了这次盛会。

会上对我进行了简洁而热情的介绍：

余映潮，一个荆州人民为之骄傲的名字，他由一个普通的乡村中学教师，一个平凡的中等城市教研室教研员，成长为享誉海内外的教育名师大家。他是市专业技术拔尖人才、省优秀教师、全国优秀语文教师、全国著名特级教师；"板块式教学思路"的创造者，"学生活动充分，课堂积累丰富"教学流派的代表人；《中学语文教学参考》《语文教学通讯》《中学语文教学》《教育文摘周报》和《中学语文》等多家报刊的封面人物。

大会开幕式由荆州市教科院时任院长曾国强主持。沙市区副区长致开幕词，接下来宣读贺信、贺电。大会收到的贺信、贺电近 20 份。

著名语文教学研究专家郑桂华博士在贺信中对我说："您是改革开放后我国第二代语文教师的杰出代表，您的课堂活而美，您的研究实而广，您的为人谦而诚。"

深圳市中语会时任理事长程少堂先生在贺信中进行了这样的评价："如果说，当代教研队伍中，有谁把平凡的教研员工作做到可以称之为伟大的程度，我可以负责地回答：到目前为止，只有余映潮先生。"

上海建平中学原校长程红兵先生给大会发来贺电说："研究余映潮老师语文教学艺术，有助于推进语文课改，提升语文教师的专业水平。"

《中学语文教学参考》原主编张吉武先生在贺信中说道："余先生是全国著名的特级教师，是卓有成果的语文教育研究专家。其课堂教学艺术独树一帜，其示范课根据学情不断创新，其学术报告关注新理念从青年教师成长出发，特别是坚持培养中青年教师开展优质高效的语文教学研究活动，在全国堪称第一，是我们学习的榜样！"

开幕式上，大会给我献了鲜花、花篮和我讲课的巨幅照片。荆州市人大常委会原副主任吴建国、荆州市政协原副主席周国华在开幕式上分别做了重要讲话，称赞了我"高尚的人文情怀、严谨的治学精神和卓越的教研成就"。

开幕式结束后，时任中国教育学会中学语文专业委员会副理事长、湖北省中语会理事长、湖北省教研室副主任史绍典先生在大会上做了重要报告。史先生高度评价了我和我的工作，指出："余映潮同志是一位普通的又是伟大的人物。他是把教学理论与实践结合在一起的一个典范，他结合得天衣无缝。余映潮同志是把语文教学的理论运用于实践并一以贯之的一个领军人物，是把语文教学作为一门艺术来探讨的一位杰出的老师。"

会上，我的弟子徐华铮、李国强、徐国喜分别讲授了演示课《藤野先生》《庄周买水》和《珍珠鸟》。《藤野先生》让我们领略了"板块式教学"的理性和诗意，《庄周买水》让我们感受了灵动与风趣，《珍珠鸟》让人们享受了和谐与信赖之美。三节演示课充分体现了"余氏"的教学风格与特色，受到与会者高度评价。

4月5日下午，大会以"余映潮老师教学艺术研究"为主题进行了研讨发言。

《语文教学通讯》原主编刘远先生说："我是第三次来到古城荆州，三次都是因余映潮先生而慕名前来。今天，站在这里，我就想，到底是古城荆州的教育土壤肥沃了余映潮先生，还是余映潮先生的探索和实践肥沃了荆州市教育的土壤。"

《中学语文》原社长聂进先生的"关于余映潮老师的治学精神"的发言感人肺腑；《中学生阅读》原主编郭萍先生对我的教学研究工作给予了很高的评价；《语文周报》原副主编秦绍芳先生衷心祝愿我的语文教学艺术之树常青；中国语文报刊协会原副会长王晨先生的特派代表田剑波先生赞许了我作为平凡教研员的不凡工作。我的弟子章登享、冯大海、吴梁芬等也在会上做了精彩发言，从不同的角度和侧面分别阐述了我的教研工作的艺术、教学创新的艺术、教学的语言艺术以及教研工作中的人格魅力。他们的发言情动于衷，激动人心。

大会交流之后，我做了题为"我的人生感受"的激情演讲，与会专家与教师都很感动。我的演讲结束后，掌声经久不息。老师们后来评价说，看似平淡的话语，却蕴含着余老师的工作奥秘和生活真谛。

4月6日上午，我上了一节示范课《行路难》，把研讨会氛围推向了高潮。我的课运用"板块式"结构，采用课文联读的方式，突出"主问题"的教学设计特点，穿插运用课中"微型讲座"的艺术手法，构思严密，层层推进，课堂生动活泼，精彩纷呈。

所以我说，即使是我的退休纪念活动，也是在教学研究中完美收官的。

周：在您的退休纪念活动上，对于您珍爱的语文教研工作，您是怎样表达自己的心迹的？

余：我当时准备了一份讲话稿，由于它已经进入了大会的文集，所以我又准备了一份。我在发言中这样讲道——

我这些日子的心情，可以用幸福、欣慰、感谢三个词来形容。

幸福的感觉来自这一次的聚会。

欣慰的感觉来自大家对我的热情。

"深深感谢"则是我发自内心的、要对各位反复表达的四个字。

我想讲讲自己生活中感受最深而又有益于青年教师成长的话题。

第一个话题，"时间"。

有人说，如果我们没有了今天，那我们什么都没有了。我还想这样说，我们曾经走过很多"今天"，但在曾经的很多"今天"中，我们却什么也没有。

在生命的长河中，我就曾经损失过整整10年的时间。似水流年，无可逆转。所以一切都晚于人家，一切都需要时间，一切都脚步匆忙。

我将我的感受写入了我在教学《假如生活欺骗了你》时与学生一起写的诗中：

假如生活重新开头，

新的美景在向我招手，

我欣喜地拥抱我的时光，

把两步当作一步走！

我将我的感受也写入了短文《立即》：

"立即"，就是让自己快点做起来。

"立即"，就是简洁，就是快速，就是极有自制力。

"立即"，给了我们最最宝贵的财富——时间。

与时间同步的，还节省了我们最最宝贵的另一种财富——精力。

"立即"应是一种生活习惯，一种精神状态，一种立人方式；"立即"带来的是效率；而我们生活中的休憩、愉悦、浪漫，并不会因此而逊色。

因此，如果从时间的角度来评价，我认为自己是一个几十年来基本上没有尽情休息过的人。我的绝大部分成果，都是在休息日、节假日和业余时间中创造出来的。

我给我的弟子章登享写过一首赞美诗，同时也表达了我自己的感受。其中有几句这样写道：

一盏灯，

一个痴情笔墨的人，

还有一张书桌。

秋冬春夏都在寻觅、思考与提炼中走过。

韧性就是激情，

精华只能在严谨中收获。

清苦虽然是一个特别的词，

但天天都有快乐。

…………

我还从一个更深刻的哲理层面感受时间与人生的关系：投入事业的早晚与事业的成果并不能形成比例。关键在于要智慧地走在时间的前面。

我这个在事业上起步很迟的人，却早在1993年就开始了中学语文案例研究，写出了中学语文教例品评100篇。这比一般人的案例研究早了10年，所以当现在人们热情地进行案例研究的时候，我则是在不断地创造着案例。

可以说，中学语文教育教学研究中还有无数个空白无人问津或者涉之不深，任何时候进入这种研究都不能称之为"迟"。

哪怕你到100岁的时候，只要你有兴趣，还有研究的空白在等着你。

既然如此，我们何不珍惜时间，早早地用"研究"二字来丰富自己呢？

第二个话题，"工作"。

我对工作的态度是：珍视，珍爱。

可以用瞻前顾后、苦心孤诣、全力以赴、始终如一这些词语来形容。

对工作的这种态度来源于我对生活的热爱。

而不管命运将我抛向何方，不管生活给我什么样的地位。

即使我在当知青的时候，我都可以在万般无奈中创造着自己的生活。

如果要用一句什么样的话来概括我所坚持进行的中学语文教学研究工作，那就是10个字：实实在在的非常规手法。

如连续许多年的中学语文主题式研究活动；课堂教学艺术研究小组等

五支教研队伍的建设；对青年教师读书笔记与论文写作的严格要求；对年轻教师的关爱呵护和尽心的辅导；绝不保留地将自己的研究心得介绍给青年教师；将非常多的年轻教师推向赛场，推向报刊；以身示范；一定将事情做到精致，甚至尽善尽美的程度；等等。非常的劳累，但换来的是一批又一批年轻人的进步。当然也就有自己的提升与长进。

工作精神与工作水平就是这样在坚持中磨炼出来的，没有这样的工作精神，就没有这样的工作水平。

我想，在开展富有创意的工作方面，精神与智慧，缺一不可；耐心与细致，缺一不可；远大构想与步步为营，缺一不可；提升别人与发展自己，缺一不可。

在我的讲话就要结束的时候，我想说，朋友们，让年轻、微笑、阳光、理想与我们同在！我还想给大家朗读一首歌词（罗大佑唱的《闪亮的日子》）。它能让我们回忆曾经在一起的许多美好而又难忘的日子。

有人说，人老了就喜欢回忆往事；我说，有很多往事是刻骨铭心的，它们太美丽了，我们不可能淡忘它们。

在讲话的最后，我朗读了歌词。

当我讲完这番话的时候，不少的同人流泪了。

周：在这样隆重热烈的庆祝活动上，一定会有很多的同人、很多的弟子用文章来表达他们对您的敬仰。这其中有没有特别有概括力、有情味的内容？

余：我的弟子、特级教师章登享在大会上的演讲稿就非常客观、全面、动情。

给余老师颁奖

一直以为，余老师得过很多很多奖。

一直以为，余老师有很多人为他颁奖。

曾听余老师戏谑："我这一生给别人颁过的奖很多，但自己却没得过什么奖。"

先生的一句玩笑让我感慨万端。今天，在先生从教四十周年的纪念会上，在先生60岁生日之际，让我代表数以百计的余氏弟子对先生说：先生，我们给您颁奖来了！

我们给余老师写颁奖词——用出于内心的敬佩，用发自肺腑的感动。

我们给余老师颁发师德风范奖。

他，似乎很少说师德师风之类的词眼，也很少说为人师表之类的语句。但是，他让无数的老师明白，"学高为师，身正为范"不是口号；他让无数的弟子懂得，"忠于事业，恪尽职守"不是概念。你不是说劳心劳神的职业烦人吗？看看他吧，看他50岁以后怎样走上讲台走出荆州走向天南海北。你不是说周而复始的工作乏味吗？看看他吧，看他怎样把玩教案把玩论文把玩季节的回黄转绿。你不是说教师的生活紧张忙碌吗？看看他吧，看他怎样追着太阳追着月亮追着岁月的分分秒秒。你不是常说自己付出的多得到的少吗？看看他吧，看他怎样无怨无悔地在荆州大地上播撒阳光播撒雨露，创造一个教研员的神话和传奇。你不是常说人生苦短烦恼太多吗？看看他吧，看他无论在什么环境中都能快乐地找到自己，快乐地创造奇迹，同时也快乐地欣赏和享受生命的美丽……

他告诉你"站"着教书——不用挖空心思去揣摩领导，不用阿谀逢迎去谋取官职；他告诉你"醒"着教书——在五声乱耳中聆听职业的天籁，在七色迷目中欣赏窗外的云岚；他告诉你用"心"教书——不炫耀学历不炫耀资历，而是将真心耐心爱心链接到你的每一页日历之中；他告诉你用

"情"教书——将热情激情深情倾注于你手中的教材和你眼中的学子……

他用他儒雅的风度和浪漫的情怀向你示范什么是"教师的诗意",他用他乐观的心态和豁达的胸襟向你诠释什么是"诗意的教师"。他用高度和深度告诉你,在这个世界,你不必羡慕达官显贵,不必嫉妒百万富翁,不必眼红名车豪宅,你就用心用情用意志用智慧做好你正在从事的工作。你看我——清贫的余映潮是如何富有!富有的余映潮当一名教师就是人生中最好的滋味!

所以,余映潮到哪里,他的风范就到哪里!

所以,余映潮到哪里,他的魅力就到哪里!

所以,余映潮到哪里,他的人气就到哪里!

我们给余老师颁发勤奋治学奖。

如今这个年头,太多太多的理论让我们眼花缭乱,太多太多的技法让我们无所适从。可是,当你走近我们、我们也走近你的时候,我们顿时感到了一种无言的亲切与温馨。因为你的"治学"坚持面向大众,面向一线的教师。你知道一线教师的需要,你为他们送教,为他们讲学,为他们写文章,你了解他们,懂得他们,关爱他们!

你选择了他们,他们也选择了你!

走近你,才知道什么叫"勤奋治学"。人们说,名家们都挤在大都市。而你,却"蜗居"在荆州古城这个地级市里,演绎着一个教师、一个教研员的精彩。

你用四十年的时间持之以恒地耕耘心中的绿洲——那是学者的执着;你用数以万计的资料构筑教学教研的长堤——那是勤者的积淀;你用一节节生动的课例走遍大江南北——那是跋涉者的足迹;你的一次次讲座激起一次次风暴——那是思想者的结晶;你的"板块式思路"引起强烈反响——无论赞赏者还是质疑者都不能不承认那是开拓者的勇气;你的

1200 多篇文章和一本本专著编织成生命的云锦——那是成功者的花环……

我不知道有多少学者有像你这样的细节——

两首律诗，你的教案竟写了满满 13 页纸；

一次讲座，你的讲义竟打印了整整 73 张；

花甲之年，你常常一个人连上课带报告一讲就是半天；

一场午觉，你只睡了 10 分钟就起来精神抖擞地工作（据说你最短的一次午休只睡了 5 分钟）；

隆冬打字，你一共磨坏了 6 双手套；

长年伏案，你电脑桌下的地板磨得光亮光亮。

你书房的墙壁上，贴满了一张张、一层层的纸条，那是你一月月、一年年的工作计划，已经完成的，正在完成的，将要完成的。你就诗意地栖居于斗室之中，日复一日，年复一年，用激情染香每一个日夜，用快乐应和生命的跫音……

点数我们周围的芸芸众生，有多少像你这样的"拼命三郎"？

原来，学问就是这样"治"出来的！

原来，名人就是这样"磨"出来的！

原来，钢铁就是这样"炼"出来的！

我们更要给余老师颁发红烛情怀奖。

虽然用"红烛"来形容导师已毫无新意，但我们还是要说，余老师的情怀就是红烛的情怀。

作为一名教研员，您不仅"研"出了深度，而且"教"出了高度。这，早已为成千上万的老师所公认。但更让我们感动的是，在担任教研员二十多年的时间里，您走城镇，下油田，进农场，穿乡村，双脚踏遍了荆州大地上的山山水水。记不清您上过多少次示范课，做过多少场报告，办过多少期培训班，但我们记得，是您，用红烛般的情怀，"批发"出了一个个优秀的语文教师群体，创造了荆楚大地乃至全国"青年教师培养"的奇迹。

在二十多年的时间里，您在荆州大地拉起了一支支队伍，持之以恒地为广大教师编织着一张张事业之网和精神之网。

荆州市初中语文课堂教学艺术研讨会——而今已逾16届；荆州市首届高中语文课堂教学艺术研讨会，又是您拉开了帷幕。

荆州市论文写作小组——没有精美的会标，很多时候您就在一方掉漆的黑板上扁着粉笔写下会标，我们就开始进行论文交流，我们的论文就陆续登上了大雅之堂。

荆州市试题研究小组——一批批弟子在您这里知道了，出一个题目还有这么多奥妙。

荆州市中学生文学社团——一个个社团进入全国文学社百佳，数以千计的学生习作走进了全国各大报刊。

还有，荆州市中学语文课题研究；还有，荆州市语文课堂教学竞赛；还有，荆州市高层次的论文写作和试题编拟；还有，还有……

也许，有人能在一个时期内这么做，可有多少人能像您——二十多年如一日，从不间断，直至斯人憔悴、霜染鬓发？

因为您的魅力，一个个年轻教师成为您的"俘虏"。他们，或从酒桌，或从牌桌上走下来，聚于您的麾下。

因为您的魅力，一位位年轻教师成为您的朋友。他们，或从城镇，或从乡村中走出来，走进您的队列。

您一次次给他们办讲座，一遍遍给他们改教案，一个个查阅他们的读书笔记，一篇篇地评点他们的论文，您甚至像老师评阅学生作业一样，一题题批改他们编拟的试题。您忙得没日没夜，一旦弟子们要出书，您就花费一天甚至几天的时间为他们撰写序言……

弟子失意时，您送给他们温暖，尽管有时简洁到只有一个眼神；弟子得意时，您赠给他们警言，尽管有时精练到只有一个短语；弟子失败时，您会给予鼓励，尽管有时只是一次紧紧的握手；弟子成功时，您会送上祝福，尽管有时只是一声轻轻的叮咛……

当弟子们的文章一篇篇发表的时候，当弟子们的专著一本本出版的时候，当弟子们走上全省乃至全国课堂教学领奖台的时候，当弟子们从普通教师成长为骨干教师、明星教师的时候，当弟子们跻身全国语文"十佳"教师队伍（您培养了两名全国"十佳"语文教师）的时候，当弟子们一个个评选为特级教师（您培养了八名特级教师）的时候，他们不会忘记，是您坚实的肩膀托起他们，让他们看到了日出东方的美丽！他们不会忘记，是您这一根红烛，照亮了他们人生的旅程，刷新了他们生命的跑道！

红烛，总是让烛光点亮他人的希望！

红烛，总是让烛泪洇湿别人的心野！

红烛，总是让烛花开成美丽的玫瑰！

我们还应该给余老师颁发很多很多奖，给余老师写出很多很多颁奖词。不需拔高，不需夸饰，只需把一个原汁原味的"余映潮"还原给更多想知道他了解他并敬佩他的人。真的，在这个喧嚣扰攘的尘世之中，像先生一样甘为人梯、勤耕不辍、宁静致远的人实属不易！

有人说，颁奖是上级对下级的专利，我不知道弟子给老师颁奖够不够资格，有没有分量，但我知道，弟子们的奖状，书写的是无声的文字，弟子们的奖旗，编织的是无形的经纬，弟子们的奖杯，镀上的是真情和感动！

也许，过不了多久，先生就要开始新的生活，但我们知道，您会伴着岁月伴着寂寞伴着坚韧"一直朝前走"，您会用一颗永远快乐永远年轻的心，去守望去耕耘去创造，去点燃如诗如火的生命晚霞！

第五章　美妙的发现与创新

受益终身的奠基式研究

周：张定远先生说，您在三个方面堪称一流，即一流的教研工作，一流的论文写作，一流的教学艺术；但您是在 50 岁以后才登台讲课的。那么，这"一流的教学艺术"从何而来呢？

余：我对课堂教学艺术的深刻体味，来源于我所进行的案例研究。

我在前面已经说过，从 1993 年初到 1999 年底的 7 年时间里，我在《中学语文》杂志上连载了 100 篇教例评析的文章，后来结集为《中学语文教例品评 100 篇》，由武汉出版社出版。

这件事对于我而言，是一种受益终身的奠基式的专项研究，就像我曾经对青年语文教师说过的那样：

作为年轻的中学语文教师，在教学研究的入门处如果能有一段相当长的时间用于积累资料、提炼经验，可能于一生的教学研究都有好处。

在很长的一个时间段内坚持运用一种主要的学习方法，全力以赴，持之以恒，思考、积累，突破难点，提高认识，形成自己的见解，实际上是在进行术业的专攻。

周：这个过程确实太重要了，请您具体说说您是如何做案例研究的吧。

余：用长达 7 年的时间，在案例研究中淘漉精华，是我此生最富有特色的钻研过程。

它是由我自己长期地持续不断地进行的；它需要有广泛的课例收集，以及耐心地阅读、甄别、思考的过程；它需要从一定的技术层面进行教学可行性的提炼，又需要从一定的理性高度进行教学科学性的评析；更重要的是，还需要追求那些大面积的适用于普通语文教师课堂教学的最佳形式或手法。

这就需要我全力以赴、苦心孤诣。

我坚持不懈地做的这件事，在新中国的语文教育史上是没有先例的。我还要创造案例评析的特别的写法：每一篇都是千字文，既要有案例的简介，又要有精粹的点评；案例的选取要有变化，多进行单个案例的评点，也穿插对同一篇目若干案例的综合评点；所谓案例简介，不是照搬实录，而是进行要点提取式的介绍；不重复点评类同的案例，不重复使用相同的评价语。如此等等，都是高标准、严要求。

下面的这则短文，是对单个案例的评析。

提问之美
——《惠崇〈春江晚景〉》教例评析

[教例简述]

这是钱梦龙老师的一个教例（详见《语文教学之友》1984 年第 7 期）。

钱老师在 28 分钟内教学了《惠崇〈春江晚景〉》和《江南春》两首七绝。两首诗的教学思路大致相同，这里仅评析第一首诗的教学。

钱老师提了这样几个主要问题：

1. 这首诗是写早春，盛春，还是晚春？

①学生读诗、思考、议论。

②学生讨论、发言：此诗写的是早春。理由：春江水暖、桃花初绽、蒌蒿满地、芦芽冒尖。

2.这首诗中有一句特别有名，你们猜是哪一句？

①学生读诗。

②学生发言：这句诗是"春江水暖鸭先知"。理由：用了拟人手法，形象，人们从鸭子的嬉戏游闹中想到了水温的回升。教师小结：看到鸭子欢快地游动，就推想鸭子已经知道了水温的回升。这里表现了诗人的观察力、想象力。"先"是这句诗的诗眼。

3.诗中写到一种鱼，它怎么样？

学生议论，教师点拨："正是河豚欲上时"点明了早春物候的特点。你们要注意，这里有一个词点明了这首诗写的是早春。学生答"欲"——一个"欲"字，说明河豚将要回到江河。

4.画是静止的，作者却将其写得一片活态，栩栩如生。现在让我们来体会诗人准确的观察力和丰富的想象力，齐读、背诵、默写这首诗。

[评析]

此教例的提问之美在哪里？

美之一，在课堂教学结构。

在课文教学的起始阶段，教师"一石激起千层浪"，用"这首诗是写早春，盛春，还是晚春？"这个精美的提问促使学生对全篇课文有了深刻理解，从而提高了读诗的质量，加深了学生思维的层次。

在课文教学阶段，教师用两三个问题形成课堂教学的主体内容。对"春江水暖鸭先知"的赏析和对"正是河豚欲上时"的品味这两个教学步骤，极好地优化了课文教学信息，拉出了明晰生动的教学线条。

在课文教学的收束阶段，教师设计了"读、背、默"这个非提问式的教学问题，酿造出课文教学的高潮，巧妙地将学生的理解、品评、赏析引向实践，引向体验。

美之二，在课文教学程序。

第一个问题单刀直入，辐射全诗。教者的意图在于利用此问引导学生对全诗有全面的感受。

第二、第三两个问题先后有序，有的放矢。教者的意图在于引导学生选点深化。

第四个问题要求明确，目标显豁。教者的意图在于让学生巩固强化课堂所得。

教学程序由此显得清朗醒目。

教师提问设计的立体思维便由此可见。

这样一则教案评析的精彩之处，首先在于发现了珍贵的案例，其次在于对教师提问艺术的精要评析，再次是从审美的角度进行了教学赏析，最后则是评析了内容的章法结构。评析的观点与内容，也给自己留下了极其深刻的印象。

周：请您再举一个综合性的案例评析吧。

余：综合性的案例评析，可能需要半个月或一个月的时间整理、提炼。我曾研究过王松泉、张兆龙、徐绍仲三位老师教《背影》的案例，写了《异彩纷呈教〈背影〉》案例评析。

《背影》的教例丰富多彩，可谓智者见智。

从教学思路来看，王松泉老师案例（以下称例一）为"顺向思路"，教者主要是从篇首讲至篇末；张兆龙老师案例（以下称例二）为"逆向思路"，教者从重点段落讲起，一步步地回溯；徐绍仲老师案例（以下称例三）为"选点突破"思路，抓住文中动词的使用规律和表达作用进行咀嚼。

从教学的着眼点看，例一重在篇的理解，例二重在段的讲析，例三则重在线条的集聚。教学的"切口"越来越细小，讲析和品评越来越细腻。

从讲授的主要内容看，例一呈"并列式"，人物分析、场景分析、情景分析、情感分析，可形成几个板块；例二呈"回扣式"，教师先突出中心段，以后每讲析一个层次都回扣一次中心段；例三呈"聚焦式"，所有的内容都从不同角度指向"动词"这个中心。

从板书设计看，例一可形成篇式整体性板书，例二可形成局部式分层板书，例三则可形成笔记式条文板书。

若细心咀嚼，以上三个教例还可以启迪我们：

1. 如何将这些设计加以改进；

2. 如何将这些设计加以组合；

3. 我们还能设计出哪一种别致的思路？

细细地体味再加上一些"挑剔"，就可以创造新的形式。

这样的评析，需要"综述"，既要点明"个性"，又要突显"对比"，还要暗示"挑剔"与"改造"。没有反复的咀嚼鉴赏，没有专心的提取提炼，是很难写成的。

周：请您简要概述一下《中学语文教例品评100篇》里提出的新思想、新理念吧。

余：这个不难。《中学语文教例品评100篇》的文章标题，就能够体现这点。其中的文章标题，或点示了前沿的教学理念，或点示了新颖的教学创意，或点示了清晰的教学思路，或点示了层次比较高的教学艺术。如：

《充分利用课文，进行语言教学》《板块碰撞》《一线以串珠》《分类式课堂笔记》《教学设计要弦外有音》《课中活动充分》《诵读　品析　积累》《在课型设计上进行技术创新》《思路明晰单纯》《只取一瓢饮》《开发学习潜能》《穿插几次练习》《引进一点参读材料》《教读》《美读》《把"球"抛给学生》《一次多篇》《讲求教学生动的艺术》《设计精妙的朗读练习》《无提问式教学设计》《课堂活动的设计要有厚度》《上出文学作品的文学味》《根据课后练习安排自读课文教学》《联系　归纳　比较　辨析》《多角度利用课文》《变序式教学》《酝酿教学高潮》《探求因果，一线串珠》《高效背诵》《提倡课堂智能练习》《让学生过一把"问"的瘾》《细细地讲个片段》《有的课，不是教出来的》《给课文提点意见》《生动活泼地导读》《提问之美》《培养学生的信息检索能力》《发现》《合理利用课文的价值》《教学设计要有"制高点"》《层层推进　美读美析》《积累语言》《走出课文》《用精美的提问来结构课堂教学》《课堂活动的深层含义》《妙在这一"问"》《以读带讲，感染熏陶》《准确掌握分析的"入射角"》《课堂教学的组合美》《换一个角度分析》《诵读，是文言文教学的基本环节》《整体赏析》《别开生面的活动课》《讲究创意》《在释词见义中品评鉴赏》《全面感受　重点研讨》《在学生的创造中完成对课文的赏析》《传授方法更重要》《〈药〉也可以短教》《比同求异，品评鉴赏》《巧问》《指导学生通过读写结合来分析课文》《从一例探求一理》《自读　改编　品评》《一词以经纬》《巧变角度》《创设审美氛围》……

　　七年里，我专心于对教学艺术的探究，置身于教学实践，这100篇教例评析以丰富的内容展现了我的课堂教学艺术研究的视野。所以，1997年11月26日，在监利县执教第一次公开课时，我毫无生涩之感，好像已经上过许多年的课了。

　　因此，所谓一流的课堂教学艺术，其实是源于博采众家，源于各种优美教学方法的濡染。有了这样的前提，自己的教学实践才能"更上一层楼"。

周：您写《中学语文教例品评 100 篇》的过程中，最有意义的发现是什么？

余：最有意义的是，我提炼并发现了"板块式"教学思路与"主问题"教学手法，为我后续的教学研究创设了一个重大的实践课题。

"板块式"教学思路的发现与创立

周：正如刚才您说的，案例的研究让您脚踏实地一步一步地得到了发展；同时这种研究也让您有了新的发现，从而给大面积的语文教学带来了积极的影响。"板块式"教学思路是怎样被您提炼出来的？

余：应该说，这是偶然的发现，也是必然的发现。

课文《真理诞生于一百个问号之后》的故事说明，纷繁复杂的事物现象之中，往往隐藏着某种规律，当人们偶有关注之后，再继续进行反复的探究与印证，也许就能发现这种规律，这就是偶然之中的必然。

可以说，没有大量的案例研究，就没有"板块式"教学思路的发现。

周：请详细地说说您研究发现的过程吧。

余：1986 年，我读到了一个极有教学研究价值的教学实录——《〈白毛女〉选场》，从此开始了对教学设计艺术的精心研究。

这是上海市特级教师徐振维的一个案例，刊载在湖北大学《中学语文》杂志 1986 年第 11 期。

徐振维老师是当时上海市教育局教研室的语文教研员。她的课堂教学理念与教学艺术在当时可以说是首屈一指的，不少案例到现在还有研究的价值。

我揣摩徐老师《〈白毛女〉选场》教学实录有数年之久，1993 年，在我开始为《中学语文》杂志撰写《中学语文教例品评 100 篇》系列稿件的时候，（以"余有"为笔名）评点的第一篇就是这个案例，评点文章的主标题是《只提了四个主问题》，评点的内容如下。

此教例出自大家手笔，颇有大家风度。

从课堂教学的总体设计看，此为"抓纲拉网式"教学。这堂课的"纲"，就是分析语言、动作与人物的身份、性格之关系；这堂课的"网"，就是教者设计四个主问题所涉及的有关知识内容，教者抓纲挈领，纲举目张，利用四个问题切切实实地把课文从整体上各有重点地挖掘了四遍，不仅文体教学的特征分明，而且教学容量之大，令人惊叹。

从教者所设计的四个主问题看，这节课呈现一种"板块式"的课堂教学结构。每一个问题，都引发一次研究，一次讨论，一次点拨。四个主问题形成四个教学的"板块"，结构清晰且逻辑层次分明；每个教学板块集中一个方面的教学内容，既丰富、全面，又显得比较深刻。

再从四个主问题本身看，问题的设计极富特征。这四个问题，可称为"串问"或"顶针问"，四个问题一个接一个，涉及的内容一个比一个精细、深刻，似乎一气呵成，组成了完满的教学结构。它们在教学中的作用主要为：第一，既是提问，也是在告诉学生如何去分析剧本中的人物性格、身份，"问"中有丰富的知识暗示；第二，既是提问，也鲜明地表现了教学思路和教学层次；第三，既是提问，也是对学生智力、能力进行开发的手段。课堂上学生紧张的阅读、探寻、答问、讨论，教师的引导、点拨，形成多方向、多层次的交流，教学气氛活跃，能够最大限度地激发学生探求的热情。

于是，1993年的3月，我第一次利用案例分析中的发现提出了两个重要的教学概念："板块式""主问题"。

周：由单篇的发现到最终确立"板块式""主问题"教学模式，也经历了一个漫长的过程吧？

余：是啊。提出"板块式""主问题"两个概念后，我就开始了对"板块式"教学思路与"主问题"教学手法的研究与实践。随着这种实践的深入，我又加入了对"诗意手法"的研究，于是，"板块式""主问题""诗意手法"这10个字就是我20余年来在教学设计与教学艺术方面倾心研究的对象。

我对"板块式"教学思路的设计研究，有着鲜明的时间印记。

1998年，经过几年的研究，我的长篇论文《初中语文课堂教学中的"板块式思路"设计例谈》上篇和下篇分别发表于国家级语文专业杂志《语文教学通讯》1998年第9期和第10期。

2000年，《语文教学通讯》第7期发表了我的新的研究成果——《课堂教学设计艺术示例之三板块并列式思路》。

2000年7月29日，在云南昆明举行的第三届"语文报杯"全国中青年语文教师课堂教学大赛报告会上，我做了题为"板块式阅读教学设计的六种思路"的学术讲座。

2001年3月，在湖北省教育学院省教育咨询部初中语文教学研讨会上，我做了题为"谈'板块式'阅读教学思路的设计"的演讲。

2003年，《中学语文教学参考》第6期和第7期分别刊发了我关于"板块式思路"的《教学思路的设计艺术》之一与之二。

2003 年，《语文教学通讯》发表全国中语会原理事长张定远先生介绍我的长篇文章《余映潮——善于创新的中学语文教研员》，文中专门用了一个段落评说我所创造的"板块式"教学思路。

2005 年，《光明日报》连载了我的以"中学语文教学创新设计"为主题的系列文章共 10 篇，第 1 篇就是《教学思路的创新设计》，文中所举 4 例，全部呈现了"板块式"教学思路。

2011 年第 8 期，中国人民大学《复印报刊资料》全文转载了我的论文《"板块式"阅读教学思路例谈》。

2014 年 10 月，我的长篇论文《板块式思路与主问题设计》发表于《语文教学通讯》小学刊。

2005 年，我的专著《余映潮阅读教学艺术 50 讲》出版；2007 年，我的专著《听余映潮老师讲课》出版；2008 年，《余映潮讲语文》出版；近年来，《余映潮的中学语文教学主张》《致语文教师》《余映潮语文教学设计技法 80 讲》《小学语文教学艺术 30 讲》相继出版。这些著作之中均有对"板块式"教学思路的充分论述，特别是《余映潮讲语文》，用了一个章节来阐释"创新的'板块式'教学思路"。

周："板块式""主问题""诗意手法"，对语文阅读课堂教学的影响意义非凡啊！

余：登上讲台后，我开始用自己大量的教学案例来呈现"板块式"教学思路的设计。我的"板块式"教学思路逐渐影响一线的教学，深受广大语文教师，特别是年轻教师的喜爱。

2009 年 10 月，《语文教学通讯》初中刊刊载重要文章《回望：建国六十年语文教育大事》，全文由对 86 件大事的简略记叙构成，其中的第 71 件"大事"是——

1993 年 3 月，湖北荆州市教研室余映潮撰写的系列论文《中学语文教例品评 100 篇》开始在湖北大学《中学语文》杂志上连载。在第一篇文章《只提了四个主问题》中他首次论说了"板块式"和"主问题"的教学设计手法，并同时开始了这两个方面的探索与实践。目前，"板块式教学""主问题设计"已成为广大语文教师耳熟能详的语文教学热词，其影响日益深远。

将"板块式"教学思路与"主问题"设计手法的发现列为新中国成立六十年以来"语文教育大事"之一，我觉得这是语文教学专家们对我的肯定。

周：我听过您不少的课，内容既有几十个字的诗歌，也有八千多字的《边城》（节选），您都能运用"板块式"教学思路进行教学。这其中的奥妙在哪里呢？

余：我的第一节公开课运用的就是"板块式"教学思路。到 2018 年年底，我的课堂阅读教学案例已经有近 300 个，覆盖小学、初中、高中三个学段。

我认为，某个流派、某位名师的教学主张，必须要有大量的课例来支撑，所以我必须做到用大量的课例来印证自己主张的可行性、适用性。

我所有的阅读教学课例，基本上都是"板块式"教学思路的呈现。如——

小说《孔乙己》的教学思路。

人物形象评说：微型写作，评价"孔乙己"。
课中比读训练：比较阅读，第 4 段与第 11 段。

散文《散步》的教学思路。

品析：美在这一句。

体味：美在这一段。

欣赏：美在这一笔。

诗歌《祖国啊，我亲爱的祖国》的教学思路。

美美地听读：反复聆听教师或专家的朗读。

美美地朗读：在教师的指导下习练朗读。

美美地品析：对课文进行美点欣赏。

美美地背读：用"表演朗读"的方式背诵课文。

寓言《赫耳墨斯和雕像者》的教学思路。

概括：提取这篇寓言中五个关键词。

精读：品析文中三问三答的作用。

评说：用几个成语评价赫耳墨斯。

童话《卖火柴的小女孩》的教学思路。

课文朗读训练。

概说人物训练。

品析语言训练。

揣摩写法训练。

神话《夸父逐日》的教学思路。

用情景朗读的方法习得故事。

用成语印证的方法学习字词。

用美点品析的方法赏析写法。

文言文《狼》的教学思路。

一读：梳理，理解课文的脉络。

二读：朗读，体味故事的波澜。

三读：品析，品味语言的精妙。

四读：听记，知晓小说的手法。

古诗词《念奴娇·赤壁怀古》教学思路。

体味音乐美。

欣赏文学美。

说明文《说"屏"》的教学思路。

活动一：选几个词儿读一读。

活动二：选几个句子说一说。

活动三：选一个精段品一品。

…………

周: "板块式"教学思路的鲜明特点是什么呢?

余: 从上面课例我们可以感受到"板块式"教学思路的鲜明特点——

1. 简洁,实用,好用。教学的过程顺序清楚,清晰。

2. 课堂教学明晰地表现出"一块一块地来落实"的教学态势。"板块"其实就是"训练活动"或"实践活动"。

3. 由于每一个板块都着眼于解决教学内容的某一角度、某一侧面的问题,于是每个板块就是一种半独立的"小课"或者"微型课"。

4. "块"与"块"之间相互联系,互为依托,呈现出一种具有美感的教学造型;"板块"的活动各有不同,就使课堂活动形式多样、动静分明。

5. 有着清晰的教学层次,即由浅入深地、由易到难地、由知识到能力地向前推进,显现出明晰的分层推进的特点。

6. "板块"二字的出现,改变了常规的备课思路,有利于提高教师教学创意的水平。

7. 课中"板块"有一些明确地归属于学生的实践活动,这就在让学生成为学习主体方面迈开了扎实的一步。

8. 实际教学之中,"板块"组合的形态、形式非常丰富,讲求读写听说活动形式的协调与变化,可以充分地表现教师教学设计的技艺、创新意识与审美意识。

在多年的实践之中,我对"教学思路"和"板块式"教学思路进行了这样的提炼——

教学思路,是指教师对课堂教学所安排、设计的教学流程;即一节课怎样开始、怎样步骤清晰地往前走、怎样收束的过程。

教学思路的要素：教学线条简洁，教学步骤明朗。

"板块式"教学思路，是指在一节课或一篇课文的教学中，从不同的角度有序地安排几次教学内容、教学活动呈"块"状分布的教学思路。

"板块式"教学思路非常有力地表现出利用课文教学资源设计学生课堂实践活动的前沿理念，它所表现出来的外部特征是教学结构清晰，所表现出来的内部特征是教学内容优化。对于传统的教学思路而言，"板块式"思路是一种富有活力的创新。

"板块式"教学思路的设计着眼于学生的课堂实践，这就极有利于学生的语言习得和读写技能的习练；这种简单明晰的教学思路适用于每一位语文教师的课堂教学，特别有利于青年语文教师教材研读和教学设计本领的快速入门。

周："板块式"教学思路运用于日常课堂教学有哪些明显的优势呢？

余："板块式"教学思路能够十分有效地改善大面积课堂教学中步骤杂乱、思绪不清的问题。这种教学思路因为简明、可操作性强而成为大面积语文教师阅读教学设计的首选。

"板块式"教学思路的运用能够非常有效地克制课堂教学中的"碎问碎答"现象，从而提升课堂教学效率、增加教学的美感。

"板块式"教学思路要求教师利用课文资源设计对学生的有效训练活动，对于"就课文教课文"的陈旧习惯是很好的制约。

"板块式"教学思路不是教学模式，也不是具体的教学方法，不讲什么"套路"，它是一种策划、安排课堂教学进程与层次的理念与要求，一种处理教材的方式。它要求教师一定要设计学生课堂上的语文实践活动并注意活动形式的协调与变化。在这种理念的指导下，每位语文教师都能创造出活泼灵动、各具形态的以学生实践活动为重点内容的阅读教学方案。

"板块式"教学思路的发现、创立与现在大面积的运用，彻底打破了多年来课堂阅读教学中"一问到底"或"一讲到底"的陈旧方法。

就我自己而言，任何课文的阅读教学都能运用"板块式"思路进行，其秘诀在于我非常重视利用课文资源设计学生的课中实践活动。课中实践活动的设计与安排必须是视点集中而又角度细腻的，唯有"板块式"教学思路能够实现这种训练意图：它的每个教学板块都是一次训练活动。

周：许多一线老师都说您的"板块式"教学思路确实好，但学不来，您怎样看待这个问题？

余：学不来"板块式"教学思路的最重要原因在于教材研读的能力不够，难以从课文中提炼出丰富的教学资源，于是在设计学生的实践活动时就会有捉襟见肘之感。所以最重要的"招"就是从最"实"的地方做起，把课文研读做好了，教学创意便会层出不穷。比如我研读相对简单的课文《赫耳墨斯和雕像者》时，就提炼出了它的15个教学点：（1）概说故事内容；（2）重新拟制课文标题；（3）对课文进行层次划分；（4）梳理、归结故事的情节脉络；（5）概括文章主旨；（6）用成语评价人物形象；（7）对表现课文全息的关键词语进行提取；（8）用朗读表达作品的意味；（9）想象、续写故事情节的进一步发展；（10）体味课文的表现手法；（11）语言赏析，特别是对"笑"字的品析；（12）对文中"三问三答"的表达作用的赏析；（13）赫耳墨斯心理分析；（14）故事中的"潜台词"；（15）对课文的更深寓意的品味。科学地将以上三到四处教学点组合起来，就是一节好课。有了这样丰富的资源，再加以精心的组合，还愁不能产生美好的教学创意吗？

开启"主问题"研究的先河

周： 在对徐振维老师《〈白毛女〉选场》的案例评析中，您提出了"板块式"和"主问题"两个概念，您又是怎样深化对"主问题"的研究呢？

余： 仍然是利用案例和实证的方法来进行研究，我再讲两个故事。

第一个故事是我对名师宁鸿彬先生的案例所进行的专项研究。

我通过研读、提炼宁鸿彬先生的很多案例和文章确立了一个重要命题：妙在这一"问"。早在2001年，我就写过一篇重要的论文《妙在这一"问"——论宁鸿彬老师阅读教学"主问题"的设置艺术》，发表在《中学语文》2001年第3期上。就宁老师的"主问题"设置艺术进行了阐释。文中有如下主要内容：

一、用"主问题"的设计来引动学生对课文的整体理解

在教学《中国石拱桥》时，宁老师运用了一个很有牵引力的问题设计。在课文初读阶段，老师要求同学们在读文中思考——如何在"中国石拱桥"前加上一些修饰语？并要求学生对添加的内容稍作解释。于是，同学们纷纷发言，说出了"成就辉煌的中国石拱桥""世界著名的中国石拱桥""美丽而坚固的中国石拱桥""古朴灿烂的中国石拱桥""造型奇特的中国石拱桥""巧妙绝伦的中国石拱桥""多姿的中国石拱桥""历史悠久、独一无二的中国石拱桥"等。

这样的设问方法，高妙之处有三。第一，有效地让全体学生进入课文、理解课文。学生必须读课文，析课文，概括课文内容，才能拟、添、改。因此，从学生"动"起来的角度看，这样的提问设计有足够的"牵引力"。第二，艺术地引导学生从整体上理解课文，多角度地概说课文的内容，从"思"起来的角度看，这样的提问设计有足够的激发力。第三，巧妙地要求学生在认识课文的基础上进行艺术化的精练的语言表达，用优化的语言组合来表现一个副标题或对课文标题加修饰成分，从"写"起来的角度看，这样的提问设计有足够的训练强度。课文有了这样生动厚实的教学铺垫，就有了切入、深化、继续精细阅读的前提。

二、用"主问题"的设计来引发学生的课堂讨论

在这方面受人称道的就是《谁是最可爱的人》的教例。

宁老师设问：魏巍同志告诉我们，《谁是最可爱的人》中的三个事例，是从大量的生动事例中精选出来的，是最有代表性的。那么，魏巍同志为什么选择这三个事例呢？这三个事例有哪些方面的代表性呢？请同学们从不同的角度、不同的侧面去思考。

这是一个开放的教学设计，设计的妙点就在那个"主问题"——这三个事例有哪些方面的代表性呢？

这个充满智慧的提问设计有着非常好的教学效果。它妙在扣住了课文最突出的构思特点，带动了对课文进行的整体阅读的教学和写作技法理解的教学。它妙在既突出了课文教学的重点，又充分展现了对理解能力进行训练的力度。它妙在严密地串起了一系列的课堂教学活动，教给了学生品味同类结构作品的方法。它妙在充分体现了教师的主导作用、学生的主体作用及课堂的训练作用，教师把学生深深地引入对课文的品析与讨论之中，形成了让学生进行深层次语文品析活动的时空板块，突现出课堂教学的高潮。在此时此境的教学中，"一问一答"的机械律动不

复存在，教师所起的作用就是点拨、导引、评价、对话、调控，课堂上表现出来的就是民主、和谐、热烈、深刻。

三、用"主问题"的设计来落实学生的高效学习

宁老师设计"主问题"的技艺纯熟高超，"主问题"的设计朴实雅致。在通常的情况下他往往是从正面进行提问，而这种技艺发挥至极时，从侧面入手的提问则更有魅力。但不论是从正面进行，还是从侧面入手，"主问题"的设置安排都极好地简化了教学过程，促进了学生的高效学习。

如《人民解放军百万大军横渡长江》的第一板块的教学内容是这样的——

1. 读课文。

2. 请同学们用三种方式把课文的内容表达出来：①用一句话说出这则新闻的内容。②用一段话说出这则新闻的内容。③用几段话说出这则新闻的内容。

3. 学生们发表自己的意见，教师组织讨论。

讨论之后，宁老师顺势讲析：新闻要有标题、要有导语、要有主体。用一个语句单独介绍新闻的内容叫标题，用一段话在开头介绍新闻的内容叫导语，用几段话具体地介绍新闻的内容叫主体。另外，课文开头括号部分叫电头。新闻的结构，包括标题、电头、导语、主体。

这一部分的教学简洁生动、朴实无华而又令人回味，表现出巧妙的教学设计艺术。宁老师如此高明地让课堂活动有着含蓄而又明确的目的性——让学生的"说"水到渠成地引出关于新闻结构的知识。这样的教学艺术设计真有点儿像高明的棋手：第一步棋的落子，正是为了酝酿第二步棋有力搏杀的良机。

实际上这就是教学设计中的立意问题。这种提问设计用极为俭省的笔墨画出了新闻的"相貌"，让它快速地烙印于学生的心目中，课堂上完

全没有了老师的条分缕析。从教师的主导作用看，正是因为教者"生平多阅历，胸中有丘壑"，才有了这样立意高远的好课。

四、用"主问题"的设计来激发学生的创造性思维

宁老师有不少培养学生的创造性思维的成功教学实例。

这种设计更多地表现在单篇课文的整体阅读教学中，其中《有的人》的教学是一个经典的著名教例。以下是主体内容。

（宁老师：）请同学们注意，读课文之后大家要做一件事——把诗中的8个"有的人"改一下，都改成具体的哪一类人。

发表见解时采用朗读课文的形式，直接把自己改动后的结果读出来。

这个教例是课文教读设计的一朵奇葩。它妙就妙在"把诗中的8个'有的人'改一下"这个教学"主问题"的设置并由此而形成"替代式朗读课文"这一奇特的教学过程。对它，我们若用诸如"平中见奇""常中出新"等词语来进行评价，或用诸如"大家手笔""不同凡响"来进行赞美，都显得有些俗套，因为此教例中令人深思的含义不是这些语言所能点示的。"改一下"三个字精辟、巧妙、实在，具有巨大的艺术导读力；用宁老师的话来说，就是能够对学生进行"多向思维训练""变向思维训练"。

这个案例从教学设计思想方面启迪我们，作为教学的设计者，要非常善于将教材作为学生历练的凭借，在开发学生阅读理解能力的同时对学生的思维品质进行有效的训练，以培养出思想丰富、思维灵活、见解深刻、技高一筹的学生。

宁老师"妙在这一问"的"主问题"设计艺术，给我们如下方面的启迪：

"妙在这一问"——应成为美妙的教学现象！

从"主问题"的设计能破除阅读教学中多问杂答与碎问碎答现象，能精炼教学内容与教学过程，能突出学生主体学习地位这种优势出发，

我们应理解，提问的少、精、实、活，是高效阅读教学的一种保证，是激活课堂、创新教学的一种有效方式。由此我们还应想到如何更好地创新课型、创新教法，我们能不能从"妙在这一问"出发，联想到运用"妙在这一说""妙在这一想""妙在这一听""妙在这一演""妙在这一赛""妙在这一辩"等方式呢？我们还能不能进一步地从"妙在这一问"进行反向思考——能不能做到"妙在不提问"呢？

上述我的这些观点，在 21 世纪初来说，应该是非常前沿的了。

周：您善于从个例或现象中发现规律，揭示本质，教学研究因理性思考而有了质的变化。请您再讲讲另一个故事吧。

余：第二个故事是对于鲁迅先生的小说《祝福》的提问设计的观察与研究。

我因为偶然读了一篇教学论文而开始了对阅读教学中精粹提问设计的关注。

1990 年第 3 期的《中学文科参考资料》杂志上，有一篇李士侠老师写的《没有春天的祥林嫂》。文中说："为了突出祥林嫂在封建强权压榨之下，从来没有获得过春天的特色，作者刻意把丧夫、再嫁、失子、归天几个最关键的情节，都安排在春天发生，从而巧妙地揭示出祥林嫂是一个没有春天的苦命女人。"

"没有春天的女人"，这是一个能够引导学生深入赏析《祝福》的极好的话题。

后来我根据这篇有独到见解的论文，编写了如下教学简案。

《祝福》教学主问题：作者笔下的祥林嫂，是一个没有春天的女人。请同学们研读课文，证明这种看法。

"祥林嫂——没有春天的女人"，这是一条多么生动、多么富有吸引力的阅读线索，同学们怀着极大的兴趣认真地反复咀嚼课文，理解词句，梳理脉络，终于在老师的指导下，找到了祥林嫂悲惨命运的发展过程：

1. 丽春之日，丈夫夭折——她是春天没有丈夫的；

2. 孟春之日，被迫再嫁——她是在新年才过时被婆婆抓走的；

3. 暮春之日，痛失爱子——"春天快完了，村上倒反来了狼"；

4. 迎春之日，一命归天——祥林嫂的生命消逝在祝福的鞭炮声中。

大家理解到，冷酷的社会没有给祥林嫂以温暖的春天；作者突出祥林嫂没有春天的悲剧，在其中蕴含了一定的象征意义，从而更加深刻地剖析了封建社会的反动本质。于是，"没有春天的女人"这条"线"，"串"起了人物、情节、内容、形式、语言等"珠"，也串起了整个阅读教学的过程。

我还因为研读了一篇教学论文，从而真正地利用"主问题"执教了《祝福》的小说赏析课。

我在 2008 年第 5 期《语文教学之友》上读到了晏乾坤老师的一篇题为《〈祝福〉之妙，妙在复笔》的文章，"复笔"二字，立刻将我引入对《祝福》的深入欣赏之中。

2013 年 3 月，我在东莞市万江中学首上《祝福》的阅读欣赏课，这个课的主要教学内容如下。

话题：反复手法，是《祝福》铺叙故事、表现人物的重要表现手法。

活动：品读、品析《祝福》中的一处反复，写一点文字，分析其表达作用、表达效果。

示例：《祝福》中重大的事件是祥林嫂两次婚姻，两次死丈夫，两次来到鲁四老爷家当女工。

同学们静读、思考、提取同类的细节描写进行品析，发言。

学生发言完毕之后，教师小结。

对《祝福》"反复手法"这个话题的赏析品析，牵一发而动全身，像一条强有力的线索，带动了对整篇小说的阅读与欣赏，这就是"主问题"的魅力。

关于《祝福》的教学，还有一些提问也有着"主问题"的魅力，能够"牵一发而动全身"，如：

小说中对祥林嫂的眼睛描写有哪些作用？

赏析《祝福》中祥林嫂的"脸色"描写的艺术。

阐释"狼吃阿毛"在《祝福》故事中的作用。

小说的作者为什么要设计将祥林嫂卖到贺家墺的情节？

发现、赏析《祝福》的线索。

品析《祝福》细节描写的表现力。

……………

上述每一个设问、提问或话题，都有将学生引向深入品析课文的可能，都能够形成一条教学线索，贯穿学生的赏析过程。

周："主问题"运用于课堂教学，有哪些特别的优势呢？

余：通过上面的案例研究，再加上自己大量的课堂教学实践，我对"主问题"教学手法在课堂阅读教学中的性质、意义和作用进行了这样的描述：

阅读教学中的"主问题"，指的是对课文阅读能起"牵一发而动全身"作用的重要的问题、话题、任务、论题，以及活动建议与要求。

"主问题"的研究，实际上是课堂提问研究。其着眼点与着力点是在阅读教学中，用尽可能少的关键性的提问引发学生对课文内容更集中、更深入的阅读思考和讨论探究。每一个"主问题"都能覆盖众多的细碎问题，它成功地不再让学生立即简单地说"是"或"否"，对训练学生的阅读分析能力有着重要的作用。

"主问题"的教学设计艺术，实质上是一种"精炼"的教学艺术，一种"严整"的教学艺术。它要求对课文进行整体处理并从中提炼出优美的教学线条，从而能有效地简化教学头绪，表现出一种高屋建瓴的设计风格，有着鲜明的整体阅读教学的特色，使教学内容于单纯之中表现出丰满，于明晰之中透露出细腻，十分有效地突现了课文内含的最佳信息。

周："主问题"运用于教学实践有哪些明显的特点呢？

余：从学生课堂实践活动的角度看，"主问题"在教学中表现出这样一些明显特点：

1. 在课文理解方面具有吸引所有学生进行深入品读的牵引力；

2. 在教学过程方面具有形成一个持续较长时间的教学板块的支撑力；

3. 在课堂活动方面具有让师生共同参与、广泛交流的凝聚力；

4. 在教学节奏方面具有让学生安静下来思考问题、形成动静有致课堂教学氛围的调节力。

从教师教学设计的角度而言，可以这样概括"主问题"的特点、功能与作用：

1. "主问题"是经过概括、提炼的，"主问题"教学现象对教师把握教材的水平和课堂对话的能力提出了很高的要求，"主问题"的广泛运用将从大面积上提高语文教师深入细致地钻研教材、研读课文的水平，从而将语文教师对教材利用的意识与理念提高到"充分利用教材与课文的教学资源"的层面。

2."主问题"有利于课堂上大量的语文实践活动的开展，有利于简化教学头绪，明晰教学结构，强调内容综合。"主问题"的提出，是"预设"；由"主问题"而形成的课堂活动，是"生成"。

3. 提炼、设计阅读教学"主问题"的基本要领是：一篇课文的阅读，可以由一个，或两个，或三个，或四个"主问题"进行引领，每个"主问题"支撑着一个教学板块的阅读品析活动；教师所设计的"主问题"，一方面能带动对文章内容的阅读品析，另一方面又能牵动课堂阅读活动生动有序地进行。

4."主问题"设计与"板块式"思路是天然地彼此依存、相得益彰的。"板块式"教学思路的灵魂就是"主问题"，几个"主问题"的有机组合，就能形成一个课的"板块式"教学思路，标示着对学生的训练角度。或者说，由几个"主问题"组织起来的课堂阅读活动呈"板块式"结构，每一个"主问题"在教学过程中都能产生有相当时间长度的课堂学习与交流活动；几个"主问题"层层深入，形成几个教学板块，从不同的角度深化着课文内容的学习。

5. 由于"主问题"往往呈"话题"的形式，所以课堂教学中师生的品读活动一般不是表现于细碎的"答问"而是表现于师生之间的"对话"；由于"主问题"往往呈"任务"的形式，所以课堂阅读学习的过程中将自然地形成学生人人参与的"集体训练"。这将从大面积上改变语文教师的课堂提问习惯，关注学生们在课堂活动中的同步提升。换一个角度说，"主问题"教学设计的探索，能够综合地、立体地、多侧面地提高语文教师的教学理念与教学素养。

6."主问题"的"变式"，就是"微型话题"，即拟出若干个话题由学生自由选择，扣住话题完成照应的品析任务。微型话题不是零碎的问题，每个微型话题同样有着牵引的力量，同样能够形成抓手与线索。几个微型话题从不同的角度深入，也就从不同的角度深化着课文内容的学习。

需要引起我们深刻思考的是，对"主问题"设计的研究，最终的发展方向应该是研究"不提问"，给任务以学生，还时间以学生，让学生有真正的课堂实践活动，这样也许能够表现阅读教学设计理念及手法的飞跃进步。

周：就您的教学探究而言，"主问题"运用在日常教学中将会表现出怎样的意义呢？

余：我从执教的第一节课开始，在组织学生的活动上，运用的就是"主问题"手法。在大量的实践之后，我的课堂阅读教学已经形成"无提问式"的阅读教学个性。2018 年 4 月 14 日，我应邀到南京讲小学语文的阅读课，执教的篇目是五年级的小说《桥》。课始，我在屏幕上投影出来的就是：

微型小说赏析课

无提问式活动课

这两个教学指令，是小学语文课堂阅读教学中不可能出现的指令。
再看我就《桥》组织的主要的教学活动。

话题之一：本文的标题"桥"很有味道。
话题之二：细读课文，品析文句——这一笔，很有表现力。

学生们完成这两个学习任务，既对课文进行了整体赏析，明晰了课文主旨，又对课文进行了语言、手法、人物形象描写的细节品析。

这样的教学效果是碎问碎答式的阅读教学永远无法达到的。

再看我对七年级文言小说《狼》的教学构想。

对于这篇课文，可以用如下主问题或活动组织起扎实的品析训练活动：

1. 体味对课文的生动朗读，利用课文训练学生的朗读能力。

2. 概括《狼》的故事情节，说说这是一个什么样的故事。

3. 展开想象，口述《狼》的故事。

4. 以"狡猾"与"机智"为话题，谈谈你对《狼》这个故事的理解。

5. 编写课文语言学习卡片。

6. 对全文的每个句段进行评点。

7. 写短文分析《狼》中之"狼"。

8. 举例分析《狼》的字、词、句的表达作用。

9.《狼》的美点赏析。

10. 从小说的角度赏析《狼》的写作手法。

上述 10 个主问题或活动，都使学生对课文进行深度阅读，让学生有长时间的思考、品味、赏析活动。

我用如下几个"主问题"形成一个全新的教学创意：

朗读训练，用朗读表现故事中的紧张氛围。

概括训练，评点、概括《狼》中"段"的作用。

精读训练，揣摩品味课文中语言的表现力。

评说训练，写百字短文分析《狼》中之"狼"。

这个教学创意，有朗读，有品析，有动笔。"主问题"引领着学生的课堂实践活动，形成明晰的教学板块，有条不紊地展开着课堂教学的层次与步骤，深度训练了学生读、写、赏析的能力。

上述两个教例，只是我众多教例中的很普通的内容，也许难以体现很大的优势。而当大量一线的语文教师在日常教学中运用"主问题"设计手法，用"主问题"引领课堂活动时，其非凡的意义就能体现出来——学生对任务或话题的集体参与，学生对课堂学习时间的充分占有，学生在大量的实践活动中所受到的读写能力训练，都能表现出课堂教学的有效与高效。同时，教师的碎问碎答式的课堂教学习惯将得到遏制，肤浅的以解析课文为主要目的的操作方式将得到改变，大量的语文教师将真正地为学生的发展着想，设计学生的课堂实践活动，让学生在课堂实践活动中长知识、增能力，提升语文素养。

可能正是由于我对"主问题"教学设计的不懈实践与对语文课堂教学中"主问题"运用的大面积推动，2008 年，陈金明先生邀请我在 11 月 25 日于杭州举行的"中国教育学会中学语文教学专业委员会第九届年会"上做了题为"'主问题'的教学魅力"的专题发言（见《中学语文教学》2009 年第 1 期第 80 页）。在全国中语会的年会上，就"提问设计"这种具体教学手法做专题发言的，除我之外，目前尚无第二例，由此可见"主问题"研究的学术价值与实用价值。

坚持研究"诗意手法"十年

周: 大家侧重对您的"板块式"思路和"主问题"设计的研究,而对您"诗意手法"的研究较少。您能简单介绍一下"诗意手法"吗?

余: 如果说"板块式"教学思路和"主问题"设计手法是站在前人的肩膀上所进行的全新发现的话,那么"诗意手法"就是我独力开垦出来的一片美好田园。虽然我长期致力于对别人案例的研究,但在"诗意手法"的探究上,基本上用了我自己的案例。

周: "全用自己的案例说话"是"极严苛"的要求,您这样做的初衷是什么?

余: 很简单啊,有足够的案例才能支撑起自己的观点啊,否则,就不符合科学研究的规律了。因而,我对自己的语文教学研究工作的特别要求是"创造案例""亲身实践"。

我的讲课,带有比较明确的科研目的。一是为了从"板块式""主问题""诗意手法"的角度获得亲身实践过的案例资料;二是为了从自身教学实践中提炼出"高效课堂教学"的真正规律;三是为了实现我的理想与愿望——让科学的、大众化的教学设计艺术进入千万个普通语文教师的课堂。

正是因为有了我自己的大量的案例创造,所以提炼起来资料就特别丰富。

周：请您具体说说您研究"诗意手法"的经过吧。

余：2003 年夏季，我开始了用书面的形式研究"诗意手法"。

《语文教学通讯》初中刊原主编刘远先生联系我，希望我能在他主编的刊物上开设关于课堂教学艺术方面的专栏。于是我们商定，从 2004 年起，在《语文教学通讯》初中刊开设《名师讲坛》专栏，内容着眼于"艺术的教学处理"，即"别出心裁教课文"，专栏由张水鱼老师负责编辑。

当时我正在给《中学语文教学参考》写作《余映潮阅读教学艺术 50 讲》，写作正进入高潮阶段，教学创意不断涌现，越写越觉得教学手法的创新研究与实践体验已经时不我待，需要抓紧进行。

2003 年 10 月，我写出了关于"诗意手法"研究的第一篇文章，题为《理性思考，诗意策划——例谈阅读教学设计的诗意手法（1）》。

2004 年 1 月，《语文教学通讯》初中刊刊登了这篇文章。从此，"诗意手法"四个字进入语文课堂阅读教学研究。

从 2003 年到 2012 年，前后约 10 年时间，我耗费极大的精力，在《名师讲坛》这个专栏中，一共写了 80 篇关于"阅读教学设计的诗意手法"的文章。

这 80 篇文章中，《理性思考，诗意策划——例谈阅读教学设计的诗意手法（1）》起着提纲挈领的作用。关于"诗意手法"的研究，在这里正式吹响了号角。

这 80 篇文章，全用例说的方式和我自己的教学实例，篇幅相同，标题角度精致，所写内容着力全面覆盖教学细节的设计艺术，所介绍的各种细节性的方法都讲求优美而实用。

这 80 篇文章于 2014 年春由广东人民出版社结集出版，书名为《余映潮语文教学设计技法 80 讲》。它体现了我这十年来重点研究"诗意手法"的历程。

周：现在如果到知网上用"诗意手法"这个关键词进行查询，出现的基本都是您这 80 篇文章。之后您对"诗意手法"的研究有新的进展吗？

余：近年来，我更加专注于教学细节的研究。

2010 年，《中学语文教学》时任主编张蕾女士和编辑部主任王希文女士邀请我在杂志上开设《微型讲座》专栏。这个专栏的作品定位于"教学创意"，从 2011 年起到 2018 年止，我一共写了 80 篇文章，陆续刊载出来的，有 60 余篇。

这 80 篇文章于 2019 年结集出版，书名为《余映潮谈阅读教学设计》，它与《余映潮语文教学设计技法 80 讲》，是我在教学细节探索方面的美妙的"双璧"。

周：教学细节的研究和"诗意手法"有什么关系呢？从上面的介绍看，您对教学细节的研究也近十年了，这个过程经历了哪些阶段？请您大致梳理一下吧。

余：教学细节的研究是"诗意手法"的细化、深化、具体化。我对教学细节的研究探索经过了漫长的里程。一是对教学案例的品析揣摩阶段，即"中学语文教例品评 100 篇"阶段。这是我对教学细节研究的发轫期。此时评析文章，一般是先从大处着眼，从教学标高、课型、思路、结构、线条等角度分析这些课的优点，然后再拎出并品析一课之中突出的美好细节。这种"抓大不放小"的评课原则成了我一贯坚持的评课风格，也为后来自己的教学实践和深入研究奠定了坚实的基础。

二是重要教学细节的探究阶段。这是我进行教学细节研究的发展期。从 1997 年起，我写了若干篇有关教学思路设计的文章，还有大量的专栏文章被结集、整合到《余映潮阅读教学艺术 50 讲》中。这部书关于教学设计艺术的阐释共有 6 章，其中一章是"重要教学细节的设计艺术"，分朗读教学的设计、提问的设计、语言教学的设计、课中活动的设计、教学手段的运用与创新 5 讲。将教学细节与其他各章并列，可见我对教学细节研究的充分关注与深入的提炼。

三是对教学细节进行更加周密而广泛的研究阶段。它历时 10 年，是我的教学细节研究的深入阶段，《余映潮语文教学设计技法 80 讲》就是在这个阶段写的。

四是从"创意与创新"的角度对教学细节设计的研究阶段。它前后历时 8 年，是我对教学细节研究的高潮阶段，表现出我在"教学细节""诗意手法"方面的更加成熟的思考、探究与实践。

我对教学细节的研究逐渐深入，四个阶段延续时间在 25 年以上，而且直到现在还在认真的实践之中，个中滋味，非深入者难以体会。

乐于实践，创意丰富

周： 真是有韧性的研究啊！关于"诗意手法"在教学实践中的运用，请您再具体说一说吧。

余： 在教学实践中，我很喜欢"手法生动、创意丰富"这几个字。手法生动，体现了教师的教学素养、教学智慧；创意丰富，体现了教师的审美追求和教学的责任心，以及不懈的探究与努力。

教学手法，就是教师在教学之中运用的技巧、手段、方法。教学手法内涵非常丰富，如：

学法手法。以课文为学法实践的载休，强调学生的自学，突显学习方法的训练。

朗读手法。指导学生进行富有诗意、富有情味的课文朗读。朗读，让学生在训练中感受声律、体味词句、领会情感、品味意境。

情境手法。创设一定的教学情境，让学生在恰切的虚拟情境中进入角色，开展学习活动。

联读手法。从某篇诗文扩展开，进行一次多篇式教学，或扩读，或比读，或专题研讨，或集中感受某种风格，或重点了解某种文化知识。

穿插手法。在教学中适时地、有机地穿插与课文学习有关的若干资料，以增加教学内容的厚度。

创编手法。从"写"的角度运用课文，读中有写，写中有读，有读有写，读写结合。

赏析手法。用美点寻踪、妙点揣摩、妙要列举的方式，由学生对课文中的艺术形象、表现手法、描写方式、词语句段等进行自主的阅读欣赏活动。

迁移手法。将教学内容迁移到非课文文本的教学中去，给课文教学增添更浓厚的情感色彩或思想色彩。

…………

运用这些教学手法的基本出发点，就是有利于、有益于学生在大量的语文实践中学习运用语文的规律。离开了这一点，就无所谓创新设计。

我现在的体会是，将"教学手法"进行优化、美化、细化，就是所谓"诗意手法"的呈现。

周：上面您重点谈的是"手法"，"诗意"的含义又是什么呢？

余：诗意，主要指课堂教学方案的设计与课堂教学的内容及过程要有美感，要有情趣，要有审美的意味，要有文学的味道，要有活动形式的变化，要有创新的教学细节，要有节奏的调整，要有教师优雅的课堂指导。

诗意，也指课堂教学活动的设计角度细腻精巧，教学视点单纯，活动的"板块"形态秀美，课堂教学的结构匀称，教师的语言生动准确、简洁雅致，教学活动益情益智，让学生爱学乐学。

教学中的诗意不是花哨手法，不是通俗的课堂煽情，其形式丰富多彩，更多地表现于教材运用和课堂活动的设计。诸如巧妙导入、生动收束、选点精读、美点寻踪、长文短教、短文巧教、双篇比读、一文多用、课中集美、变文为诗、课文作文、联读扩展、穿插引进、生动演读、智能练习等，都是可以常用常新的角度精致的教学形式。此中有创新的形式，有优雅的活动，有知识与文学的韵味，有生动和谐的诗意。

在阅读教学设计的艺术中，"诗意手法"的研究与语文教师的专业水平和教学素养紧密相连。研究阅读教学设计的艺术，研究"诗意手法"的运用，有助于教师教学设计艺术的提升。

周：您能结合教学案例具体阐述吗？

余：多年来，我乐于实践，在教学实践中坚持创新，追求教学创意的丰富。

关于教学方案设计角度的创新，2004 年我就在《中学语文教学参考》第 12 期的《教案设计的艺术之三》中提出了 30 多个值得探究的创新点。这些需要探究的内容丰富多彩，有着各自的特色。十几年过去了，它们仍然没有过时；有些已经被成功探索，有些则还需要我们进行更加深入的研究与实践。

下面是我探索课堂教学方案或教学过程设计的具体实践。

如关于课堂教学方案或教学过程设计的具体实践，我的第一要求是"诗意地勾勒教学思路"。即使是着眼于教学设计的宏观策划、教学流程的安排，也要精心斟酌，精致表达，给学生以语言、文学的美感。

如人教版初中语文第一册第三单元单元复习课六个教学活动的策划：

（1）记住一点常识。

（2）识记一批雅词。

（3）品味一组奇字。

（4）摘录一些美句。

（5）重温一个精段。

（6）学习一种妙思。

这一次课思路清晰，组合精致，语言讲究，由"常、雅、奇、美、精、妙"六个字引出单元复习的教学活动是前人没有做过的，创意新颖独到，教学情景生动。

诗意地勾勒教学思路，其实是设置一种美好的教学情境，这种美好的教学情境直接濡染着学生的学习情绪，调动着他们投入的热情。

周："教学思路"的设计从宏观上解决"怎么教"的问题，"诗意地勾勒教学思路"的前提是"诗意地提炼教学内容"，这方面您是如何做的？

余：诗意地提炼教学内容也就是让课堂教学的内容表现出一种雅致的气息，给学生以诗意的感觉。如史铁生的名作《秋天的怀念》的教学与训练，我提炼出了三个方面的内容。

教学资源之一：美读，美说。

先反复朗读课文，然后引导同学们根据课文内容诗意地说说母爱。

教学资源之二：美读，美析。

动情地朗读，并请同学们精读赏析课文中的一个美段——

那天我又独自坐在屋里……她又悄悄地出去了。

任务：精读课文这一段，圈画关键词句，品析细节描写中母亲对儿子的关爱深情。

教学资源之三：美读，美诵。

深情地朗读，并背诵课文最后一段。

这样的提炼，角度别致，材料精细，充分利用课文的美质，既训练学生的能力，又增加学生的积累，同时给课堂教学带来文气、美感。

诗意地提炼教学内容，对教师的课文研读能力提出了很高的要求。没有这种诗意的提炼，没有教师对课文教学资源的发现、提炼与整合，很多美好的教学创意都将无法实现。

周：教学活动是一切课堂教学的生命线，没有活动就没有成功的课堂教学。您的教学活动也讲究"诗意"吗？

余：好的教学活动必须是"诗意"的。

按照课标的要求，语文课上的教学活动应该是：让学生多读多写，日积月累，在大量的语文实践中体会、把握运用语文的规律。

语文阅读教学课堂活动的主要类型可概括为如下 8 个方面：表情诵读活动，分析概括活动，语言学用活动，品读欣赏活动，探究发现活动，话题讨论活动，课文创编活动，思绪放飞活动。这也是我们常用的设计角度。

课中活动的设计艺术，是一种使教学生动的艺术，是一种使学生自然地、自觉地经受历练的艺术。语文课上应有学生活动时间较长的训练充分的朗读活动，学生活动充分的处理手法细腻的品析活动，以及目标比较明确的能力训练活动。所以，精心思考，诗意策划，安排生动活泼的读、听、说、写、思的课堂活动，就成了教学设计中极其重要的大事。

诗意地安排教学活动，意味着让教学活动中的每一个细节都富有诗意。这就需要我们反复酝酿。

如宗璞《紫藤萝瀑布》的教学创意。

第一个教学板块：感受美——朗读美文。

主体活动：情感朗读。

同学们大声朗读课文，初步感受美文。

教师精选课文内容，用"主持人"的形式引领同学们跳读课文，同学们再次感受美文。

同学们自选自己最喜欢的内容，有情感地出声朗读课文。

第二个教学板块：发现美——品读美文。

主体活动：美点欣赏。

请同学们品读课文，举例说明这篇课文中的美。

可从美词、美句、美段、美的手法、美的内容、美的结构等方面各抒己见。

教师评价学生的活动，并整合提炼出全文的精华：

花之美——生命如此辉煌灿烂。

情之美——生的喜悦荡漾心头。

意之美——生命长河永无止境。

第三个教学板块：欣赏美——聚集美句。

主体活动：课中集美。

请同学们从全文中提炼出一篇微型美文并诵读、记背。

这个教学创意中运用了"引读""欣赏""诗意小结"的手法，还特别运用了指导学生"课中集美"的手法，每一次课堂活动都荡漾着诗意，这样的课堂就是充满诗意的课堂。

周：新改革特别提倡增加教学的容量，强调在语言材料间建立起有机的联系。增加教学容量是否也要讲究"诗意手法"？

增加教学容量，也得讲究艺术的手法。比如"一次多篇"，在一个课时中完成对"古诗三首"之类课文的教学；"诗文联读"，在一篇课文的教学之中或引进课外美文，或引进课外美诗；此外，"诗文比读""读写结合"等，也是能够增加教学容量、教学厚度的。

在寻觅课外的美诗美文，形成"诗文联读"的创意的时候，要特别有耐心。

曾记得这样一个"柳暗花明"的故事。

2000 年左右，我开始准备普希金《假如生活欺骗了你》的教学设计。我的创意比较超前，也很精致，那就是用"诗歌联读"的方式，渲染情感氛围，增加教学容量，创造全新教学形式。即用《假如生活欺骗了你》联读其他类似的现代诗歌。我在积累、更新资料的过程中，产生了将其与中国诗人邵燕祥的诗歌《假如生活重新开头》进行联读的意向。但总觉得衔接不够顺畅、细节不够精致。

终于有一天，我在《中学生阅读》（高中版）2002 年第 1 期上发现了曹勇军、刘斌老师选编的小诗《假如你欺骗了生活》（作者宫玺）。于是，我形成了如下精致的教学创意：

假如生活欺骗了你
普希金

序曲

第一乐章　假如生活欺骗了你（诵读）

第二乐章　假如你欺骗了生活（品析）

第三乐章　假如生活重新开头（微写）

尾声

在这里，"序曲"是生动的导入，"尾声"是深情的收束。三个"乐章"的教学，就是三次不同形式的课堂训练活动。第一乐章，朗读背诵训练；第二乐章，美诗品析训练；第三乐章，小诗写作训练。

这个课，诗歌联读，读写结合，思路精美，角度细腻，内容丰厚，活动充分，美感浓郁，是老师们最爱听的好课之一。

周：课堂教学活动，还有哪些方面也可以体现"诗意手法"？

余：课堂教学活动，对话交流也要讲究"诗意"。这需要长期的、有意识的、艰苦的自我训练。

语文教师在课堂上说话时应该语言诗化，情感优化，内容深化，交流平等化。

凡语言啰唆、语流不畅、反复表述、重复学生的答话、只知道用"很好"来评价学生的答问、不根据文章和文体的特点来设计自己的话语表达的都不是好的课堂语言。

教师在课堂上与学生进行诗意的交流，语言必须精致、简洁、生动，不仅富有情致与情味，还应该富含知识，因此需要长久的修炼。

周：课堂上，语文教师的讲，要在关键之处绽出火花，要显山露水；知识的厚度是教师讲析的第一要素。课堂上，语文教师的讲如何体现有"诗意"？

余：教师的课堂讲析首先应该有节制、有分寸，讲多了就没有了诗意；教师上课之前要精心准备讲析内容，要讲在点子上，讲在关键处，要特别注意课堂小结时讲述内容的优美、生动与深刻。

下面是我在教学裴多菲的爱情诗《我愿意是急流》时穿插的一次讲析。

好，下面我把同学们品析的内容回顾一下。

这首诗有三美：意象丰美，意境优美，意蕴淳美。

　　什么是意象丰美呢？意象，简而言之，就是渗透着诗人情意的具体形象。咱们中国人往往用红豆表示相思，用杜鹃表示悔恨，用杨柳表示送别，这就是意象。这首诗的意象丰美就表现在连用了十几个意象，而且都是两两相依。不仅角度丰富，而且层层递进，从对爱人的呵护一直写到欣慰地看着爱人的成功，每两个意象之间是相依相存，不能分开的，有急流、小河就有小鱼，有荒林就有小鸟。

　　接下来说意境优美。意境，就是文学作品中表现出来的蕴含着作者思想感情的艺术境界。我们读《天净沙·秋思》，它的意境是凄婉的；我们读《十一月四日风雨大作》，它的意境是悲壮的。这一首诗的意境是开阔明朗的，是优美清新的，它具有悠远无尽的意味。

　　再看意蕴，意蕴就是文学作品里面渗透出来的理性内涵。比如作品中渗透的情感，比如作品中表现出来的一种风骨、人生的某种精义，或者某种主旨。这首诗表现了一种甘愿牺牲的热烈的爱情，很纯粹。当然，由于人的世界观、文化素养和人的性格不同，人们在爱情上往往表现出不同想法、不同看法，把它们化为文学作品，那么也就表现出不同的意象、不同的意境、不同的意蕴。

　　这种讲析，我称之为"课中微型讲座"。它讲在关键之处，突显了文学手法之美，给学生点示了美好的文学知识，也体现了教师对课文内容的深刻理解。这样的讲析让课文教学更显诗意，也让学生对教师更有敬意。

　　再如，即使是某一项有关学生能力训练的活动，在我们的精心构思下，也可以变得情态各异、充满诗意，如概括能力的训练。

　　概括能力，从阅读与表达的角度看，是人的一生中最重要的一种能力。

课文阅读教学中的概括能力训练，妙法无限，妙趣无限。

"概说课文"就是训练概括能力的有效方法之一。

"概说课文"的角度多种多样。如段意的概括、文意的概括、人物形象的概括、事物特点的概括、写作方法的概括、语言特色的概括等。

"概说课文"的方式多种多样。如关键词概括、一句话概括、联语式概括、写段式概括、对话式概括等。

下面是从不同角度设计的各有意趣的概括训练活动。

《诫子书》：用一个不超过 30 个字的句子概括文意。

《陈太丘与友期》：请同学们反复朗读课文。用朗读停顿表现出课文的两个层次。

《狼》：用 8 个字介绍课文的情节——遇狼，御狼，防狼，杀狼。

《观潮》：用带有"前、中、后"的句子概括文意。

《赫耳墨斯和雕像者》：提取全文的关键词——赫耳墨斯、想、问、白送。

《散步》：给这篇美文再拟一个标题，表示你读出了课文的味道。

《苏州园林》：提取并组合课文中"段"的中心句。

《旅鼠之谜》：归纳北极旅鼠的几大奥秘。

《台阶》：用五个句子从不同的角度评说"父亲"是一个怎样的人。

《蚊子和狮子》：给这个故事再写一个点题句。

《泥人张》：用几个短语或成语评价"泥人张"这个人物形象。

《刷子李》：概说"刷子李"之奇，概说《刷子李》之妙。

《紫藤萝瀑布》：从文中提炼出一篇"写物寄意"的微型美文。

《济南的冬天》：提取文中最能概括济南冬天特点的一个词。

《孔乙己》：概写孔乙己的"手"的 8 种作用。

《大自然的语言》：用整合文中关键短语的方法概括文章的基本内容。

《愚公移山》：提取出这篇课文中能够概括移山故事的一个双音节词。

《端午的鸭蛋》：用三个短语概括汪曾祺作品的语言特色。

《小狗包弟》：各用一个句子概说课文第一段和倒数第二段的表达作用。

《沁园春·长沙》：用对偶句概括上下阕的大意。

《边城》：根据课文内容简说"端午节"的作用。

《中国石拱桥》：诗意介绍——我眼中的《中国石拱桥》。

《我的叔叔于勒》：将课文划分为两个部分并阐释划分的理由。

《驿路梨花》：根据课文内容完成对句——驿路梨花处处开，_____

_____。

《小石潭记》：任选课文标题中的一个字，围绕这个字概写课文大意。

《金色花》：用四个形容词精美评析《金色花》中孩子对妈妈的爱。

…………

上述内容，都表现出"创意丰富"的美妙。

周：丰富的创意活动，引领每一个学生兴趣盎然地投入学习中。难怪老师们都特别喜欢听您的课、读您的书呢！

余：关于"板块式""主问题""诗意手法"的研究与实践，由于我多年来坚持运用大量的课例来支撑，所以对中小学的语文课堂阅读教学有了一定的影响。特别是"板块式"教学思路的运用，在日常课堂教学中已经很普遍了。

下面这则材料，综合地肯定了我的教学研究与贡献。

余映潮——让艺术的教学设计走进千万个普通语文教师的课堂

余映潮是著名特级教师，湖北荆州市教科院中学语文教研员，是"活动充分、积累丰富"教学流派的代表人物，在中学语文教学中首创"板块式"教学思路。他提出了"课型创新"的新理念并以朗读教学为主要内容进行了教读课、品读课、说读课、联读课等新课型的探究。他创造了"板块式"教学思路，使教学结构更加清晰，使教学程式更加有序，使教学内容更加优化，使教学过程更加生动。对于传统的教学结构而言，板块式教学设计是一种很有特色的创新，是很有力的挑战。他进行了课堂教学过程中的"主问题"设计研究，大大提高了课堂教学效率。他多角度地丰富了学生的课中活动，在他的课堂上，不同方式的语文实践活动都能有机地得到安排，真正突出了学生的主体性，突出了学生学习的自主性。

他的教学技艺高超。总结出了"思路明晰单纯，提问精粹实在，品读细腻深入，学生活动充分，课堂积累丰富"教学设计 30 字诀。讲课、讲座、评课三位一体的学术水平让他走遍了全国，他精彩的课堂教学受到各地中学语文教师的欢迎。

全国中语会原理事长张定远先生称赞"他在三个方面可以堪称一流，即一流的教研工作，一流的论文写作，一流的教学艺术"，并称之为中学语文"中青年教师课堂教学艺术研究的领军人物"。

（摘自《基础教育课程》2010 年第 10 期"基础教育课程 60 年"专刊

《60年特别纪念——寻找新中国课堂教学的开拓者》）

写作是教学科研的半壁江山

周：这么多年的奋斗，这么多的教学研究与实践，您笔耕不辍。论文写作在您的教学研究中有怎样重要的意义呢？

余：我认为，写作是教学科研的半壁江山。没有写作，没有文字记载，一切教学成果都只是纸上谈兵，甚至连"纸上谈兵"的价值都没有。我还认为，论文写作的基础就是研究，有深刻的研究才有优秀的论文。所以我的文章一般都有实践作为基础。

周：您的论文写作有什么特点呢？

余：我自己的论文写作特点，可以用11个句子来概括。

1. 一直都在写，写作的时间起点比我讲课的时间起点要早得多。

2. 最有个性、影响最大、阵容最大的是专栏文章的写作。

3. 喜欢写"小小"系列的文章，一组一组地写，比如8篇、10篇、12篇等。

4. 写作的基本理念就是面向一线师生，面向实用，面向教学指导。

5. 着力在教学艺术、教学设计、教学细节研究方面写作，写的关于这方面的文章最多。

6. 既写三四百字的短文，也写四五千字的长文。

7. 长期坚持写"例谈"式的文章，所举的大量的例了来自自己的实践。

8. 写作的范围宽泛，每年的写作都有"量"的要求，基本上保持每年发表 50 篇左右各类文章。

9. 极少运用"引用"手法，基本上不引用别人的说法、观点、语录。

10. 非常注意写作质量，多是干货，而且内容不重复。

11. 不怕写作中的劳累，每年的寒假、暑假基本上都在写作，退休了也一样。

周：关于论文写作，您有哪些好的建议呢？

余：就我自己的论文写作体会来谈谈吧。

我的写作理念：将一个点写透，将一篇文章写美，将一个系列写新。

我的构思技巧：深加工，厚加工，精加工，美加工，趣加工，新加工，联加工，逆加工。

我的论文出"新"方法之一：新在独到的创意，新在文章的命题，新在独特的视角，新在表达的方式，新在语言的锤炼，新在视野的开阔。

我的论文出"新"方法之二：关注新背景，关注新栏目，关注新项目，关注新材料。

我不断拓宽论文写作范围、总结写作技巧，突显专题研究，提炼实践经验，讲究构思创意，及时抓住灵感进行思维迁移。

我避免论文写作失误的"条令"：开头不要铺叙，结尾不要客套，题目不要太大，引用不可太多，陈例尽量不用，标题避免交叉，结构力求圆润，旧话少说为佳。

留心：教学之时，生活之中，时时留心，触动思绪，形成话题。

积累：勤于思考，勤于阅读，勤于笔记，勤于研讨，勤于动笔。

关注：关注前沿新动向，关注教学新讨论，关注名人新观点，关注杂志新栏目。

创新：新在独创的内容，新在独特的视角，新在独有的深度，新在独特的表达。

…………

周：写作能力是教师专业水平的重要标志之一，最能体现一个人的综合素质。您写了那么多文章，常用的写作方式有哪些呢？

余：关于我的文章写作，我曾经进行了以下有趣的"分类"：

第一类，我的专项写作；

第二类，我的精细写作；

第三类，我的激情写作；

第四类，我的快乐写作；

第五类，我的辛苦写作；

第六类，我的应急写作；

第七类，我的跨越写作；

第八类，我的随感写作。

如果还有一类的话，可以叫作"我的'追加'写作"。"追加"写作是指有时候我给有关报刊寄过去一两份稿件，如果读者们喜欢，刊物编辑就请我再写几篇，于是我会再起炉灶，继续挥笔。

周：写作是一项艰苦的劳作，您是如何坚持下来的？

余：我的写作，其实就是"积累"，它也成了我的生活方式。

下面这篇短文记载、描述了我的写作生活。

西边那间房

在荆州市教科院这套小三室两厅的破旧房子里，我已经住了 12 个年头。

这是全院中自然环境最差的一套房。

因为它在五楼，最高、最靠西而没有任何遮拦。

冬天狂风肆虐，夏天太阳火辣，它都首当其冲。

而且，由于当年设计的失误，这座楼房并不是坐北朝南，于是夏天更加难受：南风吹不进房间，太阳却可以绕着房子从东晒到西，从早晒到晚。

所以，我从来没有想过要装修它。

年深日久，家中于是常常有东西坏掉，但除了卫生间里的水龙头，其他的我都能修理好。

最让人感到狼狈的一次是，西边那间房的门带上之后再也无法用钥匙打开。

我只好垒起凳子，从门上方的小窗中翻过去，从里面将门打开——原来门锁"自动"锁上了。

西边那间房，就是我的书房。

它有14平方米的面积。

北面的窗下，是我的大书桌，左右各四个大抽屉，桌面上是电源、电脑、打印机、扫描仪、音响等全套办公设备。西边靠墙是一组衣柜，东边靠墙是一组书柜。南面窗下什么也没有——这扇窗户的木制窗框久经风雨，已经腐朽得差不多了，一般情况下不敢打开它；好在它掉了一块玻璃，通风不成问题。房屋中间是我读书用的书桌，大量的卡片就"藏"在里面。房间的地上，则堆放着各种语文报刊。

我的工作与学习的故事，大都与这间房子有关。

大量的文章，是在这个房间里写出来的。仅仅是《阅读教学艺术50讲》的专栏文章，就咬紧牙关写了三年，当28万字中的最后一个字敲出来时，家中没有其他人，我跑到客厅里欢庆"胜利"，举起双臂高呼：终于写完了！

很多的课，是在这个房间里准备出来的。《狼》的8种教案"《说'屏'》的四种教学设计"等，都是不惜精力与时间，或者清早或者晚上，在这里反复斟酌、不断修改，一遍一遍地苦"磨"出来的。

最可爱的是"余映潮书房里的小纸条"。它们层层叠叠、密密麻麻，构成了一面奇特的"墙"。我常常对着墙上与柜上的这些纸片沉思、说话、驰骋想象。我在心中孕育着纸片上各个条目的鲜活生命，用心中的血液和体肤上的汗水勾勒它们的可爱形象，然后喜悦地放飞它们，目送着它们去语文的蓝天里遨游。

写文章从来不熬夜的我，有一次却通宵不眠，那是为了写《老爸写给我的诗》这篇文章。离汉（武汉）四十年了，人生的征程是那样的艰难，时间却又好像过得飞快，我好像是在瞬间就变成了一个老者。但我还有身体健康思维敏捷的老爸给我写诗，我幸福的感觉无以言表。

只要是在家里，绝大部分的时间我会待在我的书房。工作的策划与安排、会议细节的思考、朗读录音、自己教学片段的欣赏、一个又一个思想火花的追记、一次又一次讲稿的写作、成千上万封邮件的发出、无数个习题的编写、多少次外出讲课的策划、无法统计字数的读书笔记、数不清的电脑文件的整理、各种各样演示文稿的制作，都在这里进行，都在这里沉淀，都在这里酿造成事业的美酒。

最让人富有激情、最累人的肯定是写作。我的写作即使在非常喧闹的环境中也能照常进行。在最热的日子里，我会像候鸟一样进行迁徙，来一次电脑搬家，从书房搬到客厅。这是因为我的书房里并没有安装空调，在酷热的夏天，因为长时间的西晒，它就成了可怕的蒸笼，任何有坚强毅力的人都不敢待在里面。

寒冬的深夜，我是最"浪漫"的人。因为靠西朝北，这间房里的温度最低。于是大棉鞋、老头帽、羽绒服、手套一起上，将我武装成一"堆"人，这个人沉浸在自己的世界里，在那里飞扬着神思。一行一行的字从键盘里流泻出来，铺洒到电脑上，在那里组合成美丽的乐章。一年又一

冬天"全副武装"写作的余映潮老师

年过去，指头处打出破洞的几双手套无声地记载了我的辛劳。

有时候，我很想就自己的经历写一篇"钢铁是这样炼成的"这样的文章。看看我的"西边那间房"，我就想，其实这间房就是我的"炼狱"，我就是在这样的"水深火热"之中百炼成钢的。

有时候，我也很想就自己的经历写一篇"事业像春天一样美好"这样的文章。

看看我的"西边那间房"，我就想，其实这间房也是辽阔丰美的大草原，这里的"大自然"给了我乘风破浪的翅膀。

我喜欢我的这间书房。即使是在今天这个日子里，我因为酷热难耐而再一次"迁徙"到有空调的客厅。

我知道，天气一凉，我又会回到它的怀抱。

然后，过不久，我又将在这里迎接冬天的夜晚——还原一"堆"人的可爱形象。

（2007 年 7 月 31 日，写于客厅）

第六章　五十岁过了学讲课

第一节公开课

周: 您的教研工作很出色,在自己熟悉的领域里开拓,应该更轻松些,您却在过了五十岁以后学讲课,这其中的缘由是什么呢?

余: 原因其实很简单,我是一个语文教研员,我的理想就是让课堂教学的艺术走进千万个普通语文教师的课堂。仅仅是"说"不行,仅仅是"写"也不行,必须要"讲"——要能够亲身示范、多多讲课才行。

1997 年,年过半百的我开始想去上课了。

周: 有想法是好的,但真要付诸行动,是很需要勇气的啊!

余: 是啊,虽然我很想上课,但我还不敢在荆州市区上课——教研员上课是让人惊讶、让人议论的事。

于是我想到了监利县,我下放的地方,我当了两年县教研员的地方。

1997 年初,我将这种想法说与监利县的教研员邓禹南老师听了。我说:我很想讲一讲课,你在偏远的乡镇里帮我找一所学校试试吧。

我专门叮嘱他,只通知县里语文中心组的几位教师来听课。

于是,1997 年 11 月 26 日下午,在湖北省监利县周老镇直荀中学的操场上,我开始了我的第一次公开课。

这个地方,就在我当年下放的村子附近。

这次课,我本以为是"保密"的。但等我到达时,很多老师已经知道这件事了——邓禹南老师居然下了通知。他说,大家从来没有听过教研员上课，都想听一听熟悉的余老师——地区来的教研员怎样上课。

周：您还记得您第一次上课的情形吗？

余：记得，记得，永远不会忘记啊。那天，天气很冷。上课之前，天公作美，霏霏细雨骤停，没有风也没有雨。从四面八方赶来听课的语文老师有 200 多人。那里没有大的教室（当时的乡村学校都是平房或者瓦房），一时难以找到可以供这么多人听课的地方。学校方面非常为难，商量去镇上租一个地方。

我说，就在学校操场上课吧，一个篮球场就能解决问题。

50 岁过了学讲课

大家立马行动，从教室里搬出桌椅，在学校湿漉漉的篮球场上摆开阵势，黑板放在体育老师喊操用的土台上。

学校给我安排了两个班的学生。我站在土台的下面，听课的老师们把两个班的学生围在了中间，气氛热烈。

我带了两个课过来，一个是郭沫若的《天上的街市》，另一个是文言课文《口技》。

这个镇是柳直荀烈士牺牲的地方。柳直荀烈士的墓，离学校大门只有 200 多米。墓前大碑刻有毛主席手书的《蝶恋花·答李淑一》，以及李淑一给毛主席的信。上课时，我将毛主席词《蝶恋花·答李淑一》插入了《天上的街市》的教学设计。

板书的时候，我要登上那高高的喊操的土台，然后再下来继续讲。

在《天上的街市》的教学过程中插入《蝶恋花·答李淑一》，既起到了烘托作用，又起到了比读作用：诗人的诗，领袖的词；二者都有想象，前者想象星空，后者想象月宫；前者表现出浅斟低唱的韵味，后者显现出豪放雄浑的风格；前者表达了对美好理想生活的向往，后者抒发了对为理想而献身的先烈的怀念。把它们放在一起，让同学们在诗词的学习中体味音乐美，品析图画美，感受情感美，同时加深了对生活的理解，特别是对幸福生活不是凭空而来的理解。在这特殊的环境中，这样的教学极富感染力。

我的《口技》的教学，运用了"一词经纬"的设计手法，用"善"字引导学生对口技者的表演进行品析、对课文表达之美进行品析。

周：第一次上课结束，您的感觉是怎样的？

余：那天，我的感觉很好：我终于走上了讲台。

我的感觉好，是因为上完课之后自己就有"不同凡响"的感觉。

那一天，听课的老师们感觉也很好，他们纷纷发问：余老师，您是什么时候练成的功夫呀？

那一天，已经过了 50 岁的我，没有经过任何演练，在人们难以相信的自然条件下成功地讲完了两节课。

从此以后，我就在中学语文课堂教学艺术的田野里辛苦耕耘而不能自拔。

每当回想起我的第一次公开课，我的心中便充满感激。此事于我而言，虽然跨出的是一小步，但意义是非凡的。它永远充满诗意，永远闪耀着青春的色彩，永远给我以鼓励。

如果说我的课堂教学设计常常着意讲究创意，那么，50 岁过了学讲课则是我人生最奇妙的创意。

过了 60 岁，我开始学讲小学语文课；2016 年初，《余映潮教语文（小学卷）》由语文出版社出版；2018 年 3 月，《小学语文教学艺术 30 讲》出版，它由我的专栏文章结集而成。

2017 年，70 岁的我，有了高中学段的三个"余映潮工作室"。同样的，每次活动我都必须连上两个课。

迄今为止，在全国各地教学演示中，我已经上了中小学语文教材中近 300 个篇目的课了。

人生的旅途，创意无限。

几次有纪念意义的课堂教学

周：您的教学生涯中，还有其他有纪念意义的课堂教学吗？

余：有。其中有的是受到专家高度评价，有的是首创之后迄今为止还没有人达到同样高度，有的是活动层次特别高，还有的是在中语界特别有影响。

周：那请您详细地说一说吧。

余：2001 年 3 月，全国中语会教学改革研究中心第四届年会在温州举行。我当时 54 岁，之前从来没有参加过全国性的语文教学活动，而因为刚刚"崛起"于湖北省中语界，省教研室就推选我前往温州上课。在那次活动中，我第一次见到了张定远先生。

我上的课是难度很大的《白杨礼赞》。

从 2000 年冬季起，我就开始备课，一共备了三稿。第三稿完成于 2001 年 3 月 15 日，除了教学设计，还提炼出了 6 类资料。

课文资料之一：语言积累卡片。

课文资料之二：奥妙无穷的句式。

课文资料之三：文中"抒情句"的表达技巧。

课文资料之四：课文美句评点。

课文资料之五：作者抒发情感的手法与角度。

课文资料之六：从《白杨礼赞》看咏物言志散文的特点。

整个课的备课资料达 12000 余字。

在审美教育、文学欣赏、精段品读、"板块式"教学思路方面都很有创意。

教学流程是——

导入，教学铺垫；教师将学习内容引导到三层式结构，咏物抒情、托物寄意的写法。

第一个教学板块：品读白杨生长的环境之美——读与思（重在第二自然段）。

第二个教学板块：品读白杨自身的形神之美——读与悟（重在第五自然段）。

第三个教学板块：品读白杨象征的意蕴之美——读与品（重在第七自然段）。

小结：教师点示本文情感之美的重要手法——文中的主题句反复。

这个课上了 45 分钟，准时结束。

当时张定远先生听了我执教的这一课，非常激动，反复赞叹，动情地评价"这节课积淀了知、能、意的丰厚内涵"，"一扫当前普遍存在的语文分析教学的种种弊端，给人一种全新的感觉"，"师生在相互切磋、讨论、研究的过程中，文章的立意，作者的思想感情，作品美好的语言，全掌握了"，"多年没有听到这样的好课了，应加以介绍和推广"，"要倡导进行文学作品教学的研究，讲出文学作品的艺术美"。

当时，张先生兴致很高，他说关注我已经有一段时间了，还说一定要到荆州去看我。于是，2002 年，就有了张先生的荆州之行。

这节课讲完之后，贵州铜仁地区语文教研员石卉芸整理了教学实录，并进行了评析。她的文章《课堂教学的艺术精品——赏析余映潮老师执教的〈白杨礼赞〉》刊发在《语文教学通讯》初中刊 2001 年第 17 期上。她高度赞扬了我的课。

在这样高层次的活动中上的这节课，引起了语文界人士的广泛关注，以至于教学专家李海林先生评价"余映潮老师是课堂教学名师中的'新生代'"，这个定义也是很有意趣的——年龄很大，出道很晚。

这次活动以后，我外出讲课的机会多了起来。

2001 年 11 月，苏鲁豫皖四省接壤地区教学改革研讨会在安徽砀山县举办，此次研讨会邀请了国内名师钱梦龙、陈钟樑等，我也在邀请之列。会议开启了我更为高远的奋斗之旅。

周：您是不鸣则已，一鸣惊人啊！第一次在全国性的语文教学活动中讲课，就受到了广泛关注，确有纪念意义。您的"首创之后迄今为止还没有人达到同样高度"的课又指的是什么呢？

余：我首创之后迄今为止还没有人达到同样高度的课，就是我的"读报课"。

2006 年 7 月 28 日，第六届"语文报杯"全国中青年语文教师课堂教学大赛在沈阳开赛。《语文报》社领导准备创新这个著名赛事的活动程序——大赛开始前，增加一节"读报课"。这是一个影响深远的活动创意，蔡智敏、刘远、任彦钧先生给了我在全国性的赛事上首讲"读报课"的机会——以我的一节"读报课"拉开整个赛程的序幕。

在"语文报杯"大赛上讲"读报课"

就我个人而言，这是非常高的荣誉。为此，我从一个月的《语文报》中选出一张，进行了长达一周的讲课准备。结果此次讲课十分顺利，不但形式新颖，而且内容丰富，活动充分，深受参会教师的欢迎；还得到了张定远、陈金明、陈钟樑等的肯定。我清楚地记得，讲课当晚，全国中语会和《语文报》的领导到宾馆的房间看望我，感谢我为本次大会"闪亮"开讲，给大会的活动带来了吉祥顺利之意。

此课上过之后，2006 年 8 月 9 日，时任《语文报》主编任彦钧先生专门发来邮件：

我计划在九月末拿出三个版面，对您的这堂课进行深度报道，造出更大声势。第四、第五版安排听课老师和学生的听课感言。头版则想请您撰写专稿，对您的这节读报示范课的理念、思路、方法，以及教学步骤的划分、教学活动的设计等，进行详细的介绍，以供全国各地老师们借鉴，篇幅以1000字左右为宜；与此同时，还想请您针对我下面围绕读报用报所提出的一些具体问题，分别予以阐说，以彰显读报用报的重要性和必要性，廓清迷雾，端正方向，整个对话稿的篇幅（包括我的提问和您的解答）请控制在1500字内。两篇专稿完成后，请您于8月20日之前，连同您的近照，同时发送至我的两个邮箱。

果然，彦钧先生安排《语文报》2006年第38期用三个版面对此课的教学作了深度报道。

后来，我的"读报课"的光碟随着《语文报》的发行赠送给了全国各地的读者。再后来，2009年在西安举行的"语文报杯"大赛、2011年在黄山举行的"语文报杯"大赛、2013年在长沙举行的"语文报杯"大赛，都由我执教"读报课"。我甚至还获得了"卖报哥"的美称。

周：这样的课堪称经典，下面请说说您的"活动层次特别高"的课吧。

余：最难忘的，是参与2007年的"全国中语泰斗长白行"活动，那是我的殊荣。

2007年8月13日，"中语泰斗长白行暨首届全国基础教育语文高峰论坛"在吉林通化召开。这次活动由中国教育学会中学语文教学专业委员会主办。

这是一次非常之会，非常之旅，这是我的讲课生涯上的浓重的一笔。

据报道，那次峰会语文教育专家云集，盛况空前。全国中语会时任理事长陈金明，副理事长苏立康、张定远、张翼健等出席了会议。语文教育专家欧阳黛娜、吴心田、张富、申士昌、陈日亮、史绍典等结合自身几十年从事语文教学与研究的经历，作了有关语文教学规律与中学语文教学改革的学术报告。全国著名语文特级教师钱梦龙、陈钟樑、胡明道、赵谦翔及唐江澎等做了课堂展示并就教学进行交流。

我前往此会上课，是得到了陈金明先生和张定远先生的邀请。

参会的其中五位名师及上课内容分别是：钱梦龙《睡美人》，陈忠樑《百合花开》，胡明道《皇帝的新装》，赵谦翔《记承天寺夜游》，唐江澎的听力训练课《白发的期盼》。我的课是《与朱元思书》。

1997年冬，我才开始以中学语文教研员的身份登上讲台，到2007年，不过10年时间，我居然就能够参与"中语泰斗长白行"讲课，实在是既激动又紧张。准备一节学生活动充分、文学味道浓郁、教学思路简单明晰的课，是我当时全力以赴的重大任务。

备课时，我的读书卡片发挥了作用，可谓"养兵千日，用兵一时"。我根据笔记的目录索引，对当时《语文学习》《中学语文教学》《中学语文》《语文教学与研究》《语文教学通讯》《中学语文教学参考》中的有关文献资料进行了详细的研读，前后共设计了四稿教学方案，最后一稿长达22000余字。

在此会上课的教学思路是——

教学铺垫，导入。

趣味活动：结合本文内容说一个四字短语，要求含有"山""水"二字。如"模山范水"。

吟诵训练：读出层次感，读出陶醉感。

趣味活动：试将本文最后一个句子挪动一个地方，使课文形成新的

"描写—抒情"式结构。

赏析训练：讨论的话题是课文美点寻踪。

课后陈金明先生对我说：你的课设计得太特别了，很好很好。

是的，我也认真地倾听了其他五位名师的讲课，自认为我的课效果同样不错，一是美感浓郁，二是使学生积累丰富，三是没有零碎的提问。

对于这个课，有学界同人这样评说：

余映潮老师教授的《与朱元思书》是一篇写景抒情的优美的骈体文。他引领学生吟诵、欣赏课文美点的教学设计贵在立足文本而又高于文本，他突破了传统文言文教学先朗读后串讲的方法，以读代讲，以读促讲，以读带写。既突出"文"的理解、赏析，又兼顾"言"的积累运用。他不是在教教材，而是在用教材教学生学会如何去欣赏一篇美文。他制订的教学目标，既符合学生认知实际，又高于学生的理解欣赏水平。在教学过程中注意激发学生的学习兴趣，将趣味活动与内容的理解紧密结合，每一个教学环节开始时都穿插一个趣味活动。例如在欣赏课文这一环节开始时，余老师设计了这样一个问题：如果挪动课文最后一句，可以形成一个新的结构，把这句话放到哪里好呢？经过比较，学生一致认为放到"千百成峰"后面更好，这样一改，写树的层次由远及近，使文章的条理性更强了。学生有了成就感，学习的劲头更足了。再比如课文学习进行到最后总结阶段，余老师说："课文中美的地方很多，如结构之美、景物之美、语言之美等。那么你认为课文究竟美在哪里，每个同学都要拿起笔写自己的发言提纲。"当学生的交流陷于瓶颈时，余老师又发挥教师高于学生的引领作用，和学生一起梳理总结本文的艺术特色，推动课堂交流向更高层次发展，既启发了学生的思路，开阔了学生的视野，又使学生的审美意识和能力得到了锻炼和提升。从余老师的课中，我们感受到一种久违了的浓浓的语文味，一种细腻，一种雅致，一种平实。

（节选自《语文教学研究》2007 年第 10 期胡燕《在反思中与新课改同行》）

《与朱元思书》这节课，自从在"全国中语泰斗长白行"上过以后，我就"珍藏"起来，再也没有上过，现在连教学实录也没有。

周：好可惜啊，不过，不上重复的课也是您的特点，您总是在不断的自我挑战中前行。请您再说说在中语界特别有影响的课吧！

余：2012 年 8 月 18—20 日，第六届"'人教杯'语文教师与作家同行——文学作品解读与教学观摩研讨会"在江西九江市的星子县召开。

此次会议由人民教育出版社主办。会议邀请了包括舒婷、曹文轩、梁衡、赵丽宏、王充闾、刘慈欣、杜卫东等在内的十多位全国知名作家。他们的作品都曾入选人教版中学语文教科书或配套读物，有些已经成为语文教材中的经典。来自全国各地的近 500 名一线语文教师和语文教研员参加了会议。

早在 2012 年 6 月份，人教社王本华女士就打电话来，请我讲著名作家曹文轩的《孤独之旅》。

这是一篇节选课文，篇幅很长，约 4000 字。

在一个陌生的小县城，面对来自全国各地的语文界同人，代表人教社，甚至代表中学语文界，讲一位特别有名的作家的作品，而且作家本人就近在咫尺地听课，听完后他还要评课；讲课时要面对许多到会作家，特别是还有梁衡先生、舒婷女士、赵丽宏先生，以及华东师范大学教授、博士生导师巢宗祺先生；我将是第一个登台讲课——这个压力，不知道有多大了。

我开始研读课文，收集资料，开始了我的极为精细的备课历程。

我编写了课文的"细读指南"：文学的美感，内容的美感，章法的美感，手法的美感。

从小说技法的审美来看，有如下方面需要欣赏——

第一类：背景设置（环境描写），场景安排（环境描写），视角运用，情节设置。

第二类：悬念，伏笔，照应，线索，穿插。

第三类：反差，波澜，渲染，衬托或映衬，节奏，详略，慢速与快速。

第四类：象征。鸭的描写象征着主人公在不同时间段的经历与心情的变化。

第五类：诗意小段，画面描绘。

我阅读了曹文轩的大量作品——《草房子》《小说门》《青铜葵花》《根鸟》《红瓦》《天瓢》，同时阅读了关于欣赏曹文轩作品的大量学术文献，写下了我的"备课日记"，设计了关于这个课的几套方案。

我从8月7日起，就真正进入了备课阶段。

可以说，我的教学设计，已经非常稳妥，无论是给哪个年级的学生上课，都可以说是万无一失了。

8月18日，我很成功地在这样一个特别的场合，讲好了《孤独之旅》一课。

对那一天的活动，我记得很清楚。

2012年8月18日，人民教育出版社"第六届'人教杯'语文教师与作家同行——文学作品解读与教学观摩研讨会"在九江市星子县龙湾温泉宾馆锦绣厅进行。

上午8点半，开幕式。

到会的作家有梁衡、曹文轩、舒婷、赵丽宏、巢宗祺，以及人教社的罗社长、王本华等。

不少省市的教研员到会。

参加会议的约有 400 人，大大突破了会议预想的人数。

开幕式后，一众教师涌向会场前面，摄影，签字，场面热烈。

上午的活动是两个讲座：巢宗祺"新课标的修订与解读"，曹文轩"文学意义的阐释"。

讲座一直进行到中午 12 点 20 分。

承担大会讲课任务的有四位：王君、程翔、吴品云和我。

1 点 35 分，星子县的 30 位学生到场。

两点零五分，我的《孤独之旅》开讲。

曹文轩坐在第一排听课，坐在他旁边的是人教社的王本华。

尽管学生是临时抽来的，但我的课推进得很顺利。

第一个教学活动就将学生深深地引入了课文：根据课文内容说说《孤独之旅》中"旅"字的含义。

第二个教学活动继续深入：说说《孤独之旅》写了一个什么样的故事。

第三个教学活动进入深化与美化：课文写景状物精彩片段赏析。

这个课大约持续了 52 分钟。

然后王君教学梁衡先生的《夏感》，梁衡先生坐在我旁边，专心听课。

王君讲完课之后，我说课，介绍我的备课过程。然后曹文轩走上讲台，评点我的《孤独之旅》的教学。

他评课时比较激动，激情地讲了大约 20 分钟。从评课讲到了教学，讲到了文学，我的录音笔开着，录下了他的讲话（节选）：

我刚才跟余老师握了一下手，因为我特别感激他对《孤独之旅》的解读。在他解读的过程中，我一边听，一边暗暗得意我居然写了这么好的一个东西。早一天看到他讲，我就早一天高看我一眼，可惜有一点迟了。

我特别佩服他掌控场面的能力，因为大家都知道那些学生并不是他的学生，是临时抽来的学生。萍水相逢，之前没有任何的交流，也没有什么照应，他很快就把那些孩子完全"控制"在他手里。他让我想到了指挥和乐队，这个乐队从来没有和他配合过，他凭他多年的教学经验，很快就把这个乐队变成他自己的乐队。从头到尾，我认为演奏得非常好。虽然他手里并没有拿指挥棒，但是我们仍然可以看到黑管、长笛、钢琴应拍开始，让我领略到了中小学语文教师之美。

另外，感谢余老师在讲这篇课文的时候，对这篇课文周边资料的掌握。他知道的东西太多太多了，为什么他能够把后面的课文讲得那么透彻，那么准确？他一定在之前广泛地了解了我的作品，同时了解了我的文学思想。另外，我刚才跟余老师说，你作为一个语文老师在台上表现出来的那种风范，那种不慌不忙、对节奏非常好的把握……所有的这一切都让我非常赞赏。我想，如果孩子们能有这样的一个语文老师，会是他们一生的幸福。

我很少用这样的赞美字词去评价讲公开课的老师。我常常去学校，学校就安排一个节目——让他们的语文老师讲课。我一年要听十堂到二十堂的语文公开课。

我感兴趣的是他的教学方法，是他的细读，我特别喜欢听那种咬文嚼字的语文课。因为，在我看来，每一个字，每一个词，我们语文老师都应该知道。一个字，一个词，绝对不是无缘无故存在这个世界的，每一个字，每一个词，实际上都代表着一种存在状态。你总要去仔细地琢磨那个词，你才能发现那个词后面藏着的意义是无穷无尽的。所以，他一开始就带领学生去解读那个"旅"字，理解这个"旅"字本身在整个作品中的意思，理解这个字后面的东西。大家知道捷克斯洛伐克有个作家米兰·昆德拉，他后来流亡到法国。米兰·昆德拉的写作是非常简单的。其实他每一部小说没有费太多的心思，只是去琢磨一个词，或者是两个词。比如《生命中不能承受之轻》，整部小说其实就写了一个字——轻。《不朽》整部小说就是写了一个词——不朽。我们在听语文课时，一定要对字词进行特别生动的解读，因为每一个字每一个词存在这个世界上，绝对不是无缘无故的。那是人类认识到一个状态之后，才出来的一个字，才能出来的一个词。语文课上那样一种咬文嚼字的讲法，其实我非常欣赏。

…………

会议一直进行到下午 6 点。

这一天，我讲了《孤独之旅》，它是我的第 164 个新课。

一个在压力极大的场面下首讲的新课。

这一天，我 18 个小时没有休息。

这次不寻常的教学活动，因为我的《孤独之旅》的教学与曹文轩对教学的评点而让所有的参会者激动。

这是人教社建社 60 余年来第一次举办的语文教师与作家同行的活动。

周：听说，因为这次讲课，您和曹文轩先生结下了深厚的友谊，后来还有一段佳话。

余：2016 年 4 月，曹文轩获国际安徒生奖。

2016 年 7 月，第六届江苏书展在扬州市举行。曹文轩有一套书在此次书展上展出，还有一次宣传推广活动。

活动中有一个环节是我与曹文轩进行 20 分钟左右的对话。

下午，会场上人来人往，声音嘈杂。

我们在一个约 20 平方米的很矮的台上，开始了对话。

台下是许多小学生，台的两边是非常多的等待曹文轩签名的读者。

与曹文轩老师一起参加活动

我首先祝贺曹文轩获得国际安徒生奖，祝贺他获得世界儿童文学的最高奖项。

我接着讲了 2012 年我在九江市星子县第六届"人教杯"研讨会上带着学生学习曹文轩《孤独之旅》的故事。

随后曹文轩讲他对我的印象，讲我带着学生们上了一节多么好的课。

不论是学生还是其他读者，都听得特别认真。

我接着讲，曹文轩老师非常关注少年儿童的读书问题，他常常说，我们的少儿要读有大美、大善、大智慧的书，要读打好精神底子的书；孩子们读书，不能任由孩子们自己选择，教师、家长或者专家要给予指导。

这正是曹文轩非常关注的、时时都要强调的事。他很有兴致地听着。

我随后讲了怎样阅读曹文轩老师的作品。阅读曹文轩老师的作品有一个重要的切入点，那就是注意欣赏曹文轩老师笔下的风景描写。比如《孤独之旅》中关于暴风雨的描写，这样的描写有什么作用呢？这就需要读者细细地品味了。

这正是曹文轩老师的写作特色，他很有兴致地谈了起来，还说，学会了风景描写后，在作文中安置一两处风景描写，遇到余老师这样的好老师，作文就可以得高分了。

周边的环境依然很嘈杂，但我们的对话吸引了很多的人。

后来，出版社的同志们都非常赞许我们的对话，说我的发言就像主持人，内行、专业，还引出了曹文轩老师的很精彩的话。

义务支教活动

周：作为语文界的名师，您多次参加义务支教活动，将您的课、您的教学理念带到基层。在这样的活动中，您做了哪些具体的事儿呢？

余：2009 年，全国中语会时任理事长苏立康老师通知我参加当年的"西部行"义务支教活动，地点是甘肃，支教对象就是祖国西部省（区）的学生和教师。此行是第五届"中语西部行"活动，我们将去甘肃的天水市、定西市和酒泉市三个地区进行中学语文讲学和教师培训活动。

这次活动耗时 10 天左右，8 月 15 日到达天水市，24 日晚上从酒泉的敦煌市返回。

参加活动的专家阵容强大，除了我，主要成员还有当时全国中语会的理事长、著名教育专家苏立康，全国中语会秘书长、人教社中学语文教材主编顾之川，全国中语会副秘书长、中央教科所研究员张鹏举，全国中语会副秘书长、《中学语文教学》主编张蕾，吉林省教育学院教授、著名特级教师张玉新，清华附中著名特级教师赵谦翔，北京市教育学院教研员、著名特级教师李卫东，以及《新课程报·语文导刊》编辑部主任张黎明。

这里面，除了苏立康老师，我的年龄是最大的了。这让我心生感慨。

周："老将出马，一个顶俩。"这次活动您上的是什么课？

余：我带了《记承天寺夜游》《说"屏"》（新方案）两个课和"说'炼课'"一个讲座前往。三个地方的讲学内容基本相同。

后来又告诉我只能上一节课，于是一路上三次教学《记承天寺夜游》，三次教学各有不同，甚至方案迥异。

我当时正在参加四川师范大学的"国培计划"活动。8 月 16 日晚，我离开四川，乘了一夜的火车，前往天水。车票紧张，我只买到了硬卧票，且不是特快。车上人满为患，我几乎一夜没睡。

早上起来稍迟了一点，洗脸、上卫生间得等候好长的时间。

列车行驶在宝成铁路上，在群山中穿行，在无数的隧道中穿行，这是我第一次在这条线路经过。

17 日上午 8 点 45 分，火车到达宝鸡站。下车后我立即奔向宝鸡火车站售票厅，排队 20 分钟，顺利买到当日 9 点半前往天水的车票。3 个小时后到达天水市，张鹏举先生来接我。

晚上重新写讲稿，因为参加此次活动的既有初中语文老师，也有高中语文老师。给我的讲座时间只有 50 分钟，所以我得写出新的讲稿，做出新的课件。

这是甘肃之行的第一站。参加活动的中学语文教师约有 500 名。

给我的时间是一个半小时：一节课，一个讲座。

由于事先曾告知我要上两节课——《记承天寺夜游》和《说"屏"》，于是这里的学生都做了学习准备。但最后给我的只有一节课的教学时间，于是我就使用了非常特别的教学方案：先用 5 分钟的时间给学生讲《说"屏"》的阅读方法，然后再开始讲《记承天寺夜游》。

这是让我颇为得意的教学处理。

《记承天寺夜游》教学中所请的是天水市逸夫中学七年级的学生，学生语文素养很不错。

我的讲座一共进行了 50 分钟。

之后是苏立康老师的讲座"谈中学语文学科教学知识"，讲座涵盖了丰富的学科教学研究的前沿信息。

接着是顾之川老师关于"新课改"的讲座，整个讲座视野开阔，论说充分。

在天水市的支教工作顺利结束。

周：这是您第一次到西北去吧？是不是给您留下了特别的印象？

余：是的。18 日下午两点半，大家乘汽车离开天水市，前往定西市的临洮县。3 个小时后，车到定西市，没有停留，直接往临洮县开。

山路蜿蜒起伏，路非常不好走。车颠簸得厉害。

这里地貌奇特，远远望去，一座座山峦之上有层层叠叠的梯田，妖娆壮美。

经过 6 个小时的颠簸，才到达临洮县。

8 月 19 日，老师们报到。

临洮是个好地方。四面环山，城边有洮河流过，可谓有山有水。这里还有深厚的文化底蕴，是著名的彩陶文化的发源地。从清代起就有人办学，重视教育，学风不错。物产丰富，不但是最著名的土豆产地，还是"药都"，产 270 多种药材。此外也产花卉，甚至出产连洛阳都不曾有的稀有牡丹品种。

走在路上，竟然看到了古迹"哥舒翰纪功碑"。我于是给老爸发了短信，老爸回复了我一首关于临洮的诗：

北斗七星高，哥舒夜带刀。

至今窥牧马，不敢过临洮。

周：连"老爷子"都惊动了，您这次的支教活动，有几分"出塞"的味道啊。接下来的讲学讲课还顺利吧？

余：还可以。8月20日上午8点，定西市临洮县的讲学活动在临洮中学开始。

甘肃中部的五个市的教师代表参加活动，由于人数众多，活动的方式与天水的不同，初、高中分开。

上午听初中四节课，下午再听一节。五节课的讲课选手分别来自定西、兰州、甘南、临夏、白银五个地方。

"中语西部行"支教活动

接着听了李卫东老师的《背影》一课。

《背影》一文，学生已经学过。李卫东老师上课的这个班，上午已上了一节《背影》，所以李卫东从写作的角度进行教学。教学非常成功。

下午，我用22分钟评点今天五节课的教学。可惜没有带录音笔，没有能够录下这次的评课资料。

评课时我对当地四节课都用开头听歌、结尾听歌的做法进行了反复的指正。

我的评课之后，张鹏举先生进行了精彩的讲座。

晚上我重新备课《记承天寺夜游》。从早上的情况看，学生的状况不怎么好。

老爸给我发来了短信：辛苦了，又要因材施教。

苏立康老师与张蕾主编来找我，说赵谦翔老师因事要回去，不能前往敦煌，缺少一位老师来讲高中的一节课，问我能不能讲。我说行，没有问题。苏老师很高兴。

询问后发现，我备的课学生都已经学过。我决定冒险讲高中语文必修第二册的《故都的秋》。

周：这是很大的考验。您上面还提到"学生的状况不怎么好"，您有信心"打赢"这一"仗"吗？

余：实际情况比预料的还要糟。8月21日上午，我进行了讲课、讲座。

我的讲课内容早已通知到地方了，而且昨天我又交代了有关负责人。可让人百思不得其解的是，当我宣布上课时，学生竟然没有课本。他们带着七年级下册的课本，但是不知道上什么课。

于是我马上变换程序，先讲座，后上课。让他们趁我讲座时给学生复印课文。

讲座进行了一个小时。

三十几个学生无法退场，也津津有味地听了我关于"说'炼课'"的教学讲座。

然后是《记承天寺夜游》新方案的教学。

学生开始上课才拿到课文复印件。对学生而言，这是完全陌生的学习内容。

对我而言，这是极大的教学压力。

事实证明，我前一天晚上的重新备课是完全正确的。

学生被引导、激发得非常好。

课堂教学达到了背读、欣赏课文的艺术境界。

我想，也许是学生们听了我的讲座之后明白了"学生活动充分、课堂积累丰富"的道理吧。

此课得到了苏立康老师的赞扬，她说："这个课无懈可击。"

苏老师讲座之后，临洮的活动结束。

周：您这是"临危不惧"啊！您的课上得好，不怕学生不配合，是因为您"学的活动"设计得扎实。越是这样的场面，您的"板块式"教学、"主问题"教学设计思路就越能显示出优势。请您接着讲您的支教活动吧。

余：21日午饭后，我们一行9人乘车离开临洮，前往兰州。

沿路多是童山秃岭，一片苍莽荒凉的景象。

两个小时之后到达兰州火车站。

晚上7点前往敦煌。这是此次"中语西部行"的最后一站。

火车上同样是人满为患。

8月22日早上6点15分，在火车的隆隆声中醒来，窗外是一望无际的戈壁荒原。广袤的灰色土地上，零星地点缀着一些草。

9点10分，到达敦煌火车站。

在火车上待了将近15个小时。活动将于第二天开始。

趁着闲暇我戴着遮阳帽在市内转，竟然听到有人喊我"余老师"，一问，原来是远离敦煌800多公里的金昌市的老师们，大家说看过我的照片，读过我的书。

我们高兴地合影。

周：莫愁前路无知己，天下谁人不识君。余老师没有到过西北，但余老师的"粉丝"已经遍布全国了。

余：这些老师们很可爱，都是喜欢学习、有追求的老师。

8月23日到了敦煌之后，我被告知，由于时间关系，我准备的《故都的秋》不用上了。

我感到有点遗憾，但又顿觉轻松。

23日上午，活动在敦煌中学举行。

我与张鹏举老师、张黎明老师一起听初中的三节课。讲课选手分别来自金昌、嘉峪关和敦煌，讲的课分别是《登高》《小石潭记》和《敕勒歌》。

这三节课由我进行评点。用了半个小时。

苏老师嘱咐我下午在宾馆休息，对第二天《记承天寺夜游》的教学进行思考，对可能发生的意料不到的情况做充分的准备。

这里的初中用的是北师大版的语文教材，加上还有高中老师要一起听我的课和讲座，所以我的讲稿又得进行大幅度的修改。

不只是下午，整个晚上我都在修改教学方案与讲座文稿。

8月24日上午是我的讲学活动的最后一场，我讲课的内容是北师大版教材中的《记承天寺夜游》。

课上得非常好。这一课的朗读训练堪称经典。

讲座基于北师大版教材与高中教学内容"说'炼课'"进行了调整，非常受欢迎。65分钟的讲座，会场极为安静。

讲完后跟金昌市的老师们合影。

苏立康、顾之川、张鹏举、李卫东老师一起听了我的课和讲座。

苏老师年近七十，领导着这次支教活动，坚持听课、讲座，没有缺席过一场活动，可以说是最累的人。

十点零五分，我的讲座结束，立即返回宾馆。十点半，我与张玉新、张蕾、李卫东一起前往敦煌机场返程。

玉门关和阳关，两个关口都只距敦煌市区几十公里，可惜没有时间去看一看。

还有那神奇的雅丹地貌，也只能停留在想象之中。

那传说中肉眼可见的闪闪冰峰，也没有映入我的眼帘。

但是我在这 10 天的活动之中得到了所有同行的关照。

感激，温暖。

就像人们常说的那样，世界太小了。一路同行的甘肃省教育科学研究院的中学语文教研员刘於诚老师竟是武昌人，说一口流利的武汉话。

离开敦煌之前，他给我发来了短信：

赠余映潮老师

神交若许年，今日睹真颜。

一见倾如故，乡音话楚天。

治学最勤勉，潜心务教研。

俯身诲学子，援笔有佳篇。

笔耕几十载，心血注其间。

君亦我师友，惠我益匪浅。

何当共剪烛，再话渭水边。

…………

周:"他乡遇故人",这样的友情温暖人心。在这之后您还有过其他支教活动吗?

余:全国中语会首次到东北地区的义务支教活动我也参加了。2013年4月,苏立康老师打电话给我,邀请我到黑龙江省齐齐哈尔市的鸡西市进行义务支教。这次参加的人员有郑国民先生、顾之川先生、柳咏梅老师和我。那次活动,我进行了即席评课,讲的课是《假如生活欺骗了你》,讲座是"什么样的课是好课"。

什么样的课都能上

周:您在许多地方讲过课,讲课的数量也很多。有没有遇到过人家想"为难"您,指定您必须讲哪一课的情况呢?

余:这样的情况是正常的啊,一线的老师们什么样的课都得上,我也要做到什么样的课都能上啊。我的《讲课杂记》里有不少这样的故事呢。

2006年5月19日,《语文周报》社约我到江苏常州义务支教。让人没有想到的是,常州市教研室的潘老师"点"了两个课让我上:初中的《散步》和苏教版高中的《一滴眼泪换一滴水》。查常州教育网,发现他们已经就此课组织了10位优秀教师说课。揣摩对方点课的缘由,可能是要进行对比。我手中没有教材,求助于常州,希望给我寄教材与教参。5月4日,一本苏教版高中必修教材寄到了荆州,于是我开始了艰苦的研读与提炼。我使用了自己用得最顺手的"分解提炼"法,对课文进行了数十次的内容分解与聚合,最后决定采用"非常规"的"微型话题"式教学思路教学这一课，组织起了精彩的"内容探究"式话题讨论过程；请同学们自由赏析课文，就如下话题表达见解：

"我"发现的课文中的"对比"；

说说故事情节的重大转折；

关于伽西莫多的"比喻"探微；

伽西莫多的"脸色"描写欣赏；

赏析两次"叫骂"的场面描写；

伽西莫多"眼光"描写赏析；

巧妙插一笔——神甫的出现；

三声"要水喝"欣赏；

"送水喝水"情节分析；

说说小说的"场景"与"道具"。

教学活动在常州一中进行，这个课大约持续了50分钟。

听课的人数众多。除了常州的教师，还有苏州、宜兴等地的教师。我给了学生近10分钟的安静阅读课文的时间，然后是课堂交流与对话。教学过程非常顺利，同学们在发言中侃侃而谈，让我深深感受到常州中学语文教学质量的优秀。

这一节课在常州引起了很大的反响。我终于做到了让我的这次教学极富文学的味道，我终于做到了让这次课与别人教学过的《一滴眼泪换一滴水》在活动设计上截然不同。

我的这个课的教案达万字以上，我对教材的提炼极为精细，上述所有的话题都有我从课文中提炼出来的专项资料的支撑。

过了几天，我在常州一中官网上读到了一篇文章，标题是《余映潮老师在常州》，作者是刘晖，下面是节选：

在《散步》课例中，余老师轻松导入，在淡绿色屏幕背景的衬托下，为学生创设了有浓郁亲情和生命和谐氛围的情境。呈现的"理解文意、朗读课文、品味语言"的教学目标明朗、清晰、具体。随后在实现目标的三个教学流程中，余老师不断提出阅读建议，在屏幕上依次打出的"建议你这样理解课文""建议你这样朗读课文""建议大家这样来品味语言"，给学生以亲切感，目标指向性明确，激发了学生的积极思维，学生朗读精彩迭现。

在《一滴眼泪换一滴水》的课例中，余老师删繁就简，针对文学作品的特点，进行话题讨论，并为学生的学习鉴赏提供了合理的话题资源。话题讨论由浅入深，由"课文概说式"讨论话题到"人物素描形式"，再到"内容探究式"和"体味感悟式"讨论话题，让学生在"美与丑的看台"中体悟人性的光辉。

两节课中，余老师均给学生以方法指导，有点拨、有交流、有评价、有总结，上出了语文课的语文味；精心设计的教学流程看似简单却值得咀嚼玩味，用"看似寻常最奇崛，成如容易却艰辛"来形容或许不为过，在不事雕琢中实现了三维目标的统一。执教者没有刻意表演或彰显个人的功底，但轻松驾驭中又充分发挥了教师的组织、引领作用。余老师上课的语言不疾不徐，使人如沐春风，朴素、从容、淡定的风格折服了常州的语文教师。

两节课结束已近中午11点钟，余映潮老师不顾疲劳，又为常州的老师们做了有关朗读教学的专题报告。余老师结合自己的研究和经常"下水"上课的经验，从细处入手，细中见深，层层深入，揭示了一些一般语文教师发现不了的规律，使人有一种顿悟的感觉。

余映潮老师是湖北省荆州市教研室教研员。作为一名教研员，余老师能以身示范，经常为第一线的老师们上示范课，近年来又把教研的目标确立在课堂教学的创新突破上。他在大江南北留下了许多辛勤讲学的足迹。

…………

从此以后，我就不怕别人点我教学难课文与长课文了。

周："什么样的课都能上"是因为您有扎实的学问背景做支撑。您去过那么多地方，讲过那么多课，真的从来没有害怕过？

余：没有害怕过讲课，但在去有些地方的路上真是让人心惊胆战啊！比如说巴中。

2006 年 12 月 15 日，我到四川巴中市讲学。

这是我第一次到没有任何专家"捷足先登"的地方讲课。"巴中"两个字，让我觉得非常陌生而又无限遥远，我只能想象它是在我不知道的方位，在崇山峻岭之中。

15 日一早，我从荆州出发了。根据事先商定，我乘飞机到成都，主办方到成都接我到巴中。

经过近六个小时的奔波，我到了武汉天河机场。

我要乘坐的是下午 5 点起飞的班机。但从下午 4 点起，候机厅就开始广播，说此次班机不能按时起飞，要乘客等候通知。

这一等就是难熬的三个多小时。

终于在晚上 8 点 30 分起飞。飞机上安排了晚餐，我将一小盒纯净水和一个小面包留下，放进了我的挎包。

晚上 10 点，飞机降落成都双流机场。有人接我。此时，我才知道从成都到巴中有 400 多公里的路程，即使天气好，小车也要跑五六个小时。

穿过夜色中的成都，已经将近 11 点，这时候接我的小车要加气——这里的车基本上不用汽油而用天然气。等好不容易灌了 35 元钱的气，已经是 16 日凌晨零点。

让人胆战心惊的可怕行程由此开始。

起雾了！

但高速公路还没有关闭。从成都到南充，车子小心翼翼地走着。我紧紧抓住车窗上的抓手，眼睛盯着迎面扑来的层层白雾。

到南充下了高速，已是 16 日凌晨近三点，离我讲课的时间只有六个小时了。

我们开始走一般的公路。雾越来越浓，越来越厚，真有那种"伸手不见五指"的感觉。我问司机，现在走的路，旁边有没有山。他说有，咱们走的就是山路，只是雾太大，看不到山，看不到树，也看不到坡和沟。

司机睁着大大的眼睛，开着大大的灯，照亮眼前的一点路面，紧张地开着车。对面不时有朦胧的汽车灯光突然映入眼帘，旁边不时有庞大的货车的黑影擦过。

司机实在累了，他说眼睛受不住。他将车停路边，打亮了尾灯，要我们在车上休息。

我只能合眼，但不敢入睡。不仅仅是因为在这初冬的山野之中和厚厚的浓雾之中，还因为我听人说过，有的人就是在密闭的小车里"睡过去了"的。

小车就这样走走停停，终于到了天亮，雾淡了一点，我看见了近处的山林与远处的山影；我非常干渴，这时候那留在挎包里的一小盒纯净水拯救了我。

小车加速了，轻快行进的声音就像在唱歌。远处，一座雄峻的高山矗立着，山下有一个半圆形的隧道口，司机说这是巴中市的"城门"。穿过隧道，眼前突然开阔，道路突然宽敞，一座整洁美丽的城市就在眼前。我没有想到在这样的崇山峻岭之中还有着如此美好的建设，我立刻想到了《桃花源记》中的句子："山有小口，仿佛若有光。便舍船，从口入。初极狭，才通人。复行数十步，豁然开朗。土地平旷，屋舍俨然……"

此时已是 16 日上午 8 点多钟。从成都到巴中，我乘坐的小车在大雾中走了整整 10 个小时！

9 点半，几乎通宵未眠的我走向会场。

我接连上了两节课：《散步》和《三峡》。《三峡》是"首映式"——我备的新课。来听我上课的，是巴中中学的学生。孩子们很高兴，排着队请我签名。每节课讲完，师生们都给了我热烈的掌声。

中午稍事休息，我又讲了高中的《近体诗二首》一课和两个小时的讲座，接着回答老师们的提问。

这次所上的三节课，根据主办方的要求，全部没有用课件，都是板书，我觉得自由而快乐，我将每一个字都写得大大的。

晚上近 10 点钟，李镇西老师到了，他没有吃饭就先来看我。他也遭遇了大雾，在路上走了 7 个多小时。

他说看到有车子冲到山坡下去了。

还有 2009 年 4 月到贵州铜仁讲课、讲学，返回的途中不但遇到浓雾，而且遇到暴雨，更是令人心惊啊。

周：真是好险啊！不畏路途遥远，不怕条件艰苦，是您一贯的工作作风。接下来请您说一说您上过的最带劲、最振奋人心的课吧。

余：那应该是 2014 年 12 月上的那次课，那可真叫过瘾啊！

那次，受语文出版社的邀约，在 2014 年 12 月 8 日、9 日两天时间内，我在大连市金州区红星海学校小学部五年级三班的教室里录了 8 个课：《〈论语〉十二章》《散步》《假如生活欺骗了你》《木兰诗》《最后一课》《赫尔墨斯和雕像者》《记承天寺夜游》《孔乙己》。

语文出版社派来了三位摄像师，每天录四个课。

红星海学校派出了 8 个班，参加这 8 个课的录制。

金州区教研室每天组织几十位教师，轮流观摩。

为了这 8 个课的录制，学校连上下课都不用电铃了。

8 个班的学生，个个都能够大声地读书、说话。这让摄像师特别高兴。

这 8 个课，学生有的上过，有的没上过。我一律没有布置预习题。

8 个课的教学，非常真实，非常自然，非常顺利。

从摄像师的角度看，他们连一次"叫停"也没有。对此他们赞叹不已。

从时间上看，最长的一节课用了 47 分钟，最短的一节课用了 42 分钟。

我的状态特别好，嗓音非常清亮。每天录四个课，居然没有累的感觉。

这是 2014 年的 12 月，将要进入 68 岁的我的"青春"作品。

我想，如果要继续录课，我可以再录 8 个课，再录 8 个课，再录 8 个课……

什么样的学生都要好好教

周：您真是一个拼命奋斗的人啊！您讲过那么多课，但没有一个班的学生是您自己带的。大家都知道，"借班上课"最怕的就是学生不配合，您有没有遇到过"难教"的学生？

余：这是个有意思的问题。我遇到的学生是各色各样的，但我的想法是，所有的学生都是我的学生，我必须教好他们。我的"板块式"教学设计思路，最大的优势就是组织学生活动，让每一个学生在课堂上都有事做。2009 年 8 月，我就遇到了一批特殊的学生。

8 月 16 日上午 8 点 30 分，四川师范大学承办的 2009 年教育部援助地震灾区中小学骨干教师初中语文培训班开班仪式隆重举行。教育部原师范教育司副司长宋永刚、四川省教育厅原副厅长姜树林，以及来自地震灾区的近 200 名教师参加了开班仪式。

第一场就是我的讲座。

我给全体参训教师做了题为"教学创意例谈"的专题讲座。这个讲座，是专门为这次培训准备的。

我上午 10 点准时开讲，到 12 点还没有讲完。

第二场是我的教学示范。

下午两点我上示范课《记承天寺夜游》。

由于暑期不能派出学生到会议现场，培训专家组副组长、四川师范大学副教授李华平建议由 50 余位参会的年轻老师组成一个班，由他们当学生。

这是一次非常特殊的课。

我的"学生"们饶有兴趣地坐在我的面前。

李老师对学员们进行了鼓励。

我说，同学们，我们开始上课。

于是，《记承天寺夜游》就在这一班"大学生"的配合下拉开了序幕。

打开课件，我请"同学们"开始朗读：

苏轼（1037—1101），北宋著名文学家、书画家，唐宋八大家之一。字子瞻，号东坡居士，四川眉山人。

…………

大家真的齐声朗读起来，那样的认真，那样的投入，真像可爱的学生。

这节课一共上了 50 分钟。

所有的人都很高兴。

下午 3 点 20 分，我的讲座继续进行，接着上午的内容讲，讲完之后又讲了"浅谈阅读教学的评课"。这是我的一个最新的讲稿，也是专门为这次讲学活动准备的。

事后，四川师范大学主办的培训《简报》第 1 期中有这样的报道（节选）。

这是一堂特殊的课:《记承天寺夜游》的教学——上课的学生是特殊的，均为参加此次培训的一线教师;上课的老师也是特殊的，就是上午给大家作讲座的培训专家余映潮老师。随着余老师的一句"同学们好!"一个原汁原味的初中语文课堂展现在了大家面前。"同学们"在老师的指导下"读出一点文言的味道""读出一点宁静的氛围""读出一点夜游的闲适";"同学们"在老师的组织下"有味地分析""有味地欣赏"……整个课堂虽显得"忙"，但却一点也不乱，而是那样的有条不紊、井然有序。时而静谧无声——那是"学生们"在认真地思考，时而嘈杂喧闹——那是"学生们"在热烈地讨论，时而响起一阵掌声——那是"学生"的观点得到了老师、"同学"的认同与欣赏。最后，余老师从"美在叙事的精巧""美在结构的灵动""美在月色的描写""美在情感的波澜""美在闲人的意味"五个方面作了简明恰切的总结，"学生们"报以热烈的掌声，这堂特殊的初中语文课就结束了。

课后，在李华平副教授的组织下，参训学员与余老师作了积极热烈的交流互动。学员们认为，余老师与参训学员共同完成的这堂《记承天寺夜游》，以"吟读—分析—欣赏"三个环节结构全课，整个课堂气氛活跃，学生的课堂主体地位得到了高度的重视和充分的展示。余老师采取直接与参训学员一起完成课堂教学的交互式培训方式，更是受到了学员们的热烈欢迎，学员们纷纷表示这样的培训方式，能更有效、更高效地学到知识、提升技能。李华平老师称，今天的"参训教师当学生，培训专家亲试教"无疑是教师培训的一个成功尝试，在接下来的培训过程中将会适时适量地多开展此类活动。

周：这一批"学生"都是中小学骨干教师，他们最懂得上公开课的不易，只能说是"特殊的学生"，不能算"难教的学生"。

余：那2011年3月29日到4月1日，四天的时间内，在珠海市当地教研员的陪同下，我深入甄贤学校、湾仔中学、前山中学、第十五小学、香山学校、第十一小学、珠海市第八中学等七所中小学进行讲学活动。

我在这七所中小学一共讲了9节不同内容的课；讲座的内容也不同，一共讲了6个讲座；还听评了9节课，难度算大了吧？

那次讲学活动，被同人们誉为"名师在珠海中小学讲学之最"，他们说"很难有这样壮美的讲学活动了"。当时的情况是这样的：

29日上午，我开始了在珠海的讲学活动。

上午在甄贤学校，听了《我的祖父的园子》一课。我讲课的内容是苏教版教材五年级下的《望月》、六年级下的《夹竹桃》。然后评课，并进行"小学语文教师的两项基本功"讲座。

29日下午，到了湾仔中学。我讲课的内容是《狼》、"广东省中考语文据文解说题答题指导"。然后讲座，内容是"关于广东省中考阅读备考的思考"。

30日上午，前往前山中学，讲七年级的《观舞记》、八年级的《云南的歌会》。接着进行教学讲座"什么叫作懂得了语文教学"，一共讲了六点。

30 日下午，到了第十五小学。听、评作文课"放飞想象，创编故事"。我讲四年级的《牧场之国》，然后进行作文教学讲座"说说小学作文教学中的一个关键问题"。我在这所小学讲学的效果非常好，其他学校有不少人也来听课。

31 日上午，在香山学校。听了一年级的《乌鸦喝水》、三年级的《七颗钻石》、五年级的《秦兵马俑》三课。这所学校有自己的模式，所以我没有上课。我评了课并谈了对"先学后教，当堂训练"模式的意见，建议今后的教学研究不要模式化、机械化、表面化，要做些适当的改革，摒弃固化习惯和通俗手法，形式可以多样；要把关注学生能力的培养作为教学研究的重中之重。

31 日下午，到了珠海第十一小学。听了二年级的《雷雨》并评课。我首讲苏教版教材六年级下《海洋——21 世纪的希望》。接着进行"小学语文阅读教学的任务和教师教学习惯的改变"的讲座。

4 月 1 日上午，活动在第八中学举行。上午听作文课"化用诗词巧入文"，接着我讲"叙议结合　叠加反复"中考作文指导课，效果很好。然后评课；在讲座"中考作文复习浅谈"中，将几种复习的套路进行了详细的介绍。下午也在八中听课、评课。听课的内容是《孙权劝学》《海燕》。接着进行了评课。

像这样高频率、高密度，横跨中小学，既听课评课，又自己讲课的活动，于我而言，既是挑战，也是锻炼。

此时的我，已经近 65 岁了。

周：65 岁的您，四天的时间完成了一般人无法完成的任务，真的很了不起。但听您上课的学生未必是"难教"的学生，这个也不能算。您遇到过真正"难教"的学生吗？

余：真正"难教"的学生恐怕要数在四川眉山市丹棱县第二中学上课

时遇到的学生了。

2016 年 9 月 27 日的这一天，我在四川眉山市丹棱县第二中学讲课。这是该县余映潮工作室第二次培训活动的第二天。

上午听了两节课：《我的叔叔于勒》（九年级）、《这片土地是神圣的》（六年级）。

然后我讲了两个课：《圆明园的毁灭》（五年级）、《诫子书》（七年级）。

《诫子书》的教学在 2016 级 5 班进行，教学进行中遇到了麻烦：请学生回答问题时，他们站起来就摇头。

坐在第一排的学生约有 15 名。

背景介绍、字词认读、自读自讲之后，进入文句理解的学习。

我请他们口头翻译"夫君子之行，静以修身，俭以养德"这个句子。我拿了话筒，递给第一排的一位学生，他摇头。

我转向第二位学生，他也摇头……一连七位同学摇头。

于是我说，你们也太可爱了吧，连摇头都受过专门的训练哪！

学生都开心地笑起来，我仍然耐心地教他们说话、朗读、笔记。

活动倒是很顺利地进行下去了。

下课后学生围着我要我签名，与上课时的表现完全不同。

中午是在学校食堂就餐。

我在二楼刚刚坐定，一大群学生就端着饭从一楼上来，鱼贯而入，他们就是刚才我上课的那个班的学生。

学生们向我问好，围着我坐着，陪我进餐的校长立即拿起手机，变换着角度拍照。

我问学生们，为什么大家都好像很喜欢我。

一位女生的回答让我惊讶：余老师，我们上课表现不好，您没有骂我们。

余老师与可爱的学生在一起

吃过午饭，同学们热情地请我到他们的教室里去看一看。

一到教室，同学们都快乐地叫道：要合影，要合影。

…………

两天后，丹棱县的语文教研员刘礼群老师发来了十几位学生写的听课感受，其中有的片段读来也很有趣。有位叫王熊阳的学生这样写道：

余老师首先是要求我们把古文读熟。说到读，大家都用尽吃奶的力气用心地读，要是平时，一定是一边读一边玩，但这次不会，因为余老师有一种很感人的气势，他感染了我们。

然后是理解字的意思，这个我没问题，但到了理解全句的意思，就难倒了众人。余老师就在屏幕上将全文放出来让我们读到滚瓜烂熟，读熟后再结合原文看。余老师不断地表扬我们说："很用心。"这让我们信心倍增。

最后，余老师让我们背课文，这我们怎么背得了？不过余老师说可以偷看屏幕，我们都笑起来。于是大家边背边偷看，背得还不错。但背第二次的时候就不让偷看了，结果就不用说了。余老师就再让我们看、记两分钟，然后再背，这次大家背得朗朗上口，又被余老师表扬了。同学们都乐滋滋的。

下课了，大家十分不舍，但又不得不离开。我们蜂拥而至，向余老师索要签名，余老师一点也不厌烦，一个一个给我们签。

周：无论什么样的学生您都能教，这里面有什么"奥秘"吗？

余：如果说有，那就是我一贯特别注重课堂实践活动的设计吧！

2017 年 11 月 24 日，"第九届名家人文教育高端论坛暨名师课堂研讨会"在济南举行。

25 日的晚上，我到达济南，住济南铁道大酒店。

一到地方，活动的主持者就神色凝重地告诉我：余老师，您可得注意呀，这两天，名师们的课砸了不少。

我问原因，回答是，这次的学生基础有点弱，上课都不愿意回答教师的问题，于是局面就很尴尬；越尴尬，师生双方就越紧张；越紧张就越僵持。

我明确地告诉他，我的课不会砸。

为什么我有底气告诉他"我的课不会砸"呢？原因很简单：我是来上课的，不是来表演的。有不少的课，不是从学生课堂实践活动出发来设计教学活动，所以学生有时配合不上，上课的教师就急，一急就更让学生紧张，学生一紧张，讲课的教师就更加急，于是说话就不好听了。

26 日是这次活动的第三天，上午第三、第四节由我来上课。我讲的课是《纪念白求恩》，讲座的话题是"追求'利用课文'的阅读教学境界"。来上课的是济南市第二十七中学七年级的学生。这几天来上课的，都是这所学校的学生。

就七年级的学生而言，《纪念白求恩》还是比较难的。

我的课，从学生活动的角度，有精致的教学安排，三个板块都定位于"教同学们阅读"，这个课上得顺利、流畅、生动，富有实效。

下课之后，许多参会的教师围着我索要签名，请求合影。

关于"诗"的故事

周：几十年的潜心钻研与实践，是艰苦的，也是寂寞的，但同样应该是温暖的、诗意的。您身边的诗意的故事也一定非常感人。

余：从语文教师的角度看，感人的故事往往与诗有关。2007 年，我曾经含泪写过一篇文章，叙述的是我的父亲给我写诗的故事。在这里我引述如下。

老爸写给我的诗
余映潮　　2007 年 3 月

2006 年 1 月 6 日，我启程到安徽淮北市讲课。

一路风雪。

在这之前的一天，我的老爸给我发来了手机短信：

　　　　　　　　明日淮北道，风雪千里遥。

　　　　　　　　不言出行苦，只为课讲好。

我应和老爸的诗，给他回复短信：

　　　　　　　　儿子要出征，老爸诗壮行。

　　　　　　　　风雪千里外，热情胜春风。

　　淮北的同人知道这件事之后，都感佩八十多岁的老人竟然能够用这样的形式来鼓励我。

　　周：您的"老爸"的确是一个让人称奇的人啊！

　　余：他是一个很普通的人，却历经磨难，努力地生活着。

　　离休多年的他，年近九旬，视力居然还在 1.5 以上，读书看报从来不用戴老花眼镜。这让医生都惊叹不已。

　　时政新闻，体育赛事，文艺演出，他知道得清清楚楚，评说得头头是道。世界杯足球赛期间打电话回去，他十有八九在看转播的足球比赛。

　　他能够打开手提电脑，点击文件夹，欣赏里面的《唐之韵》；他发手机短信的水平很高，几乎每天都要跟我短信联系。

　　他永远着装整齐，皮鞋一尘不染。他懂诗词格律，熟谙古文，能够吟诗作赋，书法造诣很深，让我望尘莫及。

　　84 岁时，他还给我们写过洋洋千字的《书法入门歌诀》：

　　横竖撇捺点折钩，还有一挑不能丢。起笔收笔法领先，露锋藏锋裹锋连。

　　左低右高写横画，悬针垂露竖乃妍。不提不按似竹竿，提按运笔是关键。

············

选定一体潜心练，水滴石穿自成贤。博大精深书法卷，挂一漏万写此篇。

金针渡与后辈人，愿能登上书法巅。勿徘徊，休怠慢，思内涵，重此篇。

一手好字人人羡，终生受益实非浅。

这是非常精辟的书法艺术小结，也是合拍押韵的诗。

老爸常常写诗抒怀，给友人、家人写过不少的诗。他给我写过四首诗，它们点缀着我的生活。

第一首诗写于1989年。

为映潮离汉二十年而作

阴霾凄迷难窥天，一肩风雪下乡田。

草枯树老村溪浅，屋破垣颓衣衾单。

起舞闻鸡胸怀志，引光凿壁效前贤。

寒冰涣释春山笑，喜为园丁乐盛年。

一九八九年元宵节书　余靖波

这首诗留下的是历史的印记。前四句写的是我的惨淡的生活，后四句写的是我的奋斗和工作，从中能够感受到老爸深沉的情感与欣慰的心情。1968年12月我下乡的时候，家中一贫如洗，我用一个麻袋装着我的衣物离开了养育我20年的家。离家时老爸没有能够为我送行。我妈说那年运气不好，家中三九雪天里腌的鱼都臭了。

现在回想往事，很难体会到父母在那音讯不通的年代里思念自己下乡儿女的那种心情，那一定是非常揪心的想念，一定是望眼欲穿的盼望。而人家的孩子都回武汉了，我始终没有。老爸写这首诗时是 69 岁。

周：听您讲您父亲的故事，好像听传奇故事一样迷人！您父亲给您写诗，这种特殊的方式令人难忘。

余：又过了几年，爸妈到荆州住了一段时间，于是有了老爸写的第二首诗：

喜映潮获奖

一枝妙笔在生花，八斗文章学子夸。

拂面春风虽得意，百尺竿头莫驻车。

一九九三年四月　父书

这是一首即兴之作，写在我的一篇论文获奖之后。诗题不是"喜闻映潮获奖"而是"喜映潮获奖"，表达的情绪更显浓烈一些。父亲疼爱儿子的情感溢于言表，他遣动笔端用了最好的语言夸赞自己四十六七岁的儿子，就像年轻的父母在夸奖自己家里的文学少年一样。夸奖之中又不忘鼓励与告诫，希望儿子继续努力向前。

上述两首诗都是用毛笔书写的。父亲的书法功底养成于少年时代。练过颜体，主练赵体，书法清秀刚劲，自成风范。多少年来，他给我写信基本上用的是毛笔，看他的书信像是在享受书法艺术。

第三首诗是和信一起寄给我的。内容如下。

潮：

自你晋升特级之后，我由喜悦到激动，心情久久难以平静。近日赋诗一首以抒感怀。经过精心推敲，数次修改，总算写成了。其内容有你的艰苦拼搏，有你的功成名就，还有今后的展望。平仄韵脚，基本无问题。

此诗我准备用宣纸书成条幅，装裱以后送你。趁着眼下我手脑还管用，还可以写。再过两年，想写也不行了。这不是悲观，而是人生规律，任何人都如此。

还有写你下放农村那首诗，我觉得比较真实，气氛也比较融和，也准备另书装裱，不管艺术水平如何，只算是留给你的一份礼物。

一九九八年四月　父书

七　律

面壁九年造诣深，朱衣点头赋盛名。

文章自古有凭据，谁领风骚重水平。

学海茫茫勤可渡，书山峨峨苦登临。

荣誉宜作鞭策看，再树丰碑更前行。

有感映潮晋升特级特赋诗勉之

一九九八年三月于汉阳

时年七十有八　父书

爸爸口头称呼我的时候，向来只用一个"潮"字，即使是后来近九十岁的他称呼我这个六十岁的儿子，仍然是一个"潮"字。由此可见我的幸福，和他对我的疼爱。从此信与此诗的语言能够看出他的喜悦与激动。儿子评上特级了，这一定是他以前完全没有想到的。所以他很慎重，要将此诗书写之后装裱成条幅送我。

从时间看，诗是先写的。后来因为要寄给我，于是又写了信。这首诗讲究炼字炼句，用典自然，音调和谐。诗的层次也很明晰，与第一首、第二首一样，分为两个层次。第一层点出事件并进行议论，带有一点自得的味道；第二层是勉励的话语，从中可以看到他的很青春的思想。

这首诗点示给我两个知识点："面壁九年"我原来常常错说成"面壁十年"；"朱衣点头"我是第一次见，方知是与欧阳修有关的典故，指的是"被考试官看中"的意思。

信的内容也值得一品。"精心推敲，数次修改，总算写成"，表达了写作时的苦心孤诣；"用宣纸书成条幅，装裱以后送你"，让人感受到他的细心与郑重。

爸爸写这首诗之后两年，我们送走了一生勤苦操劳、性格温厚的妈妈。我的妈妈是武昌人，菜农的女儿。妈妈非常疼我，常常喜欢说这样一句话：我的潮小时候多漂亮啊！

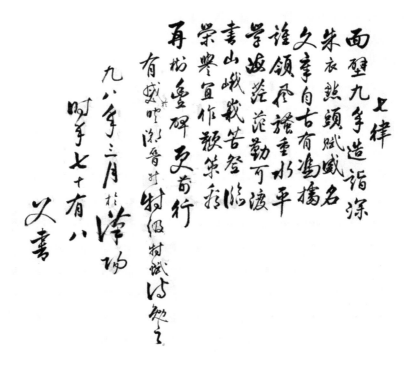

"老爸"写的《七律》

周：一个"潮"字，饱含了父母怎样的深情！

余：2007年，爸爸给我写了第四首诗。是春节回汉时他给我的。

贺映潮六十岁生日

六十生辰不寻常，阖家庆贺举酒筋。

欢歌笑语天伦乐，美味佳肴满座香。

忘却当年艰难事，应夸今日业辉煌。

文章写出珠玑作，教苑风流志气扬。

二零零七年二月于鹦鹉洲书

时年八十七岁高龄　余靖波

这是爸爸写给我的贺诗。诗充满了喜庆的气氛。有抒情、有议论、

"老爸"写的《贺映潮六十岁生日》

有描写、有详略，语流顺畅，用词明亮，境界高扬，一气呵成，表达了爸爸发自内心的欢愉。是的，我们在艰苦的岁月中迎来了欢笑。20 年前爸爸在写给我的第一首诗中用"寒冰涣释春山笑"欣慰地形容我们家好起来了，20 年后，他满心喜悦地对我们说，"应夸今日业辉煌"！

我还有身体健康、思维敏捷的老爸给我写诗，我的幸福之感无以言表。

那年我是腊月二十八赶回武汉吃团年饭的。这次团年饭除了"团年"，另一重要内容是祝贺我的六十岁。此次聚会四代同堂，喜气洋洋。老爸在宴席上作了即兴演讲，他夸我是"大智若愚""大巧若拙""大器晚成"，然后他将书写好了的此诗送给第二代和第三代每个家庭一份。

对于父母，我内心是有愧的。我是家中的长子，本应承担照护父母的责任，但这些应尽的责任基本上由我的姐姐和妹妹承担了。我身在异乡，许多年来为了所谓的事业，很少回汉陪爸爸过年。平时出差也常常因为赶时间而急着回荆州，有时路过爸爸的住处时还向他"请假"，说这次没有时间看您了。即使是去看他，也是待一下就走。当时的做法与想法自认为有道理，但事后心中总有一种隐疼，总有一种深深的自责。我知道，他哪里舍得我回家之后又匆匆地离开呢？他喜欢和我谈心啊！

但爸爸从来没有责备过我，他从来都是在鼓励我，即使是在他十分寂寞的时候。我在爸爸的关爱与鼓励中努力地工作着。离汉四十年了，人生的征程是那样的艰难，时间却又过得飞快。我好像是在瞬间就变成了一个老者。然而从爸爸的角度看，他是在时间的漫漫长河中等着我，他等待他的爱子已经四十年。

可我仍然是一个"知错不改"的人，大年初四我就告别老爸回荆州了。我还有文章要写，还有新课要备。

谢谢坚强、乐观、智慧的爸爸，在我奋斗的岁月中，一直在支持我。

有他的教诲，我才有今天。

非常遗憾的是我不会也不敢写格律诗。爸爸写了这么多诗给我，我却没有诗作献给他。我只能常常夸奖他有太多的地方值得我学习，并在心中深深地为他祈祷，愿他健康长寿，活过百岁。

…………

2007 年 10 月 5 日，退休后的我回到了武汉，老爸也常作小诗通过手机短信发给我。

2016 年 3 月，我们永别了亲爱的 96 岁的老爸。

周："父母之恩，云何可报，慈如河海，孝若涓尘。"如果说亲恩如海，那友情当如和暖的春风吧！您和同人、朋友们之间也有有趣的"诗"的故事吗？

余：有啊。回忆起来，往事依依。

多年的教研教学生活中，朋友不少，于是便会有一些诗文之类的作品交流。

我的朋友中，张水鱼老师是能写、善写的一位，特别擅长写课文赏析短文、生活随感，现在更能写刊物的卷首美文；诗兴来的时候，也会"迸"出优美动人的小诗。

说起水鱼老师，大家都赞许她美丽、聪慧、能干，特别有"语文人"的味道。荆州市初中语文界的教研员、老师都喜欢她。2000 年以后，水鱼老师多次来到荆州市参加教研活动，是荆州市老师们的好朋友。

2004 年，"老骥伏枥"的我为自己写了一首小诗，发给水鱼老师欣赏：

我愿做一只蝉

我愿

做一只蝉

在黑土中积蓄力量

然后

在高树上歌唱

我愿

做一支笋

在酷冬里孕育生命

然后

在春天里张扬

我愿

做一枝莲

在淤泥下蜗行摸索

然后

在阳光与绿叶中绽放

我更愿

做一头沙漠中的大象

我不相信

沙漠里就没有水源

我要用我的长鼻

嗅到那

滋养生命的芳香

水鱼老师回复说：有美妙的手法，有音乐的美感，有深长的意韵……

2007 年 5 月，《语文周报》（中考版）的主编张华知道荆州市教科院为我举办退休纪念活动之后，发来了一首小诗：

小诗一首赠映潮先生

一条鱼
一条自由的鱼

可以真正的回到大海
是多么美妙的一件事

因为，它本是属于大海的
却因了种种原因
让它在溪里，在泉里，在湖里

而它梦里念着的
是大海的波涛
是咸味的海风

当它真正离开那条溪那个泉
回到大海的时候

流泪了
那泪化为五彩的梦，流到了海里

我摘取自己原来写的小诗中的两句，诗意地谦虚地回复道：

> 海里搏击好多年了，
> 就是长不大呢。

周：余老师总是这么谦逊。"长不大"是您始终不放弃追求，永远都在奋斗的一种年轻的心态。"诗心已共春花发"，您和老师们的唱和如此高雅动人！您珍藏的"小诗"不止这些吧？

余：2007年10月18日、19日，受南宁市教科所的邀请，我再度赴南宁市讲学。这次参会的老师比当年四月份的还要多，达1300多人。其中还有不少其他学科的老师。南宁市教研员、特级教师庞荣飞先生说，半年之内同一位专家来南宁两次讲学而听课老师的热情愈加高涨，这在他的教研生涯中还是第一次见到。

返汉之后，20号，庞先生发来了手机短信：

赠余映潮先生

激情跋涉卅年功，耐力每与智慧通。

经典百篇品文味，寸心千折觅教踪。

融融春光盈陋室，层层秋色染梧桐。

杏坛挥洒皆珠玉，诗化人生趣正浓！

我深受感动，回复道："美意盎然啊！"

感动于庞先生对南宁市中学语文教学研究活动的精心思考与安排，我又回复了这样一则短信。

赠庞先生：

举重若轻操盘手，

瞻高瞩远当家人。

我觉得"操盘手"这个时髦短语借用得实在是好，自己在那里品味欣赏了半天。

周：余老师也是语文界的"操盘手""当家人"。通过诗的唱和来进行相互交流，更有语文人的风韵。

余：语文名师队伍中，赵谦翔先生是特别喜欢吟诗的人。

2003年12月13日，我在河南漯河讲学。傍晚，遇见了赵谦翔先生。我们谈及奋斗经历，发现都曾经当过知青，颇有相似之处。于是我感叹地说：无独有偶啊！

2003年12月20日，收到了赵谦翔先生的新年贺卡，上面书诗两首：

无独有偶
——赠荆州余映潮先生

齿同命同志尤同，相知相仰未相逢。

江潮滚滚楚天阔，彩鸢飘飘燕地明。

君在杏坛植五柳，我居桃源采菊丛。

双隐田园能再少，一样悲欢两心萦。

后记：

无独有偶君激赏，启我会心诗八行。遥想先生必同我，吟罢三日犹绕梁。

注：彩鸢、风筝，见《中学语文教学》第九期《我的四幅画像》。

2003 年 12 月 22 日，我回赠赵先生新年贺卡，写了四言八句：

赠赵谦翔先生

无独有偶，南余北赵。

披霜沐雪，各探风骚。

殊途同归，教海弄潮。

杨柳春风，翩翩年少。

一晃几年过去，到了 2007 年，我退休。我想，赵谦翔老师恐怕也有自己真正的桃花源了。不管时间怎样流逝，我们阳光少年般的心境都是一时改变不了的。

果然，大概是因为退休了，有了闲情，赵老师于 2008 年 9 月 4 日用手机给我发来了他的诗：

漫步偶成

今做自由授课人，身去枷锁心弃尘。

紫薇花下流连美，翠柏枝前浪漫吟。

痴读醉写凭心志，教语授文会郢人。

乐天知命夕阳好，播绿除灰总是春！

感动于他的诗心，我发短信回复：

不是秋色，亦非夕阳。

识如东海，志若长江。

纵横九州，挥洒春光。

赵先生既服老又不服老，再回一首：

纵是秋光胜春光，纵是夕阴胜朝阳。
君挂云帆映潮进，我持彩鸢朝天翔。

颇有志在千里的味道，且表达手法是那样的精深美妙！

事情并没有到此为止。

又过了许多年，2019 年 1 月 11 日，首届中国诗词教学大会在湖南长沙"世纪金源"大酒店举行，讲课的名师阵容强大，有孙双金、王崧舟、窦桂梅、陈琴、赵谦翔、黄玉峰、连中国、唐江澎等，他们一一大展身手。12 日，我执教《钱塘湖春行》并讲座"细化对古典诗词的课堂教学研究"。接着赵谦翔老师执教《石灰吟》，指导学生读、写咏物诗。正在专心听课的我突然被告知要评点赵谦翔老师的课。

与赵谦翔老师拥抱

我瞬间就从手提电脑中调出了"赵谦翔先生写诗来"这个文件。赵老师上完课，我端着电脑走上讲台，给大家朗读了上述我们唱和的内容，全场立刻掌声雷动。

此时的赵老师正在准备接下来的讲座，没有想到我运用了这样一种别出心裁的评课方法，他跨前一步，给了我一个大大的拥抱。

当天下午，他给我发来微信消息：

何时得闲，将我俩唱和的诗发给我。您对教学的严谨、对生活的热爱、对友情的珍重，让我感喟不已！尤其在这样的盛会上，随机展现，自然而然，效果绝佳！誉您为中国最会教语文的老师（唐江澎先生语），此言甚当！

14 日上午，我正在写作，又收到了赵谦翔老师的微信消息：

映潮：我于昨夜回到东莞清澜山国际学校。凌晨心静，回顾长沙一抱，感动犹深，故赋诗相赠。

赠教霸映潮兄

平生最爱教语文，诗词大会抖精神。

石灰赏罢更创作，启迪清纯小诗人。

教罢评课惊意外，语坛教霸发妙音。

竟将唱和旧诗作，现场直播手足亲。

我闻评课已动心，又闻此诗泪欲奔。

转将握手变拥抱，一抱情比东海深。

诗词教学开盛会，古稀兄弟同现身，

伏枥老骥怀厚望，后生要做爱诗人。

两天后，感动中的我回复了赵老师：

致谦翔

爱教语文的人，

语文是蓝晶晶的天空，

给孩子们带来纯洁和高雅。

爱教语文的人，

语文是绿茵茵的原野，

让学子徜徉山川领略烟霞。

爱教语文的人，

语文是清朗朗的歌声，

一曲又一曲似春风无涯。

爱教语文的人，

语文是情深深的诗韵，

浸润着青春少年的心灵之花。

余映潮　2019 年元月 16 日傍晚

不到一个小时，我收到了赵老师的回复：

谢映潮

诚谢映潮赠好诗，我有爱心君相知。

蓝天绿野桃李爱，诗韵歌声园丁痴。

巧合的是，诗词教学大会承办方的阳玉涓女士晚上发来了微信消息：

余老师晚上好！

诗词大会照片已经发您邮箱了，请您查收。

您和赵老师那"一千年"的拥抱（照片的背景竟是千年学府的岳麓书院）是我们此次大会最感人的瞬间，给我们带来了诗情画意、美好神奇！

第七章　形成有个性的语文教学主张

设计富有创意的课堂实践活动

周：前面您讲了不少感人的课堂教学的故事。我们知道，您的课堂是很受一线语文教师欢迎的，而且无论在什么样的情形下，您的课都没有上"砸"过。这其中有什么样的"妙招"呢？

余：没有什么妙招，主要得益于我的教学理念。

我深入教学一线，深入课堂教学，期望用我的课例来体现我的教学理念。

我的最重要的教学理念，就是着力于课文教学资源的提取，关注学生课堂实践活动的设计。这种理念，在前面介绍"板块式"思路与"主问题"手法时，都进行了说明与强调。

任何一位教师，只要把教学的视点集中于学生的课堂实践活动，就永远不会上"砸"课，因为他是希望学生在课堂的实践活动中真有收获，得到训练。如果说上公开课有时会上"砸"了的话，十有八九都是教师上课时以自己为中心，意在表现自己。

随着统编语文教材的诞生，语文课程标准的思想也得到了真正的落实，出现了全新的以学生实践为主的单元设置。初中学段八至九年级每册设置了一个"活动探究"单元，突出了任务性学习理念；初中学段还把精读课文改为教读课文，把略读课文改为自读课文，然后再加上课外阅读的要求，形成了"三位一体"教学策略。目的就是让学生多实践，多读书。

因此，为了学生语文素养的真正形成和提升，我们的课堂教学，要非常关注学生的课堂实践活动设计。

周： 请您详细说说如何更好地组织课堂实践活动吧。

余： 学生课堂实践活动的问题，"新课标"其实已经说得非常清楚：

语文是实践性很强的课程，应着重培养学生的语文实践能力，而培养这种能力的主要途径也应是语文实践。……应该让学生更多地直接接触语文材料，在大量的语文实践中体会、掌握运用语文的规律……

这里点示出来的是大方向，是本质，是课堂教学改革的一项具体的指令：我们的教学，从课堂教学的理念到教学手法，从教学方案的整体设计到教学细节的精心安排，从课堂上师生之间的关系到课堂教学结构，都必须而且应该发生根本性的变化——突现大量的、形式丰富的语文实践活动的组织与开展。

周： 课堂实践活动呈现出来的特点是什么呢？

余： 我是这样来认识课堂实践活动的，我认为它是学生集体参加的以学用语言、训练读写技能、积累知识为重要目的的课中训练活动。其显著特征就是课堂是少有教师零碎的提问和学生即席的零碎回答，学生需要在一定学习任务中进行读写实践。

这里所说的"实践"，是指学生在教师的指导下所接受的一定的语文训练活动，是由学生集体参与的、每位学生都得亲历的、在较长时间内所进行的字词认读、课文朗读、文意概括、故事复述、语言品析、写法欣赏、积累背诵、批注评点、微文写作、自读白练、独立分析及个人创写的课堂活动。

学生的课堂实践活动有如下明晰的特点：

1. 有明确的训练任务。如统编九年级上册的"活动·探究"单元，明确地设定了学生的三个实践任务：学习鉴赏，诗歌朗诵，尝试创作。

2. 坚持集体训练。活动的设计与安排，要面向全体，着眼于让班上所有的学生都参与和受益。

3. 重在读写能力的提升。有明确的活动要求与抓手，有学生读析、欣赏、背诵、写作等训练过程。

4. 确保活动的完整形态。学生的课堂活动要"成形"。既有学生实践的内容，又要有一定的时间长度。学生的课堂活动要"有动有静"。动，就是学生都参与朗读、认读、背诵、讨论、交流的活动；静，就是学生都进行默读、思考、批注、笔记、写作的活动。

正因为课堂实践活动是着眼于学生语言学习积累和读写技能提升的有效训练活动，所以，好的课堂教学，应该注重学生充分的实践活动；好的课堂教学，应该让所有学生在严格的训练中提高语文的素养。

周：一篇课文的教学，或一节阅读课，其语文活动设计的要领是什么？

余：其要领是有力度，有变化，有美趣。

有力度——所设计的活动有一定的深度，能够真正让学生有所思考，有所探求，有所历练，有所收获；有力度的活动就是有训练性的活动。

有变化——学生的课堂实践不拘泥于单一的一种活动，而是讲求灵动，有"活动方式"的变化；这种有变化的课堂活动能够表现出教师的训练意识。

有美趣——活动的设计比较精致，能够让学生喜欢尝试与实践，能够让学生在活动中有"美"的感受，有"趣"的味道。有美趣的活动能够表现出教师的设计技巧。

周：怎样才能做到设计有"技巧"呢？

余：设计与组织学生的课堂实践活动，要注意两个关键。一是种类。学生实践活动的种类要多。要让学生在不同的实践活动中学到不同的知识，形成不同的能力。如：活动时间较长的、层次清晰的朗读训练活动，学生独立进行的品词论句的阅读分析活动，思考比较充分、阅读比较深入的学法实践活动，目标较为明确、话题比较集中的课堂交流活动，用成"块"的时间来进行想象、探究或创造的读写活动等，都是可以合理地进行设计与组织的。

认字识词、文意概说、课文复述、朗读训练、章法理解、文思分析、片段精读、美点赏析、批注评点、人物评说、短语学用、句式仿写、段式学用、字词品味、手法欣赏、诗文读背、课文作文、创新写作、专项探究、独立实践等类型的课堂实践活动都是可行而且有效的。

二是层次。学生实践活动的层次要高。例如，语言学用以及语言表达形式学用，文意段意的概说，结构层次的分析，对字词句的表现力的品析，对字词句段的表达作用及表达效果的分析，学习资料的收集、整理与分析，课与课之间的多角度比读，课文学习中的美点欣赏，课文精读，从课文中学作文等，都是具有一定能力层次与思维层次的实践活动。值得指出的是，目前，课堂活动层次不高是教学中的普遍现象。为数不少的阅读课中，学生的活动基本上只是"找"：找到与教师提问有关的内容并将它们表述出来。类似这样的活动，因为没有多少思考的成分、欣赏的成分和探究的成分，在学生阅读分析能力和思维能力的训练上就显得浅易，欠缺应有的深度与力度。

关注学生课堂实践活动的设计，好处主要有：

提升教师的教学理念，提高教师研读与利用教材的能力，提高教师课堂活动设计的能力，提升学生集体参与课堂活动的频率，提升学生在课堂实践活动中自主学习的能力。

将课堂实践活动放在重要的地位进行研究，可关注两个方面的技术支撑：一是运用"板块式"教学思路进行课堂实践活动角度的设计，二是运用"主问题"教学手法引领与落实每一次课堂活动。

确保活动有效的前提，一是教师要有充分利用教材的意识，二是教师要有充分设计学生课堂实践活动的理念。

周：请您结合您的课堂教学实例来说说吧。

余：下面说一个我讲课的故事。

2012 年 5 月 9 日，我在珠海市第八中学举行的"中学语文实用文体的阅读教学技能"研讨会上，挑战"不可能"——成功地用"一课三上"的方法教学了人教版教材说明文《说"屏"》。

教学方案一所设计的学生实践活动主要是：

1. 课文内容再表达。

活动：用从课文中"选句"的方法概述全文内容。

2. 课文内容"巧"表达。

活动：用课文中的词语进行微文写作，介绍"屏"。

教学方案二所设计的学生实践活动主要是：

1. 精选句子，概说要点。

任务：用两种方式概说本文要点，一是用自己的语言进行概述，二是引用课文原文进行概述。

2.深入文句，学习字词。

活动：随文学习字词，在具体的语言环境中更好地领会字词的含义。

3.组合句子，巧妙说"屏"。

要求：选用、组合、改写文中的句子，写出一段话，简洁地从各个方面说出屏的特点，即什么是"屏"。

教学方案三所设计的学生实践活动主要是：

1.文思分析活动。

话题：假如没有这一段。

2.事物定义活动。

任务：写句，用简明的语言给"屏"下定义。

3.精段品读活动。

活动：精读课文第一自然段——朗读，体会虚词的表情作用；分析，读出这段文字的两个层次；探究，找出能够统领全文的一个句子；阐释，指出这段文字在全文中的作用。

以上三个教学方案，没有一个方案不是着眼于学生的课堂实践活动，每一处细节都体现着学生的课堂实践活动。

我们来看看教学方案三所表现出来的训练意义。

1.文思分析活动。这篇课文共有五个自然段，教师安排几分钟的课堂静读静思活动，学生默读、思考、发言。"假如没有这一段"的话题引导着学生分析、阐释文中每个段落的内容与作用，于是同学们既理解了全篇文章的大意，又顺势理清了全文说明的顺序。

2. 事物定义活动。学生全部动手写作，然后交流，老师做出小结——屏是厅室内的一种似隔非隔，在空间中起着隔断、遮挡、装饰作用的比较讲究艺术品位的用具。

于是，同学们知晓了什么是下定义，而且进行了有一定思维难度的"定义写作"活动。

3. 精段品读活动。精读课文第一自然段。首先是朗读，体会虚词的"表情"作用。其次是分析，划分这段文字的两个层次。再次是探究，找出能够统领全文的一个句子。最后是阐释，指出这段文字在全文中的作用。这样的四个小练习，全是中规中矩的基本能力的训练活动。

周：这样的课堂教学设计能让老师们感受到什么样的课堂才是实实在在的高效课堂啊。

余：珠海的活动之后，当地进行了这样的报道：

2012 年 5 月 9 日，全国著名特级教师余映潮莅临珠海市香洲区讲学，在珠海八中对七年级的三个班进行了《说"屏"》的三个不同的教学方案的教学，开创了中国语文教学史上一位特级教师同时同地同文多教的先例。

课后，听课教师对余老师的三个课例进行了热烈的研讨。大家一致认为，听余老师的课特别是这种"一课三上"的尝试课，令人激动；余老师敢于自我挑战、善于思考、勇于创新、勤于实践的大师风范令人感动；他所倡导的要极力开掘文本研读的深度和广度，关注学生的课堂训练和生成，提高语文课堂教学效率的观念深深触动了教师的心。

我的体会是，一个课，教师既能充分挖掘与利用课文的教学资源，又能利用课文资源设计学生全员参与的课中实践活动，真正让学生在课堂上多读多写，我们的学生就享受到了优质的课堂教学。

突现高效课堂的三要素

周：您对课堂教学的研究，主要是从学生在课堂上学有所获的角度来进行的，多少年来您所追求的，就是高效课堂教学。在您的教学实践中，是怎样表现出高效课堂教学的特点的呢？

余：也许是教研员出身的原因，我对课堂教学效率的研究可谓倾注心血，除了观察、对比、探究、提炼，还进行了大量的教学实践。

20 世纪 90 年代，我就提出了好课设计的 30 字诀：思路明晰单纯，提问精粹实在，品读细腻深入，学生活动充分，课堂积累丰富。

后来又将其优化为 24 字诀：课型新颖，思路明晰，提问精粹，手法生动，活动充分，积累丰富。

它们既是教学设计的要求，也是课堂教学评价的一种标准。

多年来，我写了一系列教学论文，对"好课"的特点进行了反复的例说。

如 2014 年给《新课程研究》写的关于"好课"的教学设计理念的一组文章：《依据课文资源有效设计学生的实践活动》《以"语言学用"贯穿教学全过程》《教给方法，训练技能》《以"板块"设计突现明晰的教学思路》《追求"一问能抵许多问"的教学效果》《集中教学视点，增加训练力度》《教材处理既要"得体"，又要"得法"》《提高效率意识 崇尚教学技艺》。

如 2015 年给《中国教师报》写的一组文章:《好课，建立在教学资源的提取上》《好课，要着眼于精致地利用课文》《好课，注重学生充分的实践活动》《好课，要有扎实的语言学用训练》《好课，要着力训练学生的阅读技能》《好课，教学的思路要清晰》《好课，提问的设计要精粹》《好课，教材的处理要科学》《好课，活动的安排要实在》《好课，实践的过程要充分》。

如 2016 年给《中学语文教学》写一组关于"好课"设计的文章:《"好课"要做到两个"充分"》《"好课"要落实两个"注重"》《"好课"要关注两个"着力"》《"好课"要追求两个"丰富"》《"好课"要崇尚两个"训练"》《"好课"要做到两个"讲求"》。

如 2017 年给《语文教学通讯》初中刊写的一组文章:《好课的设计:实》《好课的设计:新》《好课的设计:美》《好课的设计:活》《好课的设计:丰》《好课的设计:精》《好课的设计:巧》《好课的设计:雅》《好课的设计:趣》《好课的设计:深》。

在这样细致深入的研究与提炼之中，我得到了非常简明而重要的看法。高效的语文课堂有三个要素:语言学用，技能训练，知识积累。我称"语言学用、技能训练、知识积累"为课堂阅读教学三个永恒的重点，也是语文素养的核心部分。任何人离开了语言运用，离开了读写能力，离开了语文知识，都将失去基本的语文能力。一位语文教师，如果语言水平不高，读写技能很差，语文知识储备薄弱，也就失去了语文教学的能力。所以，在语文阅读教学中，我们需要永远突现对学生的语言学用训练、读写技能训练和知识积累的教育。

课堂教学中突现以上三个要素，就是突现了语文教育的核心内容。

周:三个要素中，您认为最应该强调的是什么?

余: 在这三个要素之中，要特别强调对学生的语言学用训练。

在日常教学中，我非常注意将语言学用训练放在最重要的位置上。我创新地设计了大量的语言学用活动，如字词认读，美词学用，成语练习，词句品析，美词美句摘抄，文句、文段、文章背诵默写，字词替换，用词说话或写话，句式学用，段式仿写，概写文章、文段大意，课文复述，想象创编，利用课文资源写科学短文、进行课文评点或简介，运用一定的语言形式评价故事或人物、画面描述、人物形象素描，替换文章的标题或段落，古诗古文的译写或改写，变文为诗，课文文句集美，课中微文写作，讲述故事，故事的缩写、改写、扩写、续写，写课文品析短文、课堂语言学习笔记，写读后随感，写课文评论等。我甚至还向前走了一步——专门进行了语言学用新课型的创新设计，这样的课型是专门用来进行阅读教学中的语言学用教学的。

周：语言学用新课型，很多人从来没有听说过，能给我们详细说说吗？

余：我用苏教版教材小学五年级课文《黄山奇松》的"语言学用"课来举例吧。

这篇课文只有约 400 字，我用一个课时上完，以下是主要内容。

活动一：文中寻"宝"。

教师进行寻"宝"指导：《黄山奇松》"浑身"都是"宝"。如，雅致的词语，优美的句子，精巧的段落，生动的手法，清晰的结构……每一类都是一"宝"。

学生进行实践活动，用 8 分钟左右的时间，从课文中寻得一份"语言"之"宝"。

学生课堂发言，交流自己获得的"宝"。教师评说。

教师进行活动小结，出示文中之"宝"：

1.高雅美词。

誉为：称颂为、赞美为。

潇洒：洒脱，自然大方。

遒劲：雄健有力（一般用来形容书法或绘画的线条）。

盘曲：回环曲折。

2.生动短语。

闻名于世　情有独钟　姿态优美　枝干遒劲　饱经风霜　郁郁苍苍
枝干盘曲　依依不舍　千姿百态

3.优美句子。

　　山顶上，陡崖边，处处都有它们潇洒、挺秀的身影。

　　它们装点着黄山，使得黄山更加神奇，更加秀美。

4.美妙描写。

　　迎客松姿态优美，枝干遒劲，虽然饱经风霜，却仍然郁郁苍苍，充满生机。它有一丛青翠的枝干斜伸出去，如同好客的主人伸出手臂，热情地欢迎宾客的到来。

5.开头巧妙地引。

　　被誉为"天下第一奇山"的黄山，以奇松、怪石、云海、温泉"四绝"闻名于世，而人们对黄山奇松，更是情有独钟。山顶上，陡崖边，处处都有它们潇洒、挺秀的身影。

6.中间细细地写。

　　黄山最妙的观松处，当然是曾被徐霞客称为"黄山绝胜处"的玉屏楼了。楼前悬崖上有"迎客""陪客""送客"三大名松。迎客松姿态优美，枝干遒劲，虽然饱经风霜，却仍然郁郁苍苍，充满生机。它有一丛青翠的枝干斜伸出去，如同好客的主人伸出手臂，热情地欢迎宾客的到来。如今，这棵迎客松已经成为黄山奇松的代表，乃至整个黄山的象征了。陪客松正对玉屏楼，如同一个绿色的巨人站在那儿，陪同游人观赏美丽的黄山风光。送客松姿态独特，枝干盘曲，游人把它比作"天然盆景"。它向山下伸出长长的"手臂"，好像在跟游客依依不舍地告别。

7. 结尾美美地赞。

　　黄山松千姿百态。它们或屹立，或斜出，或弯曲；或仰，或俯，或卧；有的状如黑虎，有的形似孔雀……它们装点着黄山，使得黄山更加神奇，更加秀美。

学生朗读，识记，背诵文中精彩的词句。

活动二：微文写作。

任务：选用课文词句，写一则 80 字左右的描写、赞美松树的微文。

学生各自写作，学用课文中的语言，课中交流，师生对话。

这个课的教学，没有分析教学的内容，是纯粹的语言学用的训练。

周：这样的课实实在在地训练了学生"学语言，用语言"的能力，"语言的建构与运用"核心素养扎扎实实地得以落实。您能再举一个这样的例子吗？

余：下面是小学语文 S 版教材课文《范仲淹的故事》的语言学用课的创新教学设计。这个课的创意"站位"更高一些，同样是一个课时上完，但安排了四次学习活动。

活动一：学一组好词语。

饱学之士：指学识渊博的人。

切磋：学问技艺上互相研讨。

谢绝：婉辞，拒绝。

清苦：贫苦。

心领：表示心中已领受其情意。

宰相：是中国古代最高行政长官的通称。

从政：参与政事，处理政事。

前贤：前代的贤人或名人。

活动二：写一则好短文。

请自由选用下面的短语，写一则"范仲淹简介"。

广为传诵　家境贫寒　只身远赴　饱学之士　切磋学问　废寝忘食

苦读诗书　钻研学问　划粥割齑　清苦生活　毫不介意　发愤苦读

鸡鸣即起　攻读诗书　和衣而眠　解衣就寝　美味佳肴　粗茶淡饭

争先恐后　闭门不出　埋头苦读　千载难逢　兴国利民　施展抱负

活动三：讲一个好故事。

任务：每位同学都要根据课文内容，讲一讲"划粥割齑"的成语故事。

活动四：背一个好片段。

任务：背诵美句，背诵有关范仲淹的精美资料。

　　范仲淹是北宋初年杰出的政治家、文学家。著名的《岳阳楼记》就出自他的笔下，文章中的千古名句"先天下之忧而忧，后天下之乐而乐"，被后人广为传诵。

　　范仲淹从政以后，提出并实施了许多兴国利民的革新措施……后人曾用范仲淹为前贤题写的词句来赞颂他："云山苍苍，江水泱泱，先生之风，山高水长。"

这个课，四次活动，有认读识记，有微文写作，有口述故事，有美段背诵；四次活动综合起来看，比较典型地突现了"语言学用、技能训练、知识积累"三个要素。

应该说，这两个教学实例很好地突破了语文阅读教学几乎极少关注语言学用的反常现象。它们引发着我们的思考：语文学科的课堂教学，如果漠视了语言学用教学，那一定是低效的教学；我们需要更好地改变课文阅读教学永远在"进行分析"的陈旧教学状态，更加有质量地增加语言学习与运用训练的分量，从而让学生在课堂上有更丰富的语言知识的积累。

我现在像盼望春天的来临一样，盼望着所有的语文课都有着"语言学用"的浓郁春色。

充分利用课文中的教学资源

周：近年来您常常强调要"利用教材中的教学资源""利用课文中的教学资源"，为什么呢？

余：20 世纪 90 年代，我在《中学语文教例品评 100 篇》的写作中还没有提到"教学资源"；21 世纪的前 10 年，在《余映潮阅读教学艺术 50 讲》的写作中开始涉及"教学资源"，但那是定位在可用的"教学资料"上。随着自己教学实践的体会逐步丰富，我于 2008 年开始利用课文《敬畏生命》研究可以用于课堂教学中的"课文资料"；2010 年左右开始研究课文的"教学价值"；2012 年左右提出"充分利用课文中的教育教学资源"的观点，同时写了《充分利用浅易课文的教学资源》《谈作文指导教学资源的提炼》等论文。

近年来，则是将"充分利用课文中的教学资源"作为课文发现的重点内容与教学设计中的重要抓手，我的教学创意、教学设计几乎都是建立在"利用课文中的教学资源"之上。

"教学资源"，指的是教材、课文中能够用于对学生进行语言教学、技能训练、方法养成、知识积累、情感熏陶的材料。或者说，所谓"教学资源"，就是蕴藏在课文之中的能够被教师用来设计字词教学、朗读品味教学、语言学用教学、阅读分析教学、课中微文写作等教学活动的材料与抓手。

语文教师要提高教材研读的水平，除了要对课文内容有比较全面的了解，更加重要的一点，就是能够从教学出发、从课堂训练出发，提取、提炼课文本身的教学资源。

一位语文教师，只有有了提取、整合课文教学资源的能力，才有可能在"利用教材""利用课文"上迈出重要的一步。

周：**"充分利用课文中的教学资源"一方面可以更好地了解编者的意图，另一方面其实是备课的一个"捷径"。关于"充分利用课文中的教学资源"，有没有具体的可以操作的方法呢？**

余：提取、整合课文教学资源的方法之一是分类集聚。

如《从百草园到三味书屋》中能够整合、提取的教学资源有字音认读内容、字形书写内容、词义解释内容，动词连用的片段、量词丰富的片段、句式学用的片段、段式学用的片段、人物素描的片段、场景描写的片段，重要精美段落，课文文意把握，课文层次分析，课文语言赏析，表达手法欣赏，课中比较阅读，等等。整合、提取出来这些教学资源，就可以利用其训练价值来对学生进行不同内容、不同角度的有效训练了。

再举一个分类集聚的具体例子。小学语文课文《富饶的西沙群岛》中，主要有 5 类材料可用。

1. 字音认读。

富饶（ráo）　　　瑰（guī）丽　　山崖（yá）　　　珊（shān）瑚

海参（shēn）　　蠕（rú）动　　　一簇（cù）　　　栖（qī）息

2. 字形书写。

披　拣　状　渔　颜　形　料　划　威　武　辈　蓝

3. 短语积累。

风景优美　物产丰富　五光十色　瑰丽无比　高低不平　各种各样

成群结队　飘飘摇摇　非常宝贵　祖祖辈辈　更加美丽　更加富饶

4. 美句读背。

西沙群岛一带海水五光十色，瑰丽无比：有深蓝的，淡青的，浅绿的，杏黄的。一块块，一条条，相互交错着。

海底的岩石上生长着各种各样的珊瑚，有的像绽开的花朵，有的像分枝的鹿角。

岛上有一片片茂密的树林，树林里栖息着各种海鸟。遍地都是鸟蛋。

5. 精段的朗读、品读、背诵。

鱼成群结队地在珊瑚丛中穿来穿去，好看极了。有的全身布满彩色的条纹；有的头上长着一簇红缨；有的周身像插着好些扇子，游动的时候飘飘摇摇；有的眼睛圆溜溜的，身上长满了刺，鼓起气来像皮球一样圆。各种各样的鱼多得数不清。正像人们说的那样，西沙群岛的海里一半是水，一半是鱼。

提取了上述材料，我们便可以据此设计多种多样具有实效的课堂学习活动。比如上述四字短语，除了认读，还可用来设计填写活动、造句活动、写话活动、说话活动等。

提取、整合课文教学资源的方法之二是分析用法。即分析某一类材料在课堂教学中的利用——利用它可以组织什么样的课中活动。

如《春》的"春花图"片段。从"教学资源"的角度看，它可以用于朗读训练、背诵训练、概括训练、仿写训练，层次划分，字词品析、修辞手法赏析、表达作用与表达效果分析，等等。假如用这个美段中的"教学资源"来上一节课，一切的"碎问"在这些"用于"面前，都会相形见绌。

再如教学寓言《蚊子和狮子》，有不少教师运用简单肤浅的提问法，到处碎问，不厌其烦，问的内容始终浮在课文表面；有的教师甚至将初中学生当成幼儿园的孩子，要学生进行课堂表演，扮狮子，扮蚊子，扮蜘蛛网，课堂教学俗不可耐。

现在我们来看看通过利用这则寓言的教学资源，可以设计多少角度精致的课中活动。

1. 朗读训练，读好人物的语气，读出句子的重音，读清故事的层次。

2. 重新拟一个标题，以训练学生概括文意和运用语言的能力。

3. 分析故事的情节，并运用一定的语言形式概括情节。

4. 复述故事，讲故事，或者有创造性地讲故事。

5. 品析故事的语言，品析的话题：故事语言的传神之美。

6. 赏析课文在构思立意、手法运用方面的"美点"。

7. 品味"叹息"一词的表达作用。

8. 品味"不料"一词的深刻含义与表达作用。

9. 对"蚊子"这个"人物形象"进行评价。

10. 再写一个用于"点题"的新的"第二段"。

11. 写课文的"微型读后感"。

12. 编写这则寓言的课本剧。

13. 扩写此文为 600 字左右的故事。

14. 尝试发现这则寓言中蕴含着的哲理。

…………

周：有了这些教学资源的提取与发现，设计优质的课堂读写训练活动就不再是难事。

余：几乎任何语文教师都能够有机地、艺术地整合上述资源中三四个方面的内容，来创造一个学生活动充分、有训练力度的好课。

一篇小小的课文，站在"教学资源"的立场来提炼它，都能给人"绵绵不绝"的感觉，更何况那些精深优美的课文。

我在教学中，很喜欢用"段"或重点利用课文中的一部分。"精段品读"是我常用的富有训练力度的教材处理方式。

如在教学《从百草园到三味书屋》时，我对"不必说碧绿的菜畦……色味都比桑椹要好得远"一段进行了精致的提炼。

1. 字音字形。

菜畦　桑椹　轻捷　云霄　蟋蟀　蜈蚣　斑蝥　缠络　拥肿　珊瑚　攒成

2. 句式学用与品析。

作者写景抓住了景物的特点，景物描写有着恰当的顺序，更美妙的还有句式的运用。"不必说……也不必说……单是……就有……"像一条彩线，层层递进地牵动了百草园中的景物描写。"不必说……也不必说……"指的是美丽的景物；"单是……就有……"指的是看来似乎单调的景物。连似乎比较单调的景物都有"无限趣味"，那美丽的景物就更不消说了。"不必说……也不必说……"是略写，是写"面"；"单是……就有……"是详写，是写点。这样点面结合地写，显得手法生动、真情流露、情趣横生。

3. 提取段的中心句。

单是周围的短短的泥墙根一带，就有无限趣味。

4. 品析段中的景物描写。

这段文字描写景物，其语言表达的优美表现在：有描写抒情的关键词，有由面及点的好句式，有表现力丰富的短语，有动词生动的描写句，有神秘而美好的传说。段中有概括描写，也有详细描写；有近景的描写，也有远景的描写；有动景描写，也有静景描写；有动物的描写，也有植物的描写。段中写了"声"，写了"色"，又写了"味"，更写了"趣"……整段文字比拟生动，形容准确，有动有静，有声有色，富有诗情画意。

5. 对学生进行朗读训练并指导学生背诵全段。

应该说，每篇课文中都有丰富的教学资源，课文中的一个部分，一个段落，乃至一个句子，都含有可以利用的教学资源。

因此，语文教师要建立"课文教学资源"的教学理念，以此来提升自己教材研读的能力和利用教学资源设计教学的能力。

可以说，建立"课文教学资源"的理念，是语文教师的教学从低端能力向高端能力发展的关键。在善于提取、整合、利用课文教学资源的教师眼中和手中，教材、课文中的教学资源取之不尽、用之不竭。

重要的是，因为减少了碎问碎答，增加了实践活动，我们的学生就能真正享受到优质的语文学科的教育。

把对学生的关爱放在"集体训练"上

周：您有一个特别的观点——集体训练，这几乎是其他人没有提过的。您提出这个教学观点，有什么缘由吗？

余：这是我的一种教学主张。而且，教学界、课堂上，对"集体训练"的关注度基本为零。在中小学语文教学的课堂上，坚持"集体训练"的大概只有我一人。

我的这种教学主张的产生，缘于长期的课堂观察。

我听过大量的语文课，但不论是哪个层面的，都没有进行"集体训练"。

在日常课堂教学中，比较难见到选点优美、品读深入、训练着力、讲求当堂落实的阅读训练过程。一般来说，课文品读教学主要是零碎的提问，用一个形象的比喻来形容就是，课堂阅读教学中，几乎到处都是"散打"。

阅读教学中"散打"式的教学，在课堂上主要有两个细节性的特征：

第一，教师就课文的教学内容，如句、段的理解，不断地用"碎问"

的方式向学生提问。学生作答之后，教师往往追问，并让答问的学生朗读一下答问中涉及的句段，然后周而复始，用同一方法让多位学生说话、发言。

第二，就某一问题，教师组织学生进行小组讨论，然后进行所谓的"展示"，各小组推选代表发言，一组一组地说。

这样的教学方式与教学过程，不能说它没有教学效率，但效率之低显而易见。从学生收获的角度而言，一般是六"无"：

无学生的动笔。学习的过程中，没有教师的举例示范，也没有学生的写写画画，学生只是"说说而已"，学习任务相对轻松，"训练"的力度弱小。

无教师的讲析。教师在教学之中一般只是应对学生的发言，不讲知识，不提示或要求学生做好课堂学习笔记，学生没有笔记的习惯，也缺少学习中的笔记积累。

无学生的静默思考。由于教师的碎问与追问，师生对话的次数过多、频率过高，加上教师并没有安排学生思考与动笔的时间，所以课堂上没有"静"只有"动"。

无弱势学生的发言地位。弱势的学生在小组活动中一般不能代表小组发言，他们往往只能"听"别的学生发言，在"听"之中消耗自己的学习时间，由于课堂上发言不断，弱势学生连安静地读书、背书、写字的机会都没有。

无学生的集体训练。碎问碎答的过程，将教学内容肢解为很多碎片，缺少让所有学生都能在同一时间段内读、写、记、背的教学策划与时间安排。

无教学手法与活动形式的变化。长时间高频率的师生零碎的对话，占去了课堂教学中的大量时间，教师教学手法单调，学生活动方式单调。

这种六"无"式的教学，基本上是中小学特别是小学阅读教学的一种常态，我们的学生，就是在这样的常态教学中非常缓慢地进步着。

周: 您是什么时候明确地提出"集体训练"的教学主张的？

余: 2013年，我在自己的网站"语文潮"上撰文，论高效教学中的"'集体训练'为重"。

"集体训练"为重

什么是集体训练？

就是教师着眼于全班同学所进行的训练，就是让他教的这个班的所有学生在同一时间内都能参加活动的训练。

如下面的"句式学用"训练活动。

请同学们分析下面一段话的句式表达的特点，并学用这样的句式写一段话。

望着这些蚕执著地、勤奋地工作，我感到我和它们非常相似。像它们一样，我总是耐心地把自己的努力集中在一个目标上。我之所以如此，或许是因为有某种力量在鞭策着我——正如蚕被鞭策着去结茧一般。

这样的写句写段活动，教师安排五分钟的时间，全班每位学生都要动笔，这就是集体训练。

又如下面的"妙点揣摩"训练活动。

请同学们欣赏下面文段在表达上的美妙之处。

秋天的雨，有一盒五彩缤纷的颜料。你看，它把黄色给了银杏树，黄黄的叶子像一把把小扇子，扇哪扇哪，扇走了夏天的炎热。它把红色给了枫树，红红的枫叶像一枚枚邮票，飘哇飘哇，邮来了秋天的凉爽。金黄色是给田野的，看，田野像金

色的海洋。橙红色是给果树的，橘子、柿子你挤我碰，争着要

人们去摘呢！菊花仙子得到的颜色就更多了，紫红的、淡黄的、

雪白的……美丽的菊花在秋雨里频频点头。

这样的妙点揣摩活动，教师安排五六分钟的时间，全班每位同学都要研读、分析、评点，并写出自己的见解。

这样，在这五六分钟的时间里，所有的学生都在研读、思考。这就是集体训练。

再如下面的读背活动。

雷　雨

满天的乌云，黑沉沉地压下来。树上的叶子一动不动，蝉一声也不出。

忽然一阵大风，吹得树枝乱摆。一只蜘蛛从网上垂下来，逃走了。

闪电越来越亮，雷声越来越响。

哗，哗，哗，雨下起来了。

雨越下越大。往窗外望去，树啊，房子啊，都看不清了。

渐渐地，渐渐地，雷声小了，雨声也小了。

天亮起来了。打开窗户，清新的空气迎面扑来。

雨停了。太阳出来了。一条彩虹挂在天空。蝉叫了。蜘蛛又坐在网上。池塘里水满了，青蛙也叫起来了。

教师安排一定的时间，全班每位同学都要将这篇微型美文背读下来。这也是集体训练。

周：为什么说"集体训练"是高效课堂教学的重要因素？

余：这是因为集体训练让每一位学生都进入了活动，每一位学生在课

堂上都能有自己的时间进行学习。正是由于所有的学生而不只是某一位、某几位、某一些学生在训练的状态之中，所以训练的效率是最高的。

那么怎样让我们课堂上"集体训练"的时间尽可能地多一点呢?

一是教学、讨论之中，教师与学生的单个对话要有一定的限度；二是教师在教学之中不要因为细枝末节的问题进行不停的追问；三是为了所有学生的同步收获而明确地多安排一些集体活动；四是少搞一些"花架子"，特别是少搞一些让有的学生表演有的学生观看的"展示"活动。

我们的教学，要实实在在、扎扎实实，在每一节课中都让所有的学生真有收获。

2016 年，我给《中学语文教学》写的系列论文中有一篇短文，再次对"集体训练"进行了论说。

"好课"要崇尚两个"训练"

十几年来，有两种"训练"已经基本上淡出了教学与研究的视野，一种是"当堂训练"，另一种是"集体训练"。但它们是值得我们崇尚与认真关注的。

"当堂训练"就是在学生稍作预习或不要求学生预习的前提下上课。这是正宗的高效阅读教学的理念与方法，因为它追求的是"45 分钟"的教学质量。21 世纪以前，新中国的语文课堂教学，基本上都是"当堂"进行的，没有现在要求学生长时间进行预习的"粗野"做法。

直到现在，无数学生在课外还背负着沉重的、长时间的预习任务，还需要完成数量不少的"导学案"的书面作业。

"集体训练"就是着眼于全班学生的训练。特别是重要的课堂实践活动，如朗读训练、默读训练、背读训练、写句写段训练、课中精短微型练习、课堂笔记，都需要在"同一时间之内"让班上所有学生参与。正是因为"班上所有学生参与",所以"受益面"才能最大化,训练的效果才能得到保证。

日常的语文课堂教学,难以见到"集体训练"的美好情景,主要原因是教师的教学习惯还停留在"碎问碎答"的层面上。还有一些地方是因为"小组展示"教学模式的荒唐——君不见,多少语文课堂上,6个、8个小组"展示"完毕,"课"也就结束了;更不用说在这种模式下"发明"的"次生灾害",诸如时不时地停下"展示"活动,给小组评分、加分之类。

所以,我们非常有必要在"当堂训练"与"集体训练"上回归传统、进行创新。

1.建立正确的"高效课堂"的教学理念,要明确:单位时间内的工作量叫作"效率"。

2.改造、改革最影响教学与训练效果的陈旧教学习惯——课文解读教学。

3.将"精讲多练"4个字优化、细化为所有学生在课堂上都要"实践"的课堂活动。

4.提高教师的教学能力,特别是利用课文教学资源和设计实践活动的能力。

5.时时提醒自己在课堂的重要活动中组织"集体训练"。

周: 能否结合课堂教学实例来解说?

余: 好的。就拿《孤独之旅》的教学方案来说吧。

《孤独之旅》专题赏析课

1.课始,教师介绍曹文轩及其小说创作风格,《草房子》、本文故事的前后情节。(约5分钟)

2.出示专题赏析课的赏析话题——《孤独之旅》"环境描写"欣赏。教师示例，全班同学静读课文10分钟，每位同学都要动笔，进行勾画与批注。（约12分钟）

3.课堂交流活动，学生表达见解，师生对话。（约15分钟）

4.教师小结、讲析，每位学生都做好课中学习笔记。（约10分钟）

教师讲析的主要内容：

1.环境描写设置了人物活动的广阔背景与场景，如有关芦苇荡的描写内容。

2.环境描写安排了人物活动的重要内容与线索，如"鸭"的描写。

3.环境描写表现了对人物心理的影响，如芦苇荡带给人物以"孤独"的巨大压力，雨后"月亮"的描写表现了人物内心的平静与喜悦。

4.环境描写见证了人物成长的艰辛，如暴风雨的描写中，杜小康表现出了成人的坚强与勇气，暴风雨给了他一个成长的机会。

所以，曹文轩说："风景在参与小说的精神构建的过程中，始终举足轻重。"

这个课，"当堂训练""集体训练"得以实行，道理也很简单：有集中研读的教学视点，有所有学生的深入思考，有教师的精深而简洁的讲析。

所以，我通过自己的大量的课例，倡导"把对学生的关爱放在'集体训练'上"。

周：您不主张学生"过度预习"，不主张做"大量导学案"，不主张课堂上进行"展示"活动，这些提法好像不合"时宜"，您不怕受到"批评"吗？

余："集体训练"是实现高效阅读教学的重要途径之一。这是因为它让每一位学生都进入了实践活动，每一位学生在课堂上都能有自己的时间进行学习，于是人人都有学习的收获。

"集体训练"是实现"公平"的课堂教学的重要途径之一。课堂教学中的公平，首先就是关注弱势学生的课堂学习收获，在集体活动中让这些学生能够有时间自读、自写、圈点勾画、背诵积累。

"集体训练"是简化教学线条突现课堂美感的重要途径之一。课堂上的集体训练活动多了，碎问碎答碎读的内容就少了，花架子摆样子的活动就少了，教师众多的组织所谓"活动"的絮语也就少了。

"集体训练"最有利于把课堂训练活动做稳做实，增加学生在课堂上安静思考的时间；充分展开学生的课堂实践活动，提高学生独立解决问题的能力，增加学生当堂学习中的知识积累量。

所以，我从来不担心也不忌讳有人评说我的课"单调""不热闹"，我自信我的课有角度精致的学生课中活动，我的学生人人都有相近的收获。

进行审美的教学

周：您关于审美的阅读教学的论说是比较多的，这也应该是您的一项重要的教学主张。

余：关于审美的阅读教学，我研究、体味、实践得比较早。

可以说，我系统地研究课堂阅读教学，就是从"审美"入手的。

20 世纪 90 年代，我写《天上的街市》"教例品评"时，标题就是"美读"，在这篇短文中，我写下了这样的评析文字：

这个教例内容博大。

　　45分钟之内，结合教学进行了学法熏陶——读诗，就要体味音乐美，品析图画美，感受情感美。

　　45分钟之内，教学了一首诗、一首词——诗与词的组配如此的协调与和谐，它们相互映衬，将各自的美点表现得如此鲜明。

　　然而这只是教学设计与实施教学的艺术。

　　更重要的还在于思想：阅读课堂教学需要朗读，需要美读！

　　这是因为：非朗读不足以体会文章的铿锵之声，音乐之美；非朗读不足以体会文章的起承转合、急迫舒缓；非朗读不足以体会文章的气势、神韵、风格……

　　朗读不仅仅是活跃课堂和调动学生的学习热情，也不仅仅是课堂教学中的穿插，更重要的是它让学生充分地占有时间，让学生得到充分的语言训练和技能训练。

　　让我们的课堂教学多一些美读吧，这样，我们的学生就多了一些目视其文、口发其声、耳闻其音、心通其情、意会其理的综合阅读活动；这样，课文教学中语感的和主题的，联想的和创造的，审美的和道德的教育内容，就都融于朗读之中了。

　　在评点《听潮》这个案例时，我又写下了这样的文字：

　　这是极为创新的教例。

　　课文是美文，教师就设计了美读、美析、美听的优雅的教学方式。

　　美读：选定特别精彩的片段，确定诵读的方式，师生配合，边读边析，读读析析，析也是读。同学们在这样的气氛与环境之中，读得专注投入，能够读出情感、韵致。

　　美析：对课文的讲析，采用诵读的方式，反复多遍，语言竟是那样精美。不仅是教师评析，学生也积极地参与，模仿着老师的语言与评析角度，锤炼自己所要表达的内容，这形式也实在充满了美。

美听：课文读得美，析得美，特别是课文的讲析也用诵读的方式，整堂课的语言文字情感都那么美好，学生还能不美美地赏析、美美地听？

人们常说的课文的美育、语感的培养、欣赏能力的训练，在这样的课中都可以得到体现。

这样的课，美，自然，教学效率高。

对案例《爱莲说》，我则进行了这样的评述：

它的精彩在于有鲜明的但又不易让人发现的教学层次。请看——

第一步，朗读。这是让学生反复品味、熟读成诵，其教学目的是让学生品味精粹的语音之美。

第二步，析读。这是指点学生明确全文的主体形象是如何得到反复点染刻画的。其教学目的是让学生理解文章精妙的形象之美。

第三步，讲读。向学生讲析作品的章法、情感、表现手法和意境。其教学目的是让学生领略文章隽永的意境之美。

第四步，巩固教学效果。音美—形美—意美，层层铺垫，顺利推进，水到渠成。教学过程流畅、自然、轻快！

百来字的短文尚且如此讲究教学层次，长文章的教学就更应细心琢磨了。

周：上面三个例子，都是对别人课堂审美教育的发现，您自己的课堂是如何进行审美教育的？

余：这种审美的品析直接滋润了我的教学。

2002 年 3 月 31 日，我在湖北省教学咨询部高中语文特级教师教学艺术研讨班上，执教了我的第 18 个课——《我愿意是急流》。

这个课的教学思路如下。

美美地听：

听配乐朗诵三遍。第一遍，整体感受，听的时候，想象诗的画面之美；第二遍，感受诗中的形象；第三遍，感受诗中热烈的深情并进行跟读。

美美地读：

朗读训练，读三遍。第一遍，重在语音饱满、圆润；第二遍，重在体味情感，把握语速；第三遍，重在进入情境，注意语气表达，特别注意朗读的"个性化"。

美美地品：

请同学们对这首爱情诗进行"妙点揣摩"，说说这首诗好在哪里，自由表达自己的观点。

美美地说：

请同学们结合自己对生活的观察与理解，就"什么是爱"美美地说一句话。这个"爱"可以是狭义的，也可以是广义的。

在当时，由于这个课的思路新奇，美感充裕，学生活动充分，又是无提问式教学，所以一时之间在湖北省较为轰动。

几乎就在同时，我提出了关于课堂实践活动设计的基本要求，同时强调了教学之美：

一节阅读课的优劣，首先取决于设计者是否能有质量地进行理性思考。比较优秀的课，从教学理念来看，能成功地组织学生的语文实践活动；

从教学设计与教学过程来看，其教学层次科学而又严谨，生动而又自然；从外在形态来看，表现出一种建筑之美；从内在的结构来看，表现出一种或彼此承接、或起承转合、或拾级而上、或渐入佳境的层次之美；从活动的细节来看，则表现出一种圆润、自然、细腻和富有文气之美。

周： 美听、美读、美品、美说，都不是泛泛地谈感受，长期坚持这样的训练，学生的语文素养肯定能有所提升。

余： 我的"教学细节设计的艺术"方面的文章，特别是《余映潮语文教学设计技法 80 讲》中的文章，大多主张在教学之中运用诗意的手法，形成课堂教学中学生活动的美感。

在课堂教学的实践中，我对审美的教学活动进行了创新的设计。

如朗读之美，美点赏析。王维《山居秋暝》的美读教学是其中的一例。

课始，进行本诗背景材料的多角度铺垫，然后组织四次美读活动：

1. 朗读体味。

教师对学生进行角度细腻的朗读指导并对学生进行训练。

第一次读，读得舒缓；

第二次读，读得清亮；

第三次读，读出陶醉之感；

第四次读，想象美好画面，进行诗歌背读。

2. 诗意概说。

同学们用一句话概说《山居秋暝》是一首什么样的诗。教师先举例，学生思考之后进行概说。如：

《山居秋暝》——一种诗情画意；

《山居秋暝》——一种闲适潇洒；

《山居秋暝》——一种悠然的陶醉；

《山居秋暝》——一种清雅的格调；

《山居秋暝》——一种迷醉自然的感受；

…………

3. 诗联赏析。

教师指导学生进行诗联赏析，话题是：我这样赏析这一联诗。

赏析的角度：画面之美，情景之美，声色之美，手法之美，意境之美。

同学们动笔，自选内容，写出自己对某一诗联的赏析文字，然后课中交流，教师进行课中讲析：

《山居秋暝》描绘了山中、秋日、雨后、黄昏清新迷人的景色。

首联点示背景，写出了山中的空寂，雨后的清新。

颔联抒写景物，月色透过松林，辉映潺潺流泉；清泉流过山石，发出清脆声响。

颈联描写人物，竹林喧响，因为浣女们洗衣归来；莲荷颤动，那是汉子们晚归的渔舟。

尾联着意抒情，春芳虽然消歇，秋日里恬淡幽雅的山居美景更是让人迷醉。

诗人通过对幽静清朗的大自然美景的描绘，寄托了高洁的情怀及对理想境界的追求。

如课文集美，诗意命名。课文集美——同学们自由选取课文中的美句进行组合，构成一篇微文，再诗意地命名。这是非常有审美意味和文学韵味的课堂读写活动。

下面是学生用课文集美的方法描绘出来的《珍珠鸟》的全新画面。

小鸟素描

它好肥，整个身子好像一个蓬松的球儿，红嘴红脚，银灰色的眼睑，灰蓝色的毛，后背有着珍珠似的圆圆的白点；鲜红小嘴儿从绿叶中伸出来，传出笛儿般又细又亮的叫声。

情　意

渐渐它胆子大了，就落在我的书桌上，绕着我的笔尖蹦来蹦去，跳动的小红爪子在纸上发出"嚓嚓"的响声。我不动声色地写，默默享受着这小家伙亲近的情意。这样，它完全放心了，索性用那涂了蜡似的小红嘴，"嗒嗒"啄着我颤动的笔尖。

可谓美感浓郁，生动美妙，清新活泼。给师生都带来语言学用的美好感受，课堂上洋溢着"美"的味道。

周： 您为什么格外注重审美教育？

余： 我以为，注重审美的语文教学是高尚的教学境界，是高雅的教学境界，是脱离了平俗手法的教学境界，是摒弃了花哨手法的教学境界，是追求教材运用的美感、学生活动的美感、教师语言的美感的教学境界。

教学创意可以有着无限的"美"。

从教师的课堂教学看——

需要考虑如何美美地导入与收束，如何设计清晰美观的教学思路，如何安排恰当有力的主问题，如何指导阅读分析与鉴赏，如何与学生进行准确生动的对话，以及美美地示例、范读、讲析、进行教学小结等。

从学生的实践活动看——

教师要引导学生美美地认读，富有情感地朗读，简洁明了地品读、欣赏，笔触生动地进行课中微文写作，别有创意地将课文中的语段变为小诗等。

我以为，课堂阅读教学的设计，需要各种类型与风格，而表现出"美感"，则是共同的要求。美的语文课需要体现语文本身的美，还要体现出教之美与学之美。具有美感的语文课，能够让学生受到美的熏陶，得到美的滋养。

阅读课堂教学中的美感，主要表现在教学内容的美，教学形式的美，教学手法的美，教学活动的美。所有这些"美"，都需要服从于教学中的"实"。课堂上的"美"，不是渲染，不是煽情，不是花哨手法，更不是模式化的课堂展示活动。

周：设计具有美感的课或者美感浓郁的课，有哪些基本要求？

余：其基本要求是：

1.课堂教学中的"美"，力求表现在"课"的整体设计上；这是关键。

2.课堂活动的设计要优雅精致，要酿造"美"的活动氛围。

3.注意活动之间的协调，以及活动形式、教学节奏的自然变化。

4.课堂上除了训练学生的能力，还要给学生新、美、趣的阅读感受。

5.美的课，应当给学生思想情感上的濡染。

6.教师的语言要有专业的水平，要有文学的味道，要有诗意的表达。

最最重要的是，在教学理念上，需要强调8个极为重要的字：

积累为本，审美为魂。

在今后的许多年内，只要我还站在讲台上，我就要崇尚审美教学，主张教学中要有足够的美感。审美品美，美读美写，在美好的学习过程中提升学生的语文素养。

夯实教师的学问背景

周：谈及教师的教学能力，您特别强调要关注教师的个人学问，要夯实教师的学问背景。这又是为什么呢？

余：这是我长期观察课堂教学的一种感受。而且，统编教材开始在全国各地使用之后，这种感受更加强烈。

我认为，"学问背景"大于"教学素养"，缺乏学问背景的教师，想要提升教学素养其实是很困难的。一位教师"学力"不够，即使在提升教学能力上再努力，也收效甚微。

我曾多次担任全国中学语文课堂教学大赛的评委。大赛中来自全国各地的选手不可谓不优秀，但很多的教学优点后面，又显露出很多的教学弱点，这些教学弱点在很大程度上与"学问背景"有关。

下面摘引我在两次大赛中几个评课的例子。

《爱莲说》的教学。教师不能引导学生欣赏文中最精要的句子"予独爱莲之出淤泥而不染，濯清涟而不妖，中通外直，不蔓不枝，香远益清，亭亭净植，可远观而不可亵玩焉"的意味与韵味。

《泥人张》的教学。从欣赏小说的角度来看力度显得不足。教师引导学生理解文中人物、欣赏课文文句的过程进行得比较流畅，但整节课看不出教师是在引导学生欣赏小说，教师个人的有关小说解读的教学语言很少。

《行路难》的教学，既没有突现难句解读的教学，也没有突现美句欣赏的教学；《浪之歌》的教学，开讲之初教师就强力地把学习的关注点定位于"爱情"，强调"让我们大大方方地来谈爱情"。基本上表现不出教师的教材研读能力和处理水平。

文体不分的问题。教学说明文，不训练学生的概括能力、阐释能力、解说能力、下定义的能力，却用很长的时间去进行片段的反复朗读；教学小说，不见教师引导、指导学生欣赏小说的意蕴、手法、技巧，不见教师指导学生品析人物形象，甚至连"照应""波澜""悬念"这样的基本内容都不涉及；教学演讲稿，难以把握演讲稿的特殊背景、情感基调、结构上的逻辑性以及语言表达的艺术；教学描述文，不去指导学生对精彩的人物描述、事件描述、景物描写、场面描写进行朗读、品析、欣赏，而是一句一句进行肤浅的提问；教学内涵深厚的美文如《信客》，居然用"信客档案""填表"的方法去梳理所谓"情节"；教学《马说》这样情致深厚的杂文，三个"也"、十一个"不"字的朗读指导都没有进行，"以喻为论""借物言情""通篇写马""通篇写人"的说法一个字也没有；教学文言诗文，基本上没有优美雅致的朗读指导……

上面所引例证中指出的问题，居然还是出现在优秀教师群体中。从表面上看，好像是教学能力的问题，实际上，都与"学问背景"有关。想想看，连课文美妙之处的赏析都难以进行，连小说技法的欣赏能力都表现不出来，不就是"学问背景"的问题吗？

周：您刚刚提到统编教材，您认为统编教材对语文教师有更高的要求吗？

余：统编教材的出现，将"优化教师的课堂教学语言"这个话题提上了"议事日程"。

统编教材的编写者们倾注了极大的精力，优化了整套教材的编写语言，既表现出高层次的专业素养、学问背景，又显现出高超的语言水平，整套教材给人以美不胜收的阅读享受。

如七年级上册第一单元的导语，句式优美，语音清越：

日月经天，江河行地，春风夏雨，秋霜冬雪，大自然生生不息，四时景物美不胜收。本单元课文用优美的语言，描绘了多姿多彩的四季美景，抒发了亲近自然、热爱生活的情怀。

如《〈诗经〉二首》的预习提示，情感丰富，情趣盎然：

《诗经》中有不少歌咏爱情的诗，或表达对美好爱情的向往和追求，或抒发爱而不得的忧伤和怅惘。这些诗，今天读来仍然会让人怦然心动，获得美的愉悦。诵读这两首诗，用心体会诗中歌咏的美好感情。

如《白杨礼赞》的思考探究，运用术语，点示知识：

文章开篇入题，紧接着又宕开一笔，用一大段文字描写高原景象。作者描写了怎样的高原景象？这样安排有什么好处？

本文写法有扬有抑，富于变化。试找出相关的段落，体会这种写法的表达效果。

如《登勃朗峰》的阅读提示，章法严整，骈散有致。

作者在文中记述了与友人游览勃朗峰的经历，或浓墨重彩，或简笔勾勒，笔法多变，妙趣横生。写上山，用散文笔法，描绘山中奇景，嶙峋的怪石，变幻的光影，引出无限感慨；写下山，以小说笔法，叙述奇人奇事，惊险的旅途，怪异的车夫，富有传奇色彩。细读课文，或许还能感受到一份别样的幽默。

如《"飞天"凌空》的课文批注，言简意赅，容量饱满。

以白云、飞鸟之动衬托她的沉静。

连贯的跳水动作被分解成起跳、腾空、入水三个步骤，逐一描写，犹如慢镜头回放。

展现生动的画面，是新闻特写常用的写法。

侧面描写，满怀自豪。

课外古诗词诵读《庭中有奇树》的诗意解说，描述精致，语言优雅。

诗作开头写叶绿花盛，本是春日佳景，但一人独赏，反动思念之情。于是，女主人公攀枝折花，欲寄远人。此花若能寄到，也是一种安慰；然而天长地远，相思何处可达？女子执花在手，无语凝伫，任花香盈袖，愁绪百结，终无可奈何，心生感慨：此花虽美，不能相赠，有何可贵？不过更增思念之苦罢了。全诗因人感物，由物写人，抒写情思，通篇不离"奇树"，篇幅虽短，却有千回百折之态，深得委婉含蓄之妙。

…………

这些充满"学问"的语言，不论是优秀的教师还是能力一般的教师，在我们的课堂上都是讲不出来的。

周： 这样看来，如果教师自身的学问背景不厚实，统编教材编者的编写意图恐怕就很难落实，课程标准的要求就无法达到。关于教好统编教材，您有哪些好的建议呢？

余： 我的建议是要夯实语文教师的学问背景。此事做得速度快一些、扎实一些、面积大一些为好。

怎样夯实语文教师的学问背景呢？

总的来说，要多读书，开阔自己的眼界，增长自己的知识。

我对老师们的具体建议是：

1. 坚持做一点微型的"专题研究"，在微型的可行的"专题研究"中将自己引入"做学问"的境界里去，在实践之中增加自己的学问。

2. 用一定的时间学习欣赏文学作品，欣赏其章法、手法、技法，提高了自己欣赏文学作品的能力，自然也就提高了欣赏课文的能力。

3. 精读百十来篇《唐诗鉴赏辞典》《宋词鉴赏辞典》中的文章，坚持做阅读笔记，可以增加非常多的学问。

4. 向统编教材的标准靠近。着力提高自己课堂教学语言的表达质量，以此"倒逼"自己研究一些学问，增长一些学问。

语文教师有了厚实的学问背景，再加上优秀的教学能力，便是学生们的福音。

周： "微型专题研究"一下子把教师日常的备课活动提高到研究的层面上，确实是增长个人才干的好方法，请您举一个"微型专题研究"的例子吧。

余： 下面是我写的一篇文章，它记载着我进行的一次"微型专题研究"，同时体现了我欣赏文学作品的手法。很显然，这样做是能够增加自己的学问的。

一段景物描写中的 15 项语文知识

曹文轩《孤独之旅》中一段关于暴风雨的精彩描写：

> 那天，是他们离家以来遇到的最恶劣的一个天气。一大早，天就阴沉下来。天黑，河水也黑，芦苇荡成了一片黑海。杜小康甚至觉得风也是黑的。临近中午时，雷声已如万辆战车从天边滚过来，不一会儿，暴风雨就歇斯底里地开始了，顿时，天昏地暗，仿佛世界已到了末日。四下里，一片呼呼的风声和千万枝芦苇被风折断的咔嚓声。

这段美妙的描写里面，蕴含着 15 项语文知识。

1.描写内容。这一段文字的描写内容是"风雨"，这是"景物描写"，也是人物活动的"环境描写"。

2.关键词语。段中的关键词是"最恶劣的一个天气"。

3.层次结构。全段分为两个层次。"那天，是他们离家以来遇到的最恶劣的一个天气"是第一层，后面细节的描写内容是第二层。

4.时间顺序。风雨描写的内容是按时间的顺序展开的；"一大早""临近中午时"点明了时间的先后。

5.动静结合。写天气阴沉时是静态的描写，写暴风雨的内容则动态十足。

6.有声有色。"天黑，河水也黑，芦苇荡成了一片黑海"等内容写"色"，"雷声已如万辆战车从天边滚过来"等内容写"声"。

7.比喻夸张。段中修辞手法运用精当，特别是"黑海"的比喻和"仿佛世界已到了末日"的夸张，生动地写出了暴风雨来临时的可怕氛围。

8.白描手法。全段运用简笔勾勒的方法，描绘了大风大雨侵袭芦苇荡的生动画面。

9. 写景角度。主要从视觉、听觉和内心感觉的角度描写景物。

10. 虚实相映。"杜小康甚至觉得风也是黑的""仿佛世界已到了末日",都是从"虚"的角度写暴风雨给人带来的恐惧。

11. 镜头特写。"千万枝芦苇被风折断的咔嚓声",既写声又写形,从具体情形的角度表现了暴风雨的猛烈。

12. 推动情节。这里的描写不是单纯的环境描写,暴风雨的袭击一定使鸭群逃散,于是就会有杜小康的追寻,这就推动了故事情节的发展。

13. 表现人物。设置暴风雨的情景,就是为了让杜小康经受磨难,这就叫作"景物的描写是为表现人物服务的"。

14. 形成波澜。在孤独平静的生活中迎来可怕的暴风雨,故事陡起波澜。

15. 增加美感。曹文轩说:"风景在参与小说的精神构建的过程中,始终举足轻重。"

可以说,这一段中的每一句话都有丰富的表现力。芦苇荡的暴风雨是极其可怕的,击垮了鸭栏,驱散了鸭群;杜小康在暴风雨中搏斗表现了成人般的勇气与坚强,暴风雨给了他一个成长的机会和舞台。

第八章 六十岁之后的新天地

四十年后回武汉

周： 您担任荆州市语文教研员多年，每天都为语文教研工作紧张忙碌，一下子退休了，感觉失落吗？

余： 有过短暂的失落。2007 年初荆州市教育局主管教学的副局长徐朝平找过我，希望我再坚持五年，到 65 岁时再退下来。我说，还是让我回武汉吧，我在荆州已经工作 40 年了。

2007 年 4 月，荆州市教科院隆重地举办了"余映潮语文教育研究"研讨会。若干天后，我就成了一个自由的人。

我把这几十年的工作中积累的资料都留在了办公室。

中学语文教研工作的美好世界在我的面前突然沉寂下来，一切仿佛是真空的。

2007 年 5 月 25 日，我在给朋友的一封邮件中真实地记录了这种心情：

今天。

极安静的一日。

没有电话。

没有短信。

没有邮件。

世界，好像凝固了。

只有我的键盘的嗒嗒的声音。

陪伴着我。

一整天。

但这好像只是一时的失落，随之而来的是解脱。

我对我的朋友们说："我的心像平静的大湖。风平浪静，轻波微澜，上下天光，一碧万顷。"

我喜欢这样的安静。

因为我的教研员工作，是在个人成就达到巅峰时戛然而止的。

2006 年到 2007 年，我的学术生活迸发出了灿烂的火花：

继《余映潮阅读教学艺术 50 讲》出版之后，《听余映潮老师讲课》由华东师范大学出版社出版。

我给《中学语文教学参考》写的关于"中学语文教师常用研究技法"的 20 篇文章中，竟有 7 篇被中国人民大学复印报刊资料全文转载。这个数量，足以让一个人评上正教授。

2007 年元月，《中学语文教学参考》开设了我的又一个大型专栏《映潮说课》。

2007 年 2 月 28 日，我成为《教育文摘周报》的封面人物，那期关于我的文章的标题是《余映潮为语文教学上下求索》。

2007 年 3 月 15 日，《中国教育报》刊载同理先生撰写的长篇论文《把阅读教学讲到教师教学的痒处》，评价我的《余映潮阅读教学艺术 50 讲》，说它"可能是国内第一部从'教学艺术'的角度来全面阐释中学语文阅读教学的个人专著"，还说"由于其案例丰富，被教师们称为'中学语文教学设计艺术辞典'"。

2007 年 3 月，我的专著《初中生就这样写满分作文》由语文出版社出版发行。

2007 年 3 月，华东师范大学出版社的吴法源先生发来邮件，告诉我，《听余映潮老师讲课》入选 2007 年全国中小学图书馆推荐书目。

2007 年 3 月，我的高中课例《我愿意是急流》的教学实录被选入上海教育出版社出版的《语文教育大系·中学教学卷（1978—2005）》。这册书，只从长达 27 年的语文教学研究的历史长河中，选入了 34 篇教学实录。

2007 年 3 月，我主编的《初中语文创新实用教案》全套共三册，洋洋百万字，由陕西师范大学出版社出版。

2007 年 5 月，湖北大学主办的《中学语文》杂志刊载了荆州弟子们研究我的多篇文章。

2007 年 7 月，《语文教学通讯》初中刊选定我为该期的封面人物，以此来祝贺我的"从教四十周年"。

2007 年 8 月，全国中语会"全国中语泰斗长白行"活动在吉林通化举行，陈金明理事长亲自请我参会。此活动中登台讲课老师一共六位，我是其中之一。

这一切，真是"忽如一夜春风来，千树万树梨花开"。

就像春风吹过，山坡上到处生长着生机盎然的茸茸绿草。

对于这样的退休，我并不感到失落与孤独。

我在荆州全力以赴地工作了四十年。

我用平静的奋斗，塑造了自己乐观淡然的内心世界。我用走一步再走一步的稳稳步伐，塑造了自己朴素的学术态度。我用一定要将本职工作做好的自信，塑造了自己坚忍不拔的性格。在工作中，我不知道什么叫敷衍了事，也从来没有懈怠不前的想法。

我只是有着一些眷念。荆州市语文教研员这份工作，曾经是我的教研工作的摇篮，我的学术研究的沃野，我的成长奋进的阶梯，我的主持各类教研工作的练兵场，我的从年轻走向年老的岁月历程。

我自信我的工作及其影响，会长久地存在于人们的心中——那是一种意气风发而又充满创意的工作风貌。

我自信我的工作及其影响，会长久地存在于人们的心中——那是怎样的充满创意的工作啊。

我还对我的朋友们说："我在荆州没有工作了，我的工作在全国。"

周：您还记得离别荆州时的情景吗？

余：2007 年 10 月 5 日，我离开了生活、奋斗几十年的荆州，搬家，回到武汉。

将搬家的时间选在国庆假期，主要是为了不惊动同事们与弟子们，我要安静地离开这个地方，不要人送行。

我将自己"每天做一点"的做事原则也移用到搬家之中，在一个半月之前即开始收抬。只要在家，我每天都会做一点捆扎打包的事儿。

10 月 4 日，我到电信局去，销去了家中使用了多年的电话号，我想用"就像告别一位亲密的老朋友"来比喻这件事，但又觉得不是很妥帖。因为，这个电话号已经永远永远地从我的身边消失了。

10 月 5 日这天，搬家的人早上 7 点多就到了，一辆车，三个年轻人。我惊讶于他们人这么少，但他们说不用担心。

他们繁重的劳动让人心疼。

10 点钟左右，东西就装好了，黄色的搬家车满载着，离开了荆州市教研室的院子，飞驶而去。

我和老伴离开这基本搬空了的屋子，带着小外孙女乘上午 11 点半的大巴回武汉，刘勇、唐艳红两位弟子前来送别。

"基本搬空"，是说家中还留有一些物品，以备以后回荆州时有东西可用。我的旧书柜没有搬走，书柜上贴着的无数的小纸条静静地下垂着，陪着这些寂寞的柜子。

书房中的小纸条

下午 3 点我们来到武汉的"新家"时，搬家车早已卸下货物开走了。

周：终于又回到武汉了，可以常常去看您的老爸了，老人家一定很激动吧？

余：搬家之前，中秋佳节的晚上，我的老爸给我发来了短信：

让我们在两个地方，在一个月亮下面共同欢度中秋佳节！

我回信说：

老爸，不久之后，我们就可以隔江相望了。

10月5日下午4时53分，我到"新家"后不到两个小时，老爸发来了手机短信：

欢迎归来！年事已高，难以亲往。

武昌生，武昌长，读书也是在武昌，功成名就回武昌。我想，武昌一定在歌唱：余映潮衣锦返乡！爸爸。

我想，老爸的心中一定也在快乐地歌唱。

2007年11月9日，忙了一阵之后，我从汉阳接老爸来我武昌的新居。他回汉阳后的第二天我发去了短信：

老爸光临，蓬荜生辉！

晚上，老爸的回信到了：

不是"蓬荜"了，而是窗明几净、富丽堂皇的居所了。室外树林夹道，曲径通幽，小河绕堤，亭榭低徊，真是一片胜地。工作之余，可以信步其间，可以怡情悦性。

静心地休息吧。

我想，88岁的老爸，此时心中定然在幸福地歌唱。

其实，在我搬家的同一天，老爸就在家中给我写诗了。

这首诗在他身边放了很久，几经修改之后才让我欣赏：

喜映潮六十岁回汉

浩劫十年肆虐狂，韶华学子下穷乡。

英雄何惧坎坷路，登上书山著文章。

天道酬勤是正论，人间多难出舜尧。

教研教艺辟蹊径，历尽风霜返武昌。

2007 年 10 月 5 日于汉阳　时年 88 岁高龄　父书

诗中多是对我的赞扬，但我最喜欢的还是"历尽风霜"四个字。我曾经说过，"人生丰富的经历以及在世事风云中留下的深浅足迹，会显现出一种沧桑风味，像情节曲折的故事，像峰回路转的奇景，让人咀嚼回味"。从离开武汉起，我已经历练近 40 年了。

然而我还年轻，还有很多事要做，"红军不怕远征难""踏遍青山人未老"，是那个时候我的精神状态的写照。

开始了退休之后的新生活

周："还有很多事要做"，您退休之后其实是"易地再战"啊。

余：从 1968 年 12 月作为知青下乡，到 2007 年 10 月退休回到武汉，将近 40 个年头，真可谓"少小离家老大回"。从青年到壮年再到老年，无论有多忙多累，无论有多辛苦，到退休时回看一下，都好像是"弹指一挥间"。

离别武汉几十年之后我回到了父母身边，但依然耕耘在语文教学研究的园地。概括地说，是全力投入，大量地讲课，大量地写作，大量地讲座，并着力思考语文课堂教学设计怎样才能更有益于一线语文教师的课堂。

退休之后，我在全国各地都开设了"余映潮工作室"，我在巨大的工作量中锻炼着自己，坚持不懈，累在其中，乐此不疲。我仍然像没有退休的时候一样，几乎没有休过完整的假期。

周：退休之后，您开辟了一个新的"战场"——在全国许多地方建立自己的工作室。您还记得当年"走向全国"的第一站吗？

余：记忆太深刻了，甚至还常常津津乐道：我就这样开始了退休之后的新生活。

那是在河南郑州，我参加河南省教研室组织的省中学语文优质课的评选活动。省教研室语文教研员孟素琴老师别出心裁地只请我一个人专门评课。

我之所以说记忆深刻，是因为 2007 年 10 月 28 日这一天，从上午 8 时到 11 时 15 分，我在约 2000 人参加的这次省级教学大赛上不间断地评点了 20 节课。

2007 年 10 月 26 日至 27 日，河南省中学语文优质课评选活动在郑州市第九中学进行，初中共有 20 节课参赛，教材版本涉及人教、苏教、语文版、鲁教、北师大等五个版本。参赛的课文中有九篇散文、一篇小说、一篇议论文、一篇新闻、四篇说明文、四篇文言文。

大家 26 日要听 10 节课，27 日也要听 10 节课。

我创造了特别的听课方法：同时用若干张表格纸和两个本子记录听课内容。表格纸专门用于记录数据，如某节课的导入时间、提问次数、朗读的时长、学生能够静默思考的时间、用了多少次影像资料等；一个本了专门用来记录教学内容，如导入的内容、每个教学步骤的教学内容，等等；另一个本子记录我听课的即时感受，以及对课的评价和关于优化课堂教学的思想火花。

我同时用两种颜色的笔，黑笔用于记录，红笔用于评点。

每一节课，我都将手表调到整点，用于计算时间。

20 节课中，笔记、勾画、评点、计算、归类、随想陪伴着我，没有一点儿懈怠和疏忽；比所有的听课老师都要忙碌，比所有的参赛选手都要紧张，比所有的大赛评委都要劳累。

当孟老师课间在主席台上向大家展示我的听课笔记时，全场掌声雷动。

…………

26 日晚上，我工作到零点。

27 日晚上，我工作到次日凌晨两点。再过 6 个小时，我的评课就要开始了。

这次的评课，创造了全新的高难度的评说模式。

每节课，都要评说四个方面的内容：一是概述教学流程；二是评说一个突出的优点，或者一个明显的弱点；三是重新设计一个全新的富有创意的教学思路；四是穿插一次关于课堂教学艺术的一两分钟的微型讲座。

在 20 节课评说之前，出示统计的数据，用具体的事实说明本次大赛的现场课中表现出来的突出的普遍性的问题；在 20 节课评说完毕之后，提出今后阅读教学方面的 8 个"要大量减少"的建议。

评课中最有挑战性、最费时的工作，就是针对选手的课提出全新的、富有创意的教学设计方案。晚上熬夜工作时，我有时会为自己创意的新美而激动不已。

评课中最有学术水平的内容，是关于"教学艺术"的。将它穿插于评课之中，既有分量又有力量，它们将听课老师的视点和思绪引向高远的地方，引向教学艺术的层面。

周： 当年我也是参会者之一呢。记得孟老师的大会总结只有短短几句话，其中有一句话是这样说的：这样的评课对我们的课堂教学而言，是划时代的。

余： 我不认为我的评课内容如此重要，但深受老师们喜欢是真的。在我的195分钟的评课之中，掌声时起。我是真心在做这件事，用我的全部力量在做这件事，为了那些从四面八方聚集到一个会场的老师们，为了那些期待着自己的弟子们有更大进步的教研员同行们，为了感谢他们热情的、信任的目光和充满暖意的问候，当然，也是为了磨炼我自己，为了更好地工作。

一位参会的朋友在29日，也就是我回武汉的第二天就给我发来了邮件：

先生在省优质课大赛评课报告中对20节课总共提出了20种技法点拨，现回忆如下。

（1）连贯；（2）穿插；（3）节奏；（4）读写结合；（5）朗读；（6）课文集美；（7）课型；（8）教师的示例；（9）教学思路；（10）角度；（11）课中小结；（12）课堂对话；（13）铺垫；（14）精段品读；（15）趣读；（16）切入；（17）生成；（18）讲析；（19）主问题；（20）得体。

先生点示的20种技法，涵盖了语文课堂教学的方方面面。属于教学要求的有连贯、节奏、得体，属于概念术语的有课型、教学思路、生成，属于教学方式的有课堂对话，属于思维方式的有角度、切入，属于教学技能的有朗读、趣读，属于教学手段的有穿插、课中小结，其余七种均属于教学方法。

先生总结了语文教学的各个方面，从不同层面对我们进行了引领。

其中，教学要求方面的内容是先生首次提出的，具有不可估量的理论意义和实践价值，对于规范语文教学将产生重大的、深远的影响。

评课最后提出的 8 个"要大量减少"的建议，高度抽象而又非常具体，可以说，这是此次教学大赛的思想结晶，这种提炼具有非常重要的教学指导作用：

1. 大量减少课堂教学中非语言文字手段的运用；

2. 大量减少用华丽的语言进行外观包装的现象；

3. 大量减少缓入早出的课；

4. 大量减少课堂教学中的碎问碎答；

5. 大量减少阅读教学中通俗手法的运用；

6. 大量减少教学目标中的"口号"；

7. 大量减少完全脱离实际的所谓"读写结合"指导；

8. 大量减少教师课堂教学中的话语量。

…………

河南一位教研员同人在给我发来的邮件中写道：

两天听 20 节课，每节课 40 分钟，在 3 个多小时中不休息地评了 20 节课，并且创造了新的评课模式，每节课都有教学流程概述、指出优点或者不足、提出新的设计方案、指点一种教学技法。在短时间内，听课数量之大，评课数量之多，评课水平之高，令人敬佩，假如不是亲临现场，我是不敢轻易相信这件事情的，简直像是天方夜谭！在中国语文教育界，只有先生才敢这样想，这样做，而且得到了大众的认可，这是一次多么辉煌的创举！多么了不起的创造！

周：这次评课，对您自己而言有着怎样的意义呢？

余：在这次评课活动中，我为自己创造了一个奇迹。

这一天，在我的教研史上，又一次为自己留下了深深足迹。

我将很难忘记这个奇妙而又让我备尝艰苦的上午。

它一定是研究课堂教学几十年之后的厚积薄发。

我相信，在此之前没有人有这样的纪录。

我相信，以后可能没有人能够打破我的这样一个纪录。

而且，我自己现在也还没有打破这个纪录。

…………

就这样，我开始了退休之后的生活——新的教学教研生活。

深受欢迎的"余映潮工作室"

周：您退休之后最重要的工作，就是主持各个地方的"余映潮工作室"。您为什么会有这样的工作创意呢？

余：退休之前，我就设想将我的工作经验用于培训一线的语文教师，恰好当时荆州市教科院一位数学教研员被调到东莞市塘厦镇当教研员，我们约好，我退休之后，去他那儿创办"余映潮工作室"。

结果真的如愿以偿。我在前面的谈话中已经提到，2008 年 3 月 12 日，全国首个"余映潮工作室"在东莞市塘厦镇举行隆重的挂牌仪式，从此开启了我的富有创意的教师培训工作。

从 2008 年到 2013 年，我在 6 年的时间内，对东莞市塘厦镇中小学语文教师进行了 12 次专题培训，不仅培养了一批优秀的学科带头人和课堂教学能手，还提升了当地语文教师的整体课堂教学技能。有趣的是，2009 年，东莞市可园中学时任校长李阶华先生驱车到塘厦镇，向当地请求"借用余映潮老师两天"；后来，东莞市的可园中学也设立了"余映潮工作室"。

通过口耳相传，"余映潮工作室"逐渐有了名气，来到了全国不少地方。

到了 2019 年的春天，我在各地的工作室有近 20 家。

周：真是造福于一线的语文教师啊。您认为您的工作室在全国各地能够 10 多年绵延不息，极受大家欢迎的原因是什么？

余：我的工作室立意高远而又真正务实。"余映潮工作室"或"余映潮语文工作室"是国内中小学语文界一种特别的以个人身份进校培训一线语文教师教学技能的工作室。工作室的指导教师就是我，而且只有我一人，什么活儿都是我的：起草培训计划，安排培训活动，听课，评课，

河北师范大学"余映潮工作室"启动

讲课，讲座，批改作业，等等。

2008 年以来，不少地方的教育行政部门、教科院教研室、中小学校、师范大学教师教育中心等陆续设立过专门致力于培训中小学语文教师、提高语文教师专业水平和教学技能的"余映潮工作室"。它们大致分为三类。一是由学校成立的，二是由市、区教育局或教研室成立的，三是由师范类大学成立的。

其中覆盖面最广的是河北师范大学教师教育中心的"余映潮工作室"。这个工作室连续开了三期，时间长达五年，其工作策略是：与河北师范大学的"国培"活动紧密相连，参加"国培"活动的各地语文教师也同时参加工作室的培训活动，大量来自基层的语文教师可以直接观摩本省优秀教师和我的课堂教学。

形式特别又很受一线教师欢迎的是河南省教育报刊社创立的河南教师成长学院"映潮"班，该"映潮"班在暑期培训教师，已经连续三年开展活动，每次都有长达四天的内容丰富的培训活动。参加活动的语文教师范围已经由河南本省扩展到周边省份。

2018 年河南教师成长学院"映潮"班全体学员合影

余映潮工作室受欢迎的主要原因可能是——

有标准很高的工作理念：

以整体提升语文教师的专业水平、教学素养和课堂教学质量为主要目的，用"以点带面"的方式，既着眼于培养、训练优秀青年语文教师课堂教学技能和教学研究能力，又关注中学语文教师业务素养的提升；以由浅入深、从易到难的"专题培训"为主要培训方式，以"专家进校、教学示范、面对面、手把手进行指导"为培训工作要求，在大量的教学实践与研究实践活动中让语文教师经受历练，从而提高教学设计水平，提高教学水平，提高科研能力。

有非常务实的培训要求：

以专题培训为主要形式。一般而言，在三年时间内，进行六次教学技能与研究方法的专题培训。每个学期一次，每次两天，每次进行一至两个专题的培训。

"余映潮工作室"有明晰、明确的培训规划，培训的专题主要有"教材研读"的基本方法与高层技法，教材处理的技能，学生课堂实践活动的技能，文学作品的教学技能，文言诗文的教学技能，作文教学与指导的技能以及中考复习备考的技能等，所有的专题培训内容都是语文教师最为关注的内容。

有细致具体的培训安排：

每次的培训活动，都由余映潮老师于一两个月之前拟出活动的计划。

培训活动的主要内容，是在余映潮老师指导下的课堂教学演练，说课，教案设计，说课稿写作，教学论文写作，专项微型课题研究，以及听余映潮老师讲课、评课、讲座等。

有受益面很大的活动形式：

每次的培训，都有本校本地参训教师的讲课或说课，都有余映潮老师的讲课，都有余映潮老师的评课与专题学术讲座。

每个学期培训的两天活动，工作室所在地方的语文教师全员参与。

有指令明确的细节性的培训要求：

学员每人每次需要围绕培训主题写 3000 字以上的论文；

学员每人每次需要根据所安排的篇目写 3000 字以上的教学设计；

学员每人每年要写出自己所进行的专项研究的论文；

培训单位每次都要写出培训活动工作纪要；

培训单位对每位参训教师都要建立"培训档案"；

培训单位要建设整个培训活动的"资料库"；

余映潮老师在每个单位的培训活动之前，都要阅读参训教师的作业并进行评点。

"余映潮工作室"是我创造的务实高效的教师教学技能培训的特别形式。在"余映潮工作室"的活动中，我永远都在课堂上、教室里；我没有团队，没有助手，一切亲力亲为。活动的密度也很大，两天的活动中，我要听 6 节课，评点 6 节课，执教两个课，还有微型讲座与活动专题讲座；

我从早到晚地工作着……培训工作立足课堂，直面一线语文教师。

周：除了对工作室学员有较高的要求，您自己对工作室的要求是什么呢？

余：我的工作室要一切从简。这里没有渲染，没有自诩，没有"课题申报"，没有"立项申请"，没有"实验学校挂牌"，没有"教学模式推广"，更没有"加盟费"。

这里没有商业气息，对所有闻讯前来参加活动的教师朋友，一律敞开大门，热情欢迎。

这里没有"跟风走"的肤浅思维，这里只有"主心骨"：提升教师教学理念，提高教师教学技能，提高日常教研活动的水平。

这里有的只是我与一线的语文教师一起在课堂中，在听课、讲课中，在评课、议课中，在课堂教学艺术的讲座中。

我到过的地方，不论是四次、六次、八次，还是更多，总是受到一线教师的热烈欢迎。我的教学内容没有重复，不讲空话，决不老调重弹；有多少次的培训，就有我多少次内容新鲜的课堂教学示范、极有针对性的评课和实例丰富的教学讲座。

我用不停止的艰苦行走，给大量的语文教师带来了教研的快乐、成长的快乐。我常常是一口气连上两个课、三个课。大量的语文教师或其他学科的教师都喜欢参加我所主持的培训活动。有时候表面上是一所学校的活动，实际上整个市、区的语文教师甚至他们在外地的朋友都来共享这美好的时刻。

在每一次的培训中，我都是一个人默默地到来，辛勤地工作，然后向大家挥手，离开。

…………

周："一个人默默地到来""向大家挥手，离开"，您的工作精神让我们真心敬佩。您能展示工作室一些细节性的材料给我们看看吗？

余：先说说我给学员改作业时的批语吧。

"余映潮工作室"成员的作业，我都是利用自己的业余时间进行批改的。我每年大约要批改 1000 份的作业。

作业批改很是费时费力，下面是我批改的其中一份作业。

《武陵春》教学设计：

此次备出了一节有容量的课。

注意：

不需要学生的课外准备，

需要精致的课堂朗读训练。

不需要频繁的小组合作，

需要着眼于所有学生的集体训练。

不需要讲过深的道理，

需要由学生品语言，作背诵。

2018 年元宵节的时候，我写过下面一段文字：

2008 年以来，我在各地"余映潮工作室"教师培训工作中坚持得最好的方面之一，就是对工作室成员作业的评点。到 2018 年，我评点过的学员作业的总数恐怕有 10000 份左右了。

每个学员在每次培训活动之前都要完成两份作业，一份是教学设计，另一份是切合本次活动主题的教学论文。每份作业都要超过 3000 字。我都要一一看过，还要写上一点文字。有时，老师会将作业修改之后再发给我，我就又得再审读一次。所以，我的作业评点恐怕也有一二十万字了。

在我与各地的"余映潮工作室"的约定中，我是没有此项工作义务的。这是我自己揽的活。以至成为工作习惯，而不惜付出大量的时间。算一下，我花在作业批改上的时间，起码超过两千个小时了。

所以有时候我很为自己自豪，因为我能够这样做，因为基本上没有人像我这样做。

下面请欣赏几则我的作业批改文字。

《苏州园林》说课稿：

课文赏析文章的"角度"没有理清楚，看看下面的小标题就知道了。

一、结构的美

二、语言的美

三、"图画"的美

四、艺术的美

五、"积淀"的美

它们的概念大小不一，有的相互交叉。

教学设计还"说"得不错。

已经知道了"利用课文"对学生进行训练，这是很大的进步。

还需要把课时说清楚。

《凡卡》课文赏析：

运用三二一的结构形式进行写作。

很妙。

这样的写作，有一个前提，就是要在提炼与整合方面下功夫。

也就是说，在写作的同时，也在练自己提炼课文精华内容的能力。

《凡卡》构思的最妙之处，就在那个信封上。凡卡满怀希望写下的是："乡下　爷爷收"。

这是最能撼动我们心灵的地方。

因为这将是一封永远不能够寄出或收到的信。

凡卡的梦想越美好，快乐的想法越生动，就越能表现悲剧的色彩。

这就是文学作品中运用"反差"手法的魅力。

《爱莲说》教学设计：

注意几个地方。

"教学创意"应该放在教学设计之前说。

《爱莲说》的朗读训练，到底如何进行呢？没有说清楚。像这样的细节如果不精心揣摩与设计，自己就失去了一次能够大大进步的机会。

《爱莲说》的品析训练，还需要紧紧盯住"予独爱莲"这个句子，反复进行，多角度地进行，让意境的美、形象的美、语言的美、手法的美深深烙印在学生的心中。

《写好身边的人物》教学设计：

人物细节描写教学设计，内容很好。

只是无数的公开课、复习课都把视点落到"细节描写"上。

于是人们不看教学设计的内容就会觉得这样的教学设计流于平俗。

所以作文教学设计需要着眼于"整篇文章的写作"，真正给学生指导构思技巧，真正指导学生在具体的叙事中表现生活。

《给女儿的一封信》教学设计：

此课的教学需要重新设计。

首先取消那些貌似时髦的话语，"与文本对话""与自己对话"之类。

其次不要用那么多的提问来表现教学的过程。

再次不要把话题放在"学完这篇课文，你对爱情有没有什么新的认识和感悟"上面。

此课平俗的教学，都是把视点放在对爱情的讨论上面。

而不理睬课文的语言品析，手法欣赏以及章法的精妙。

《行路难》教学设计：

千万不要说，"用你们最喜欢的方式朗读课文"，这等于没有说。

没有按板块思路组织训练活动，仍然是在到处提问。

没有精读训练，一点知识教育都没有。

弄反了——居然把背景材料放在最后。

《乡愁》教学设计：

取消"播放音乐"。

因为我们并不知道怎样的音乐能够表现作品的意境。

最好不用改写的方法品读课文。

乡愁的内蕴与艺术手法不是这种简单的改写能够品析得出来的。

《威尼斯的小艇》教学设计：

备课细致，资料充分。

教学设计则比较琐碎。主要只是立足于解析课文，就课文教课文的痕迹很重。一篇简单的课文，什么都要解析，那就不是在上阅读课了。

阅读课的任务主要是利用课文训练能力，学用语言。

字词教学没有落实，让学生问，问到什么时候？

本文的"手法"探讨，几乎没有进行。

对本文"难点"的教学，也没有突现。

却让学生去扮"船夫"。

不去审美而去损美。

《珍珠鸟》教学设计：

没有背景知识介绍。

没有字词认读训练。

没有朗读吟诵训练。

没有精段品析训练。

没有语言积累训练。

没有文学知识教育。

尽是到处乱问。

置大量可用教学资源于不用。

重新备课。

《学会看病》《剥豆》《孩子，我为什么打你》多文本教学设计：

浅尝辄止，走马观花，蜻蜓点水，囫囵吞枣。

问一下自己：学生有什么收获，学生有什么积累？

所谓"课堂展示"是真的课堂生成吗？

很明显，学生如果不预习，这样的课能上吗？如果让学生充分预习了，就消耗了学生大量的课外时间，这样的课又有什么意义？

……………

周：这是我见到的非常精彩的作业评点，"余映潮工作室"的学员们有您这样认真负责的导师的引领，进步一定是飞快的。余老师，您有多年研究名师工作室的实践经验，请您就如何办好名师工作室给大家讲几句好吗？

余： 好的，说两点看法。

第一点，名师工作室的主持人很重要。

对其工作素养方面的要求，可用六个"应该有"来表述：

1. 应该有很高的教学水平。

2. 应该有很强的科研能力。

3. 应该有很好的学问素养。

4. 应该有很韧的学习精神。

5. 应该有很细的工作方法。

6. 应该有很严的培训要求。

前四个"应该有"是对工作室主持人本身学科教学业务素养方面的要求，后两个"应该有"是对其工作方法与工作精神方面的要求。

对其专业水平方面的要求，可用六个"能够"来表述：

1. 能够主持活动。

2. 能够上示范课。

3. 能够开专题讲座。

4. 能够评课议课。

5. 能够撰写论文。

6. 能够提炼研究成果。

这些就是具体而实在的对名师工作室主持人思想水平、业务能力和工作素养方面的要求；它们是名师工作室主持人个人水平方面的理想标准。用这样的标准来衡量，才能保证将工作做到实处，做到真处，做到高处。

第二点，要明确名师工作室的主要工作。

首先是名师工作室的工作重点。名师工作室的工作重点有两个方面。

一是进行可行的专项研究。即进行诸如"高效教学形式""教材利用研究""学生课堂实践活动设计"等专项课题的研究与实践。需要制订两到三年的工作计划，大致规定每次科研活动的内容、方法与时间，在顶层设计到位的基础上进行有目标、有计划、有步骤、有科研资料积累的研讨活动，最后形成可用于指导大面积上学科教学的规律与经验。

二是培养训练优秀的青年教师。着眼于课堂教学实践，培养本地在课堂教学艺术、教学论文写作、教学研究能力方面全面发展的骨干教师。在较长时间的活动中有重点地训练、提升、形成他们 10 个方面的本领，即教材研读、教学设计、高效教学、专项研究、评课议课、撰写论文、读书学习、提炼规律、积累资料、复习备考等。

其次是日常状态下工作室的活动形式。

在日常状态下，工作室成员可以有意识地进行如下学习与交流活动：

每月一课。每个月大家都共同探讨、交流对一个课的深入的教学研究。

"我的一技"。工作室成员之间轮流交流自己确有心得的"我的教学一技"。

专项研究。每位成员在日常工作中坚持进行自己的一两项专门话题的研究，彼此之间互相交流。

微型讲座。工作室成员之间轮流交流自己的"微型学术讲座"，或用文档的形式，或用音频的形式。

说课评课。相互之间通过网络的形式进行说课稿的交流与评析活动。

客串练兵。彼此到对方的学校去上课，围绕某一个研究话题进行教学实践。

论文写作。结合课题研究，坚持积累资料、提炼资料，进行自己的论文写作。

共享资料。成员之间交流在互联网上收获的专题资料或自己整合提炼出来的学科教学资料。

每月一读。每个月由主持人发给各位成员有价值的学术资料以供阅读、参考。

坊主专题。主持人不定期地把自己的书面或音频形式的微型讲座发给工作室成员。

工作室日常状态下的工作抓好、抓实了，就能够以点带面，更接地气地深化、优化本地的学科教研活动。

完成"专家工作室"培训重任

周：据我所知，您在"余映潮工作室"的工作经验后来在全国中语会的活动中用上了。这里面有故事吗？

余：在苏立康老师任中国教育学会中学语文教学专业委员会理事长期间，退休之后的我曾经三次被"委以重任"：2009 年 8 月的"西部行"，到甘肃义务支教 10 天；2013 年 4 月的"东北行"，到黑龙江省义务支教一周；还有 2009 年到 2012 年为期三年的全国中语会"专家工作室"的教师培训活动。最值得回忆与自豪的，就是这"专家工作室"的活动。

这个"专家工作室"是自全国中语会成立以来唯一一个面向基层进行

教师培训与教学指导的工作室。培训计划是由我拟定的，主训教师也是我。

2009 年 6 月，苏立康老师收到了内蒙古鄂尔多斯市东胜区实验中学关于《申请全国中语会在东胜区实验中学建立专家工作室和西部初中语文教师培训基地的报告》，热情关心西部教育发展的苏老师敏锐地察觉到这是全国中语会的一项既有开创意义又有实践意义的工作，便开始着手全国中语会历史上仅有的一次"专家工作室"的筹建。

全国中语会东胜区实验中学专家工作室启动　语文组合影

在苏老师的策划中，全国中语会将组织全国知名的中学语文教学专家对东胜实验中学进行长达三年共 12 次的专业技能培训，其中现代文阅读教学技能培训 6 次，文言诗文教学技能培训两次，作文教学技能培训两次，综合性学习教学技能培训两次，这些培训分别由李卫东老师、刘占泉老师、王君老师和我承担。

由于我承担的是最繁重的任务——6 次现代文阅读教学技能培训，苏老师便指定我代表全国中语会起草专门针对基层中学语文教师的科学缜密而又切实可行的阅读教学技能培训课程计划。

在苏老师的指导和史有为老师的帮助下，培训计划诞生了。

这是以全国中学语文教学专业委员会名义起草的唯一的一份"专题推进式"的培训计划，也是全国中学语文教学专业委员会第一次为一所西部普通中学设计的教师教学技能的培训计划。

这份培训计划从培训理念、计划说明、培训主题、培训活动、培训作业、培训记载、专家工作等方面进行了详细的规划。

这份培训计划得到了苏立康老师的充分肯定，他说："这是极具理性思考的基本建设，对于全国中语会探索培训教师的方式与途径有着非常重要的意义。"苏老师最赞赏的是"专题培训"的理念和"面对面、手把手"的培训方式。

周：这真是一份精美的计划啊，您和其他专家们在那里的工作一定更"精美"吧。

余：2009 年 12 月 2 日，全国中语会东胜区实验中学专家工作室正式启动了。

启动的当天和第二天，苏立康老师与大家一起，连续听了 12 节课。

此后，经常有全国中语会的专家们来到鄂尔多斯这所学校的教室里。几年中，苏立康、顾之川、郑国民、陈鹏、史有为、刘占泉、李卫东、王君、田万隆、朱于国……他们来了去了，去了又来了……

苏立康老师一直关注、关心着培训计划的实施，不辞劳苦地几次亲临东胜实验中学，悉心进行具体的培训指导。

苏老师曾这样深刻而又热情地指出：

这样的培训过程，有两点经验可以提炼。一是符合技能形成的规律；二是学员始终是在教学情境中学习知识，符合教师培训的规律。

先说第一点，以操作技能为例吧。操作技能即通过练习而形成的顺利完成某种复杂操作活动的能力。培训开始，就安排了"教学课堂演示"，而且每次培训都有专家的"示范课"；每一次都安排了大量学员"上课"，以及"专家评课"、"专家讲座"、专家与教师"对话交流"等活动。其实"示范课"就是"定向"——知道语文课是什么样子的，应当教什么和怎么教。学员多次"上课"则是"模仿"——尝试着按专家的要求去上课。听"专家评课"、"专家讲座"、专家与教师"对话交流"等，则是一个反思、矫正、深化认识和改进的过程。其间，留给学员的作业每次都有"写"几千字的要求，这一点十分重要——因为写作是促进思考的最有效的手段。

第二点是学员始终是在教学情境中学习知识，这一点我们看得很清楚。整个培训过程就是以课堂教学为中心的，学员始终在教学情境中。这样的培训是最有效的，其原因就是这样的培训符合教师成长的规律。

苏老师还对我的培训工作进行了赞扬：

我们在东胜实验中学的培训，其实是教师培训的一个成功的个案。

我很感动——我想起了您风尘仆仆的奔波，想起了您在东胜从清晨到深夜的勤奋工作，更不用说您留作业，尤其是就作业中的问题，与每一位老师（学员）认真地多次交流。您的投入，有责任、心血，以及感情的投入，不能简单地用"努力工作"来概括。这是在以自己的"火"点燃学员心中的"火"；这也是教师之德唤起了学员的心理感应，并且持续发酵的过程。这才能解释为什么东胜的二十位老师——都是成年人，有的已人到中年——在几年的时间里能发生那么大的变化。

我要特别地感谢您，谢谢您对中语会工作的满腔热忱的投入，谢谢您对我们工作的支持。

周： 您和专家们在那里一共进行了几次培训？效果如何？

余： 几年过去了，总共进行了12次培训。结束之际，我们读到了东胜实验中学参与培训的语文教师的深情回忆：

2009年12月2日，这是一个令我们终生难忘的日子，这一天全国中语会东胜区实验中学专家工作室正式成立。这是全国中语会在一线学校设立的第一个专家工作室。

启动仪式上，苏立康教授对东胜实验中学办学理念及教师培训目标给予高度评价。她认为，办好一所学校最主要的是校长的办学理念，而实现理念的关键是教师，语文教师又是基础。所以，东胜区实验中学启动这一教师培训工程，小是造福一个地区的无数家庭，大则是为了全民族素质的提高和国家的兴旺发达。

如今中语会培训已走过了将近四年的历程。历经12次，历时36天，从听示范课到上展示课，从设计教学到说课评课，从教材研读到小专题研究，从专家讲座到教改实验，从定期培训到日常践行再到作业的完成。一路走来我们深深感到——真正的教师培训应该是面向基层的，应该是着眼于提高普通教师的专业水平和课堂教学技能的。

…………

2012年，全国中语会东胜区实验中学专家工作室完成了培训任务。工作结束了，但我没有能够完全离开，内蒙古的学校与老师们要求我继续对他们进行教学培训与指导，到现在，鄂尔多斯地区仍然有我的中小学语文工作室。

一直坚持练本领

周： 许多年来，您不停地奔走在教学的第一线，孜孜不倦地进行着教学实践与创新探索。记得您跟我们说过，哪怕到了70岁，您也还要坚持着练本领。您为什么会这样说呢？

余： 哪怕到了70岁也还要坚持练本领，这在我看来，其实是很平常的、应该做的事。这就是所谓的"不忘初心"。因为我的"初心"是要让艺术的教学设计走进千万个普通语文教师的课堂，我一直为此努力着。

2019年3月余老师的行程表

我曾经说过，耐力是一种智慧。教学研究，永远面对着填补不完的空白。哪怕你到 100 岁的时候，只要你有兴趣，就还有研究的空白在等待着你。

工作与生活都告诉我，在很多很多的时候，必须极有毅力、极有耐力地做完应该由自己去做的事，不论它让你经受多大的艰难困苦；有些事，就是由你来做的，没有人能够救你。

这些都是我真实的体会。可以说，中学语文教育教学研究中还有无数个空白无人问津或者涉之不深，任何时候进入这种研究都不能称之为"迟"。所以，坚持探究，坚持练本领，也是必然的。

周：对于这件事，你具体是怎么做的呢？

余：很简单，就是"一直向前走"，这虽然是我在 20 世纪 90 年代说过的话，但也是我永远的工作信条。

所谓"一直向前走"，就是不守旧，不吃老本，不故步自封，一直创造并不断推出新的"作品"。

退休之后的 10 多年，我除了写大量的论文，还偶尔写一写自己的新鲜成果，比如"纪念"我的课讲了多少节，某一年我的"著作、论文、示范课、讲座"的概况小结，自己著作中的"自序"等。

周：这些精美的工作细节，更能体现您严谨的治学态度。您能给大家具体展示一个细节吗？

余：下面是我的 2015 年工作小结中的一部分文字。

我的工作，仍然与数字有密切关联。

连我手机中的"旅航纵横"软件居然都用数字告诉我——2015 年，我累计飞行 27 次，飞行了 38807 公里；飞到过 14 个城市，最北至乌鲁木齐，最南至海口；一共飞行了 3780 分钟；最早的航班是 7∶35 冲向云霄，最晚的航班于 23∶55 落地；我的国内航班的飞行纪录超越 83.2% 的人。

············

2015年的我，年近七旬，仍然独自行走、深入教学一线，到各地的余映潮工作室，默默地、平静地工作。

这一年，我在全国各地讲公开课（小学、初中、高中）共178节；推出不同学段的新课20个，其中有不少的作文课；目前我讲课的篇目已经达到233个。在学校教师培训和国培活动中共讲座100余次，涉及中小学语文教学和优秀教师成长等20多个话题，时间最长的讲座为170分钟。

这一年，我有大约5个月的时间在家写文章、备课、写讲稿。几乎每天都要工作10个小时以上。2015年12月14日，我的手提电脑在洛阳活动中突发故障，后带回武汉专门的店铺进行修理，人家检测了我的电脑，说不到两年半的时间就使用了9000多个小时，而且居然是一个年纪很大的人用的，我的电脑太辛苦了。

这一年，我早上6点钟起床、晚上11点就寝的日子占了全年的绝大多数。辛苦的劳作陪伴着我。我的简单行装就是一个电脑包和一个四轮手提行李箱。我不介入除全国中语会外的任何学术组织；远离喧嚣，不接受任何以炒作"教学模式"为目的的讲学邀请；在全国各地的商业性的语文活动中，基本见不到我的身影。

这一年，忙碌的暑假生活很有代表性，体现了我抓紧一切时间工作。

从6月中旬到9月中旬，约90天的时间，我做了如下事情：

收集了全国各地所有高考语文试题并发给中语界的教研员朋友们。

收集了全国各地的中考语文试题100多套并赠送给各地的教研员朋友们。

给《中国教师报》写文章5篇。

给《新作文》写作2016年的专栏文章12篇。

给《中学语文教学》写作2016年的专栏文章12篇。

给《语文教学通讯》初中刊写 2016 年的专栏文章 6 篇。

给《语文教学通讯》小学刊写 2015 年、2016 年的专栏文章 6 篇。

给《语文周报》写 2015 年的中考阅读试题评说 10 篇。

备课:七年级作文课《写清楚自己的一次经历》、七年级《春》、五年级《傲霜篇》、五年级《珍珠鸟》、三年级作文课《写一件快乐的事》、四年级作文课《写一个成语故事》、高一(必修)作文课《多事一人,写出人物的个性》

写讲座稿:《记叙文的章法美》《关于小学语文教师文学作品教学的技能》《小学作文教学与语文教师的积累》《小学语文语言学用训练的方法》《每一节课都要让学生大有收获》……

周:单是看您的这些工作记录就足以让人佩服。难怪每年您的工作记录一"晒"出来,都会引来"唏嘘一片"呢!

余:下面是我的 2016 年工作小结中的一部分文字。

2016 年,我走进了 70 岁。

2016 年,在我的教学仓库中,增加了以下内容。

18 个新课。《赤壁之战》《记一次游玩》《学写微型"咏物抒情"文章》《海燕》《声声慢》《论说一法:一个观点,三个例子》《生于忧患 死于安乐》《共工怒触不周山》《编个有寓意的动物故事》《学写一篇读后感》《桂林山水》《迢迢牵牛星》《黄山奇石》《蚂蚁》《古诗词二首》(《过故人庄》《浣溪沙山下兰芽》)、《伊索寓言》(苏教小学语文五上)、《〈20 年后的一天〉作文评讲课》《窃读记》。

60 余篇大小论文。《语文教学通讯》小学刊的长篇系列论文终于发表到了第 30 篇,这些总共 15 余万字的文章,连载了三年,形成了一本书的规模；《语文教学通讯》初中刊的"谈语文教师综合素养的自我训练"系列稿已经写到了第 50 篇；给《中学语文教学》写的"微型讲座"稿已经写到了第 70 篇；暑假中给《中学作文教学研究》一口气写了 20 篇"余映潮教育人生故事"……

这一年，增加了数万公里的迢迢旅程，增加了 168 节课的教学量；增加了 120 次讲座，增加了两部书稿《余映潮中学语文散文名篇教学实录及评点》《余映潮文言诗歌教学实录及评点》——它们都将在 2017 年出版。

这一年，我进行了一些新的教学尝试：

一是设计并实践阅读教学中全新的"语言学用"课型。在这种新课型中，没有课文分析训练，只利用课文让学生有充分的语言学用实践活动。

二是设计并实践阅读教学中全新的"双课型"。在这种新课型中，用一个课时进行"基础层级"的课文内容教学，再用一个课时进行"发展层级"的课文阅读训练。

这一年，生活的节奏依然紧张，最需要的就是时间。

面对各地"余映潮工作室"繁杂的各项工作，面对艰难的面向大众的课堂教学，面对各套教材的无止境的细致研读，面对永不断线的文章写作，面对独自一人奔赴各地的旅程，给自己最多的鼓励就是坚持。

…………

下面是我的 2017 年工作小结中的一部分文字：

2017 年，我走进了 71 岁。

自强不息，面对艰苦的教师培训、论文写作、专著编纂工作。

365 天，没有休息的日子。

在家中，整天地伏案。

我的小小的书房就是工作坊、操作间、参谋部、创作室，就是大脑的运动场。

在各地，整天地工作。

全在教室里，听课，评课，讲课，讲座。面对面地手把手地进行着教学的示例与指导。

坚持着创新，坚持着讲新课，常常为能不断推出新课而欣喜；讲角度新颖的讲座，用绝大多数人不能操作的"实录呈现"的方式进行即席评课。

在"教师培训"工作方面，可能难得有比我更累的人。

我对自己工作的要求是"高质量""接地气"，为此而不辞劳苦。我连"评课"都要事先备课，常常为准备评课的资料而夜以继日。

永远踏踏实实地只身行走，天南海北，独力支持，自己的事情自己做。

决不着意"圈粉"，特别注意不用口号标榜自己，极少参加商业性的"讲学"活动。

2017年，我的工作，仍然可以用数字来"说话"。

1.出版个人专著三部。

2.推出新课22个。

小学：《白鹅》、《古诗两首》(《望庐山瀑布》《绝句》)、《学弈》、《乡下人家》、《"我的一天"的四种构思方法》、《怀念母亲》、《古诗两首》(《出塞》《浪淘沙》)、《小英雄雨来》、《〈牛郎织女〉扩读课》。

初中：《一片槐树叶》、《我爱这土地》、《古诗两首》(登临诗)、《古诗两首》(《山居秋暝》《过故人庄》)、《秋天的怀念》、《钱塘湖春行》、《"飞天"凌空》、《唐诗两首》(《黄鹤楼》《渡荆门送别》)、《学会"有感而发"》、《写人要抓住特点》、《突出记叙文中心的五种方法》。

高中：《体味"语句补写题"的答题细节》《热爱生命》。

现在我所讲公开课的总数，已经达到 270 个（篇目）。

3. 在专业报刊发表各类文章 74 篇。

4. 2017 年在全国各地讲课 160 节。

5. 推出高质量的讲座约 20 个。

6. 2017 年，在各地"余映潮工作室"听课评课约 280 节。评课文字约 40 万字。

…………

下面是我的 2018 年工作的简单小结：

2018 年，72 岁的我，整年劳作，风尘仆仆，少有歇息。

不断面临新的挑战，不断进行顽强的创新，不断地独立行走于天南海北。我仍然上大量的课，写大量的文章，批改大量的作业，评点大量的课堂教学，讲大量的学术讲座。

"量"大，才有力量——这是我喜欢的自己创作的警句。

这一年，我发表了各类文章约 60 篇。

我讲了 174 节公开课、150 余次讲座。

我所讲的课目，已经接近 300 篇，这在目前，已经是一个巨大的数字。

我在 2018 年工作小结中，翻开了 2019 年的日历。

2019 年，我将进入 73 岁。

老骥伏枥，内心充满阳光。

依然希望自己像在沙滩上拾贝的少年，心中永远有着无穷无尽稀奇的事。

周：2018 年，您完成的工作记录"晒"出来后，反响极强烈，河南

《教育时报》还设了专版让大家向您学习呢！您让我们看到了一位年过七旬的语文名师是怎样自强不息地进行着务实而创新的教学与教研工作的。我还想问一问，近年来，您在"练本领"方面对自己最满意的是哪一点呢？

余：我最满意自己对"发现"本领的长期习练。

这种本领与教研的高度、深度直接关联。

"发现"是一种思维方式，也是一种研究技法。"发现"让我们有新意，有创意，有灵动思维，有动手的能力，有求知的欲望；让我们务实地、有质量地进行着日常教学工作。

"发现"需要有路径。往往与自身追求、横向联系、提炼命名、专项研究、反复实践、细致分析、学问背景相关联。

"发现"需要有视点。事物特点的发现，教学材料的发现，教学方法的发现，教学规律的发现，有趣资料的发现，知识精华的发现，特别形式的发现，本质特点、内在奥秘的发现，都能让我们表现出教学研究与教学中的智慧。

追求"发现"，能够让我们关注教材、关注教学、关注教法、关注资料，关注与教学有关的事物与现象；能够让我们变通思维、开阔思路、放开眼光、增加教学兴趣、引来新鲜活水；还能够让教学研究更加务实，让教学设计更有创意，让教学内容更有新意与美感。

周：请您给大家展示一些关于"发现"的具体的实例吧。

余：我举三个例子吧。

第一个例子是发现表达规律。对句式、段式、文章章法形式进行提炼，发现规律，指导学生学用，以一知十，由一篇知一类，从而大大提高读写能力。如微文《阳光》：

阳光像金子，洒满田野、高山和小河。

田里的禾苗，因为有了阳光，更绿了。山上的小树，因为有了阳光，更高了。河面闪着阳光，小河就像长长的锦缎了。

早晨，我拉开窗帘，阳光就跳进了我的家。

谁也捉不住阳光，阳光是大家的。

阳光像金子，阳光比金子更宝贵。

文章虽短，但表现了"咏物抒情"文章的基本结构规律：引出事物—描述事物—托物寄意。用这种结构规律来指导、训练学生，简明而高效。

第二个例子是发现内在奥秘。即透过表象看到实质，透过肤浅看到深刻，从而发现隐秘而又富有价值的教学内容。如普希金的说理诗《假如生活欺骗了你》：

　　假如生活欺骗了你，
　　不要悲伤，不要心急！
　　忧郁的日子里须要镇静：
　　相信吧，快乐的日子将会来临。

　　心儿永远向往着未来；
　　现在却常是忧郁：
　　一切都是瞬息，一切都将会过去；
　　而那过去了的，就会成为亲切的怀恋。

在反复的体味之中，我发现其朗读、吟诵的秘诀：平稳深沉的语气语调与乐观亮丽的语气语调交替进行，表达出一种旋律感。依此训练学生，效果立现。

第三个例子是发现训练要点。即提炼出学生学科基本能力的训练要点，从而有的放矢地关注并对学生进行到位的能力训练。

如对学生基本阅读能力的训练，需要把握6个要点：（1）辨识要素、顺序和结构方式、思路层次；（2）概括文章或文段的要点、内容以及事物、人物的特点；（3）在具体的语境中品析词义、句义；（4）品味修辞手法及其作用；（5）赏析文章、文段的表现手法、表达艺术；（6）进行简单的比较、对比分析。

如此则高屋建瓴，成竹在胸，能够真正做到利用教材训练学生的能力。

发现表达规律，发现内在奥秘，发现训练要点，这些都是很关键的发现，都与事物的本质特点有关，在实际运用中都能起到"事半功倍"的效果。

联想到我发现的"板块式"思路、"主问题"设计以及"诗意手法"的运用，更加坚定了我坚持训练自己"发现"本领的决心。

我希望在未来语文教学的研究中，还有更加美好的发现。

还在追梦之中

周：在我们这个美好的时代里，"中国梦"伴随着我们的追求与向往。您是一个很务实的人，在我们将要结束对话时候，您能说说心中的美好梦想吗？

余：我仍然觉得自己很年轻，我的心中还有美好的语文梦，我还在追梦之中。

我记起了曾经勉励自己的话：

一直向前走。

每天做一点，走一步，再走一步。

耐力是一种智慧，韧性就是激情。

多储备一些知识，多增长一些学问，多培养一些能力。

坚持研究是提升自己的真正坦途。

创意无限，追求高度。

除了研究名师，还要研究自己。

余映潮永远的探寻目标——课堂教学创新设计。

有了一种追寻的勇气，生命便永远年轻。

每一个人的道路上，命运都有可能安排你像纤夫一样背负着重力在无路可走的地方走一段路，你只能咬牙，艰难地跨出带着呻吟的步子，向前走。

我还记得 2007 年我退休时表达的追梦之心：

我的畅想（2007 年—2017 年）

精细研读 100 篇课文并积累大量的助读资料。

研读与中学语文教师业务进修有关的论著 100 部。

阅读中学语文专业杂志 1000 本并积累有关专题的索引目录。

发表教学论文 100 篇以上（含教学设计）。

出版个人专著两到三本。

演示的课例在目前的基础上达到 80 个（起码讲到 70 篇课文）。

作 100 场学术报告。

朗读 100 篇课文并录音。

上述 8 个方面的"畅想之梦"在我退休之后不到几年全都成为了现实。
我还想抒发一下现在的追梦之情：

讲至少 50 个新课。

至少构思 100 个教学创意。

至少写出 200 篇文章。

至少出版 8 本专著。

至少带出 500 名弟子。

至少讲课讲到 85 岁。

…………

让这些实实在在的梦激励着我，

走一步，再走一步，一直向前走。

2018 年河南教师成长学院结业典礼时与学员合影

主要参考文献

［1］张定远.余映潮：善于创新的中学语文教研员［J］.语文教学通讯（初中刊），2003（6）：3-5.

［2］陈光浩，林富琴.论余映潮先生教学艺术的文化品位［J］.中学语文，2007（5）：22-24.

［3］黄亚东.余韵绕梁余味悠长：余映潮的教学语言艺术例谈［J］.语文教学通讯（学术刊），2011，614（1）：35-37.

［4］戴贤泽.语文教师专业成长的路径：以余映潮的课外功夫为例［J］.读与写（教育教学刊），2012（8）：257.

［5］陈德兵.听余映潮老师讲课：我所认识的余映潮老师［J］.教师月刊，2013（1）：42-43.

［6］蔡林艳.让积累变革我们的教与学：学习余映潮老师教学艺术体会谈［J］.新课程研究（下旬刊），2013（8）：174-175.

［7］许宝贵.小文章，大启发：读余映潮老师系列文章的几点体会［J］.语文教学通讯（初中刊），2014（1）：11-12.

［8］苑贵.语文课如何让学生动起来：跟余映潮学习语文教学［J］.语文教学通讯（初中刊），2014（11）：32-34.

［9］余映潮，谢先成.潜心笃志　四季耕耘：访全国著名语文特级教师余映潮［J］.教师教育论坛，2017，30（8）：4-8.

［10］冯大海.看似寻常最奇崛：余映潮老师教学教研艺术摭谈［J］.语文教学通讯（初中刊），2018（6）：13-16.

附　录

附录 1　余映潮简明年谱

1947 年

4 月 16 日，生于武汉市武昌区。

1954 年

1954 年 9 月—1960 年 7 月，武汉市沙湖嘴小学读书。

1960 年

1960 年 9 月—1963 年 7 月，武汉市第三十八中学读书。

1963 年

1963 年 9 月—1966 年 7 月，武汉市华中师范学院第一附属中学读书。

1966 年

1966 年 7 月—1968 年 12 月，"文革"期间，在校，在家。

1968 年

12 月，作为知青下放到湖北省监利县龚场公社。

1968 年 12 月—1973 年 12 月，监利县龚场公社王家大队务农、民办教师。

1973 年

1973 年 12 月—1975 年 7 月，监利师范读书。

1975 年

1975 年 9 月—1982 年 7 月，监利县龚场中学任教。

1982 年

1982 年 8 月—1984 年 7 月，湖北省监利县教育局教研室任中学语文教研员。

1984 年

9 月，华中师范学院本科函授毕业。

1984 年 7 月—2007 年 7 月，湖北省荆州地区教研室（荆州市教育局教育科学研究院）任中学语文教研员。

1997 年

12 月，被评为湖北省特级教师。

2007 年

2007 年 7 月退休，10 月回到武汉市，现居住在武汉。

2008 年

2008 年 11 月至今，任全国中语会学术委员会副主任。

2011 年

2011 年 3 月至今，教育部"国培计划"首批专家库成员。

2011 年 7 月至今，任全国中语会名师教研中心主任。

附录 2　主要论著

一、专著

书　名	出版单位	出版时间
《初中语文学习指导》	东北朝鲜民族教育出版社	1994 年
《中学语文教例品评 100 篇》	武汉出版社	2000 年
《中考作文过关技法》	湖北教育出版社	2001 年
《怎样学语文》	湖北教育出版社	2002 年
《余映潮阅读教学艺术 50 讲》	陕西师范大学出版社	2005 年
《听余映潮老师讲课》	华东师范大学出版社	2006 年
《初中生就这样写满分作文》	语文出版社	2006 年
《余映潮讲语文》	语文出版社	2007 年
《余映潮的中学语文教学主张》	中国轻工业出版社	2012 年
《这样教语文——余映潮创新教学设计 40 篇》	教育科学出版社	2012 年
《致语文教师》	华东师范大学出版社	2013 年
《余映潮语文教学设计技法 80 讲》	广东人民出版社	2014 年
《余映潮教语文（小学卷）》	语文出版社	2015 年
《余映潮中学语文精品阅读课教学实录》	中国轻工业出版社	2016 年
《余映潮中学语文散文名篇教学实录及评点》	长江文艺出版社	2017 年

续表

书　名	出版单位	出版时间
《余映潮中学语文古诗词教学实录及点评》	中国人民大学出版社	2017 年
《余映潮文言课文教学实录及点评》	中国人民大学出版社	2017 年
《小学语文教学艺术 30 讲》	中国人民大学出版社	2018 年

二、主编/参编出版物

书　名	出版单位	出版时间
《中国初中生记叙文阅读胜经》	陕西师范大学出版社	2000 年
《中考语文十大关键》	北岳文艺出版社	2002 年
《初中语文创新实用教案　人教版　七年级》	陕西师范大学出版社	2007 年
《初中语文创新实用教案　人教版　八年级》	陕西师范大学出版社	2007 年
《初中语文创新实用教案　人教版　九年级》	陕西师范大学出版社	2007 年
《初中生新阅读训练营　七年级》	陕西师范大学出版社	2007 年
《初中生新阅读训练营　八年级》	陕西师范大学出版社	2007 年
《初中生新阅读训练营　九年级》	陕西师范大学出版社	2007 年
《初中生标准新阅读优化训练　中考总复习》	陕西师范大学出版社	2009 年
《初中语文智慧课堂·文本解读的智慧》（丛书主编之一）	山西教育出版社	2015 年
《初中语文智慧课堂·阅读教学的智慧》（丛书主编之一）	山西教育出版社	2015 年
《初中语文智慧课堂·写作教学的智慧》（丛书主编之一）	山西教育出版社	2015 年
《初中语文智慧课堂·课堂生成的智慧》（丛书主编之一）	山西教育出版社	2015 年
《初中语文智慧课堂·课例品评的智慧》（丛书主编之一）	山西教育出版社	2015 年

附录 3　余映潮教育思想经典摘录

历练生命。

趁着年轻，多做事。

每天做一点，一直向前走；走一步，再走一步。

有了一种追寻的勇气，生命便永远年轻。

耐力是一种智慧；坚持走难走的路，必定能见到不寻常的美景。

韧性就是激情，精华只能在严谨中聚集。

发展自己是我们每个人真正的大事。

没有业余时间就没有优秀的成果。

一蹴而就的成功只能是想象中的故事。

在工作状态中的中小学教师，成功的机会在八小时之外。

名师，都是在艰苦的环境中或自设的艰苦环境中成长起来的。

多储备一些知识，多增长一些学问，多培养一些能力。

有工作，是很幸福的一件事；幸福的原因很简单：因为有工作，因为工作着。

真正的学科带头人，他所应当做到的，就是"不离学术，不离实践"。

创意在先，细节到位。

教师的任务，就是把教材读"厚"，把教材教"薄"。

中学语文教材，是文质兼美精选的语言精品，是美丽而博大的知识海洋，蕴藏着精粹的知识宝藏。

钻研教材，求有自己独特的发现：挖掘以求深，辨误以求真，发散以求活，变角以求新，连类以求趣，探幽以求奇。

如果能确有心得地进行课文的"精读"，教师对教学的内容便有"登泰山而小天下"的感觉，在教学上便能深入浅出、进退自如、游刃有余。

在阅读教学方面，语文教师最大的创新意识是如何综合地充分地利用课文。

语文教师的第一基本功是能够读出课文的味道，语文教师的第一课外阅读是中学语文专业杂志，语文教师第一要克服的难关是论文写作关，语文教师的第一科研能力是提炼能力。

追求创新，主要在四个字上下功夫：角度，难度。"角度"好加上"难度"大，就是高层次技能，就是创新。

中学语文专业报刊：我们的朋友，我们的老师，我们的资料库，我们的导航仪，我们的万木葱郁的语文天地。

磨炼的深度与广度，决定你的高度；在业务上追求高度的人，就是奋斗方向正确的人。

应该有更多的教师在年轻的时候就开始规划自己、塑造自己、磨炼自己，把事业的阳光洒向自己。

青年语文教师奋斗的关键词：自强不息，目标明确，深刻实践，勤于动笔。

青年语文教师的奋斗应该有广阔的视野：广泛吸纳，钻研理论，增加学养，丰厚自己的学术背景。

有两个方面是最需要做好的：一是珍视我们的工作，挚爱我们的工作；二是创新我们的工作，优化我们的工作。

就教师的职业而言，积累决定底蕴。几十年坚持不懈的人，才有可能成为"专家"。

随时把自己的思想所得变成文字，是一种有效的充满智慧的学习方法与良好习惯。

"规划自己，塑造自己"这 8 个字，既与"立志成才"有关，又与"修身养性"有关；在"规划自己，塑造自己"之间，还需要加上一个"勉励自己"。

在奋斗的道路上，读书做事写文章，一定要有指标要求；这一点至关重要。唯此才能逼着自己向前走。

不同深度的磨炼产生不同高度的水平；一个非常希望成功的人，必须能忍受多方面的磨炼。

中学语文教育教学研究中还有无数个空白无人问津或者涉之不深，任何时候进入这种研究都不能称之为"迟"。

语文教师提高自己教学研究水平的最好途径是进行"小专题研究"。

教师发展自己的基本要求是：钻研教学，探究专题；教师在教学业务提升方面，坚持"专题研究"是成功的秘诀。

只有精于教学研究而且确有心得的人，才有可能产生论文成果；论文写作的基础就是研究，有深刻的研究才有优秀的论文。

一个人有了毅力，就能勤奋，就能自信，就能坚强，"不管风吹浪打，胜似闲庭信步"，就能在喧闹的世界里沉静下来，积累人生中的美丽。

关于课堂教学效率的研究，我们不要忘记了教师的因素，有素质优秀的教师才有高效的课堂教学。

自得其乐、自得其味、自得其果，坚持积累大量教学资料，是一个"无中生有"的过程，一个"苦心孤诣"的过程，一个"面壁九年"的过程。

长时间地积累学术资料，是一种出名师的研究方法；细水长流，慢工细活，深刻思考，勤奋积累，一定能够让脚踏实地的奋斗者"化蛹为蝶""脱颖而出"。

年年岁岁，波澜起伏，生活复杂而又艰难。我们不能离开这样的精神世界——用从容、平静、乐观、潇洒、坚韧来滋润我们的生活。

那种笔墨写的文字固然能够长久地保存，然而更重要的是那种刻骨铭心的咬牙坚持的历练，是那种"板凳要坐十年冷"的精神与行为，是那种在教学研究中朝迎彩霞夜送星星日有收获的幸福与愉悦。

时光易逝。尽管生活与工作中的每一步都很艰难，但前进的脚步应该是坚定的。人生的深深浅浅的足迹，装点着生命的历程。

让《论语》所说的美德在自己身上闪光——安贫乐道，博古通今，舍己为人，循循善诱，言传身教，身体力行，见贤思齐，文质彬彬——修身是一种乐趣。

为了自己教得好而学而不厌，为了学生学得好而诲人不倦，为了提高自己而发愤忘食，为了备教改辅而精益求精——执着是一种乐趣。

在事业的陶冶中，从稚嫩走向老练，从实习教师走向教学骨干，从初出茅庐到教艺精湛——成熟是一种乐趣。

我们把时间献给了工作，青春献给了学生，精力献给了学校，智慧献给了事业，自豪献给了自己——付出是一种乐趣。

一年四季都在辛劳之中，与一批又一批的毕业生说再见，两鬓飞霜的时日就是桃李天下的时日——回首是一种乐趣。

附录4　名家评价

荆州市教研室的中学语文特级教师、教研员余映潮同志是湖北省中语界继洪镇涛先生、胡明道老师之后又一成果丰富、教艺精湛的优秀语文教师，是中青年教师课堂教学艺术研究的领军人物。

（张定远《余映潮——善于创新的中学语文教研员》）（张定远，中语专委会顾问）

余映潮老师是近年来在全国颇有影响的一位著名特级教师。和其他著名特级教师不同，他的身份是语文教研员——在我有限的视野里，教研员中的著名特级教师好像只有他一位；同时，和其他一般的语文教研员不同，他始终坚持在上课，以自己的课堂教学来带动他周围的语文教师，我因此把他称作"讲台上的教研员"——以区别于其他"办公室里的教研员"。余老师正是以体现自己教学理念的课做示范，培养了一大批优秀的青年教师。我由衷地敬佩余映潮老师，并以自己是他的真诚朋友而自豪！

（李镇西《关于余映潮上〈夏天也是好天气〉的争鸣》）（李镇西，全国著名特级教师）

小小的寂寞的荆州走出了余映潮老师。这让我想起了叶圣陶老前辈的一句话，语文不像工业，而更像农业。安安静静慈眉善目的余老师真就像语文的农田中的一个勤奋的农民，日出而作日落不休，安安静静地播种耕耘，安安静静地施肥浇水，安安静静地剪枝修叶。余老师的语文农田，沃野千里，硕果累累。

不繁华的荆州成了语文的繁华之地。

余老师的语文陈述着一个真理：轰轰烈烈和振聋发聩无关，咄咄逼人与深刻凌厉无关，迎来春天的往往也会是和风细雨。

余老师用他的和风细雨，创造了一个语文的奇迹。

（王君《想起余映潮老师》）（王君，全国著名特级教师）

余映潮是一位深受广大语文教师喜爱的特级教师。教学设计创新是他的标志，美是他的课堂教学的灵魂。他的教学设计以"美"为原点构思，其思路讲究教学过程的流畅之美，讲究教学内容的组合之美，讲究教学时空的造型之美，讲究教学双方的活动之美。有人评价说，他的每一堂语文课都是一首诗，含蓄，动人；每一堂课都是一支曲，美妙，动人。

（许书明《当代名师智慧课堂教学艺术》）（许书明，四川师范大学教授）

我们最终邀请到全国著名特级教师余映潮老师为我们特别开设《问道》专栏，系统帮助小学语文教师解答日常教学教研中遇到的突出问题，从 2014 年 1 月开始到 2016 年 12 月结束，这个专栏坚持开设了 3 年，余老师为此撰写了 30 篇文章。3 年中，我们不断收到来自小学语文教师和小学语文教研员表示感谢和好评的短信和电话。有一次我到南京参加教研活动，碰到江苏当代教育家顾美云老师，她大加赞赏余映潮老师的这些文章，说这些文章对小学语文教师和教研员的帮助真是太大啦。

这些文章，言简意赅，生动活泼，分享智慧，传授诀窍，条分缕析，娓娓道来。有的小学语文教师激动地说，阅读余老师的这些文章，如沐春风，如饮佳酿，心悦诚服，慧心顿悟。

（裴海安《办有品位的教研期刊》）（裴海安，语文报社副社长）

余映潮是我国语文教学艺术的领军人物。他对课堂有着火一般的热情，他对教学艺术有着天生的敏感。他从名师教学艺术研究出发，以深厚的积淀走进课堂，创造教学艺术的奇迹。听他的课，如沐春风；学他的课，如登宝山。

余老师对教学艺术的热爱与研究，源于对祖国语言文字的热爱与敏感，源于对语文教研工作的热爱与创新。观余老师的课，处处可见对学生的悉心关注；听余老师聊天，时时可见对一线教师的殷切关心。他用一堂堂语文课，诠释对语文的理解；他用一场场报告，诠释对教育的情怀。"板块教学""主问题设计""诗意手法"，他用心血浇灌出我国语文教学艺术的森林。

（李华平《余映潮：语文教学艺术的领军人物》）（李华平，四川师范大学教授）

后记

❖❖❖

周枫琳

在对余映潮老师的访谈之中，我越来越觉得：余老师是一位"好青年"。

50 岁时，他才开始学讲课；2018 年，他 71 岁。二十年的时间里他发表了多少篇文章，讲了多少节公开课，出了多少本专著，建了多少个工作室……多得几乎数都数不清。当大家劝他不要太累的时候，他总是快乐地说，他是"70 后"。余老师还有美好的梦想，他说"至少讲课讲到 85 岁"。那个时候，余老师就成"80 后"了；余老师一定还能成为"90 后"，我们更期盼余老师成为"00 后"。奋斗，让余老师越来越年轻；奋斗，让余老师的青春年华延长，再延长。

余老师人好。作为知青下放的艰苦日子里，他奋斗在田间地头，面对磨难，没有抱怨过，他有一颗乐观的心；有了正式工作之后，所有"闲暇"的时间，他都把自己"固定"在书房里，奋力写作、备课，他有一颗忍耐之心；他大名鼎鼎，全国各地有二十余个自己的工作室，每到一处他都要特别强调"工作期间不聚餐，在学校用工作餐"，谦和朴素，诚恳待人，决不"圈粉"，他有一颗平常之心；他的工作室遍布天南海北，但他永远一个人行走，也从不利用讲课讲学之便，游山玩水，他有一颗自律之心……

余老师的课好。量大——小学，初中，高中，哪个学段的课他都上过；面广——文学作品类、实用文章类、作文指导课、读报指导课，各种文体的课文全覆盖；真实——他没有自己"专门"的学生，没有可能"试讲"了以后再"正式"上课，他在教学设计上下足了功夫，一篇教案常写到上万字；精美——他能给一篇课文设计多个不同的教案，他决不在同一个地方上重复的课；创新——他每个学期都要推出10个左右的新课，他的课充满创意，讲究教学内容的扎实与落实；实用——很多时候常常是别人"点"什么课他就上什么课，但他的课一律精彩，一律受学生和老师们欢迎。

余老师的文章好。1800余篇文章，核心内容是"教学设计的艺术"，他从不给"语文"冠以特别的"称号"。他的教学主张"脚踏实地"，强调教师个人独立的、多角度的课文研读，强调增加学生的语言积累和语文知识的积累，强调形成、提升学生终身受用的阅读与表达能力，强调让学生在大量的实践活动中学习运用语文的规律；他的教学主张"仰望星空"，强调"板块式""主问题""诗意手法"的运用，强调要用艺术的教学设计优化课堂读写训练。他的专著中有无数个富有情味的"美妙的创意"，他的十几本专著是绝对可以作为语文教育教学的工具书来使用的。

余老师的工作室好。东起江浙，西到新疆，南国边陲，塞北草原，他的工作室是不"挑肥拣瘦"的；两年或三年甚至五年，坚持四次或六次乃至十次的专题训练，决不"打一枪换一个地方"，他的工作室是有计划的；所有的学员每次活动都必须写3000字以上的教学设计和3000字以上的教学论文，他的工作室是有要求的；批改作业、听课评课、亲自上课、专题讲座，余老师总是像青年人一样整天工作，他在工作室中是一定要"身先士卒"的；他还有一个"特殊"的工作室——河南教师成长学院，全国名师中只有他一人已连任四年的导师，他的工作室是经得起考验的。

…………

仰慕、追随余老师好多年了，"近距离"接触余老师让我有满满的收获。看他小时候从结冰的雪坡上滑下来去上学的故事，会称奇；听他诉说因为成了知青而错过了上大学的机会，会惋惜；听他讲"读书方法""教学主张""积累""发现""提炼""写作"……把"看家本领"几乎全淘出来，会窃喜；看余老师的老爸给他写的诗、写的字，会惊叹；读余老师奋斗的故事，会精神振奋——心中常常想着，要跟着余老师学习，用奋斗定义时光，用奋斗创造业绩，用奋斗延长青春！

余映潮老师的《用奋斗定义时光》就要出现在大家的面前了。

这是一座"稀土富矿"，希望大家喜欢它。

2019 年 6 月 10 日

图书在版编目（CIP）数据

余映潮口述：用奋斗定义时光 / 余映潮口述；周
枫琳整理. -- 南宁：广西教育出版社，2020.12（2024.7 重印）
（当代中国语文教育家口述实录 / 任彦钧，刘远主
编. 第一辑）
ISBN 978-7-5435-8860-8

Ⅰ. ①余… Ⅱ. ①余… ②周… Ⅲ. ①语文教学—教
育思想—思想史—中国 Ⅳ. ①H19

中国版本图书馆 CIP 数据核字 (2020) 第 240349 号

YU YINGCHAO KOUSHU
余映潮口述——用奋斗定义时光

————————————————————————————————

项目策划：陆思成　刘朝东
项目统筹：周　影
组稿编辑：陈亚菲
责任编辑：陈亚菲　周　影
装帧设计：璞　间　杨　阳
责任校对：陆媱澄　刘汉明
责任技编：蒋　媛

————————————————————————————————

出 版 人：石立民
出版发行：广西教育出版社
地　　址：广西南宁市鲤湾路 8 号　　　邮政编码：530022
电　　话：0771-5865797
本社网址：http://www.gxeph.com
电子信箱：gxeph@vip.163.com
印　　刷：广西民族印刷包装集团有限公司
开　　本：787 mm×1092 mm　1/16
印　　张：22.5
插　　页：4
字　　数：294 千字
版　　次：2020 年 12 月第 1 版
印　　次：2024 年 7 月第 3 次印刷
书　　号：ISBN 978-7-5435-8860-8
定　　价：56.00 元